Henning Henschel / Ingelore Welpe

Wilderness Experience

Henning Henschel / Ingelore Welpe

Wilderness Experience

Motivation ohne Befehl und Gehorsam

Signum Wirtschaftsverlag

Bildnachweis:
alle Fotos stammen aus dem Archiv der Autoren

Besuchen Sie uns im Internet unter
http://www.herbig.net

Schutzumschlag: agentur-feedback.de
Motiv: © Henning Henschel
Lektorat: Tanja J. Frei
Satz: Fotosatz Völkl, Puchheim
Druck und Binden: Jos. C. Huber KG, Dießen
Printed in Germany
ISBN 3-85436-338-9

Wir danken

Unser Buch »Wilderness Experience – Motivation ohne Befehl und Gehorsam« hat eine lange Entstehungsgeschichte. Unser Visionär war Dr. Christian Dräger. Ohne seine Sinn-Stiftung wäre es uns nicht gelungen, Taten folgen zu lassen und Wilderness Experience als Human-Resources-Strategie innovativ umzusetzen.

Seine Überzeugung, dass Menschen das produktive Kapital und die Kraft und Stärke eines Unternehmens sind, und seine sehr persönliche Werteorientierung, dass Mitarbeiter jeneseits der Managementsysteme selbst bleibende Unternehmenswerte schaffen, machte ihn zum Ideengeber und Förderer einer innovativen Strategie zur Entwicklung von Human Capital.

Ein Ergebnis ist das Wilderness-Experience-Konzept der Drägerwerk AG. Seit einigen Jahrzehnten ist es als Instrument der Personal- und Organisationsentwicklung geschätzt. Führungskräfte und Mitarbeiter aller Verantwortungsebenen gehen in die Wildnis jenseits von Zivilisation, um die Unternehmenskultur von Dräger tatkräftig und mit persönlicher Überzeugung zu verwirklichen.

Mit Wilderness Experience gab uns Dr. Christian Dräger die Möglichkeit, seine persönliche Vision in einem unkonventionellen und innovativen Konzept zu realisieren. Seine Überzeugungen, dass hervorragende Leistungen von Mitarbeitern das Ergebnis von Lernen durch eigenes Tun und aus Fehlern sind, dass Führung nur durch Kooperation und Vorbild wirkt, dass gegenseitige Unterstützung und gemeinsame Verantwortung den Erfolg erzeugen und dass geteilte Werte und geteilte Erfahrungen den inneren Zusammenhalt im Unternehmen schaffen, waren die Grundlage für das Drehbuch des Wilderness-Trainings.

Als Grenzgänger wurden wir von Dr. Christian Dräger gefördert. Wir haben die Chance bekommen, das Richtige richtig und aufrichtig zu machen und den Auftrag erhalten, allen Mitarbeitern die Auseinandersetzung mit dem eigenen Ich und dem Wir zu ermöglichen. Für dieses Vertrauen danken wir ihm ausdrücklich.

Mit Worten und Taten ging die Unternehmerfamilie Dräger voran. Nach Dr. Christian Dräger gingen Theo Dräger und Stefan Dräger, ohne Titel und ohne Rang, in das klassische Wilderness-Experience-Training nach Schweden in die Naturlandschaft Glaskogen. Sie waren als einfache Teilnehmer dabei und in jeder Hinsicht allen Anforderungen ausgesetzt, die zum qualifizierten Überleben nach dem Prinzip von »trocken – warm – satt« notwendig sind. Sie haben es alle beispielhaft gemeistert.

In kritischen Phasen und in manchen Budgetbesprechungen hörte Dr. Christian Dräger uns zu, dachte weiter. Er gab uns seine persönlichen Empfehlungen, den Weg von Wilderness Experience nicht zu verlassen und konsequent und langfristig fortzusetzen. Das hat Wilderness Experience international und interkulturell gemacht. Dr. Christian Dräger war es, der uns die Bewegungsfreiheit gab, mit Führungskräften in die Wüste Gobi, nach Ladak in den Himalaja, in den Oman, in den Dschungel von Malaysia, nach Grönland und nach Patagonien zu gehen, um in die globalisierte Unternehmenswelt von heute eine innovative Human-Resources-Strategie von morgen zu bringen. Das ist das Zeichen des Fortschritts.

Wir haben Dr. Christian Dräger für einen guten Zukunftsentwurf zu danken, der viele Mitarbeiter des Drägerwerks und anderer Unternehmen persönlich geformt und ihnen nachhaltige Werteorientierung gegeben hat.

Für uns hat Dr. Christian Dräger mit Wilderness Experience einen Teil persönlicher und beruflicher Identität gestiftet. In dieser Verbundenheit widmen wir ihm dieses Buch.

Lübeck, September 2002
Henning Henschel

Kiel, September 2002
Ingelore Welpe

Inhaltsverzeichnis

Vorwort

Die Entwicklung des Wilderness Experience und seine Einführung in das Human-Resource-Management entstand aus Selbstversuchen, unserer Selbsterfahrung und der Motivation, Nachhaltigkeit im Erleben und Verhalten von Seminarteilnehmern und in Unternehmen zu erzeugen.

Wir haben bei unseren langjährigen praktischen und theoretischen Auseinandersetzungen um den Nutzen durch Personalentwicklungsmaßnahmen erlebt, dass die finanziellen Investitionen der Unternehmen und die individuellen Investitionen der Teilnehmer in Seminare und Trainings oft nicht den erwünschten und nötigen Return of Investment erbringen.

Das mag nach unseren Überlegungen auch daran liegen, dass viele Personal- und Organisationsentwicklungsmaßnahmen weder Werteorientierung noch Wertschöpfung als Erfolgsfaktoren erkennen.

Mit unserem Konzept Wilderness Experience wollen wir Standardmethoden und Standardinhalte »auf den Kopf stellen«. Unsere Zielsetzung ist die Wertschöpfung durch Personalentwicklung.

Die Erfolgsfaktoren für Wertschöpfung haben wir durch jahrelanges Experimentieren mit Wilderness Experience gefunden und hier beschrieben.

Die Erfolgsfaktoren sind klar und einfach: Die Natur, die eindeutige Anforderungen an die Teilnehmer, Trainer und Projekte stellt. Die Selbstorganisation, die Köpfe und Körper wirklich beansprucht. Die Projekte, die das Soll und Haben der Teilnehmer aufdecken.

Wilderness Experience meint es ernst mit der Personal- und Organisationsentwicklung. Es schont weder Teilnehmer noch Trainer, weil Leistung und Ehrlichkeit als Handlungsmaximen verbindlich sind.

Unser Buch will diese Handlungsmaximen durch sehr verschiedene Beiträge vermitteln, die insgesamt gelesen das derzeitige Mosaik des Wilderness-Experience-Konzepts ergeben. Das Mosaik ist nicht fertig, weil Wilderness Experience seine Zukunftsfähigkeit und das Innovationspotenzial erhalten will. Im Konzept haben wir die Basiskonstanten fixiert, die den Erfolg sicherstellen: Natur, Selbstorganisation, Projekte und Wertschöpfung. Die Einzelbeiträge der Autoren stehen jeweils für sich. Als Leser können Sie mit dem Artikel beginnen, der Ihnen am attraktivsten erscheint.

Der rote Faden Wilderness Experience zieht sich durch alle Artikel, die wegen ihrer vielfältigen praktischen und theoretischen Perspektiven die Leser anregen und unterschiedlich inspirieren können.

Das Abenteuer Wilderness Experience beginnt im Kopf. Wir wünschen uns, dass dieses Buch dazu anstiften kann.

Lübeck
Henning Henschel

Kiel, September 2002
Ingelore Welpe

Zukunftsaspekte

Alles, was in Gottes freier Natur geschieht, ist wertvoll

Henning Henschel

Ein guter Torwart verhindert Tore, dafür wurde er ins Tor gestellt. Aber ein guter Torwart mag noch so sicher auf jeden Ball parieren, er wird kein sehr guter Torwart, wenn er nicht auch gleichzeitig Tore vorbereitet – auf das gegnerische Tor, selbstverständlich. In einem guten Team bringt jeder mehr Einsatz, als die ihm zugewiesene Rolle verlangt. Eine Fußballmannschaft setzt sich aus Stars, Einzelkämpfern und Spielern mit starker Gruppenbindung zusammen. Jeder bringt seine sehr persönlich geprägte Leistung ein. Nach dem Abpfiff aber wird die Gesamtleistung bewertetet, die Differenzierung der Einzelbeiträge erfolgt erst später.

Das gilt nicht nur für den Fußballplatz, das gilt für die gesamte Arbeitswelt. Regeln und Erfordernisse, nach denen gute Teams zusammenarbeiten, sind im Prinzip einfach. Ihre Umsetzung allerdings bereitet Schwierigkeiten. Jeder, der Verantwortung in der Personalführung und -entwicklung trägt, weiß das.

Aus diesen Überlegungen wurde Wilderness Experience als neuer Weg der Human-Resources-Strategie entwickelt.

Heute hat diese Seminarkonzeption, die gezielt die Natur als Verbündete bei der Vermittlung von Erkenntnissen und Erfahrungen einsetzt, ihren festen Platz in den Fortbildungsprogrammen global operierender Unternehmen.

Ich bin auf einem Dorf aufgewachsen und wurde durch den Fußball sozial erzogen. Beides hat mich nachhaltig geprägt. Da wurde nicht lange gefackelt, sondern energisch gehandelt. Auf diese Weise habe ich erstmals erfahren, dass nicht die theoretische Lösung, sondern vielmehr die reale Handlung Lernerfolg bringt. Erst was der Mensch handelnd erfährt, prägt sich ihm ein und steht für künftige Entscheidungen zur Verfügung, wird somit unmittelbar in weitere Handlungen eingebracht. Insofern sind Dorf und Fußballplatz gut geeignet für erste Erfahrungen.

Aber heute weiß ich: Nirgendwo werden die eigenen Erfahrungen direkter gemacht als in der Natur. Alles, was in Gottes freier Natur passiert, ist pädagogisch wertvoll.

Diese Erkenntnis ist einfach und schlüssig – wenn man sie erst einmal verstanden und akzeptiert hat. Der Weg aber, zu dieser einfachen Erfahrung zu gelangen, scheint mir rückschauend manchmal der komplizierteste Teil des gesamten Prozesses gewesen zu sein. Gelegentlich muss man eben Umwege gehen, um ein Ziel sicher zu erreichen. Bevor eine einfache Lösung erkannt oder gefunden ist, sind oft sehr komplizierte und theoretisch überfrachtete Überlegungen notwendig. Und dann ist die Erkenntnis plötzlich da, sie ist so einfach und überzeugend, dass man sich mit einem Anflug von Selbstzweifeln fragt, warum man nicht viel früher darauf gekommen ist.

Einfache Lösungen für komplizierte Aufgaben

Seit mehr als 30 Jahren bin ich in der Unternehmensgruppe Dräger in den unterschiedlichsten Funktionen – vom Personalverwalter bis hin zum Wissensmanager – verantwortlich tätig. Als wir die theoretischen Grundlagen für Schlüsselqualifikationen für Führungskräfte bei Dräger entwickelten, entstand eine sehr anspruchsvolle, theoretisch bis ins Detail ausgearbeitete Arbeitsunterlage von 28 Seiten. Heute haben wir Ziel und Strategie der Human-Resources-Strategie auf einem DIN-A4-Blatt zusammengefasst – und das genügt.

Wenn wir heute mit Wilderness Experience ein Ziel erreicht haben, das in der Strategie der Personalentwicklung deutlich über die ursprünglich gesetzten Vorgaben hinausführt und dabei in der Methodik einfach und eingängig ist, dann liegt das mit Sicherheit auch daran, dass ich wie alle Beteiligten durch Wilderness Experience nachhaltig lernte.

Denn: Es gibt keinen besseren Lehrmeister als die Natur. Kein Seminar, das auf Stühlen abgesessen wird, das sich an Folien entlanghangelt, kann so effizient, so nachhaltig sein, wie es die in der Natur gesammelten Erfahrungen sind. Sie sitzen einfach tiefer.

Wilderness Experience verlangt für kompliziert scheinende Sachverhalte einfache Lösungen, unmittelbar und sofort. Die Folgen der einmal getroffenen Entscheidung zeigen sich ebenso unmittelbar und sofort.

Doch es war ein weiter Weg, dies zu erkennen. Denn selbstverständlich habe ich auch mit Sitzseminaren und Folienvorträgen begonnen, als ich den Auftrag erhielt, meinen Beitrag zum Management-Development zu leisten. Das machten alle so und ich sah keinen Anlass, die klimatisierten Seminarräume zu verlassen. Unsere Seminare waren so erfolgreich oder erfolglos wie andere auch, allgemein war man sich einig: Mehr sei nicht zu erwarten.

Eigentlich hat der Auszug aus den Seminarräumen mit unseren Lehrlingen begonnen. Die wurden regelmäßig zu einer Outwardbound-Erfahrung ins Berchtesgadener Land geschickt. Während die Lehrlinge dort wanderten und kraxelten, blieben deren Ausbilder derweil daheim. Warum eigentlich? Wäre es nicht besser, fragte ich mich, die Ausbilder wären bei diesen Erfahrungen dort, wo auch ihre Lehrlinge sind? Schließlich waren, wenn wir als Jugendliche Fußball spielten, unsere Trainer auch dort, wo wir uns befanden. Wenn, so sagte ich mir damals, bei Jugendlichen die Erfahrungen in der Natur als didaktischer Hebel wirksam wurden, warum sollte das nicht auch bei Erwachsenen möglich sein?

Vorbilder für ein derartiges Outdoortraining gab es damals noch nicht und entsprechend kritisch waren die Fragen, die mir gestellt wurden. Dabei war anfangs wirklich nur daran gedacht, Erwachsene die gleichen Erfahrungen machen zu lassen wie den ihnen anvertrauten Jugendlichen. Obwohl ich damals noch etliche Dinge falsch gemacht habe, war die Begeisterung unter den Teilnehmern anschließend groß. Und ich war bestätigt worden: Die Natur ist bei Erwachsenen ein ebenso guter Lehrmeister wie bei Jugendlichen.

Defizite abbauen

Ich wurde damals mit einer Reihe von Problemen konfrontiert, wie sie auf jeden zukommen, der in der Personalführung arbeitet. Umfragen unter den Mitarbeitern ergaben regelmäßig Defizite. Es wurde über mangelhafte Kommunikation im Unternehmen geklagt, über fehlende Bereitschaft zur Teamarbeit, über den Führungsstil, ganz allgemein über die menschlichen Beziehungen. Kurz, es war die komplette übliche Palette.

Mein Auftrag lautete: Baue die Defizite ab. Aber wie? Hatten wir nicht schon alles probiert? Gab es noch irgendwo eine Methode, die wir noch nicht eingesetzt hatten? Damals kam mir ein Gedanke, der mir anfangs reichlich gewagt schien. Aber offen gestanden, das hat mich noch niemals geschreckt. Wenn wir, so überlegte ich, mit dem Lehrmeister Natur so gute Erfahrungen bei den Lehrlingen und bei deren Ausbildern gemachten hatten, warum sollte das nicht auch bei den Managern klappen? Aber mit Abteilungsleitern, Hauptabteilungsleitern und der ganzen Hierarchie bis zum Vorstand aufwärts irgendwo in Gottes freie Natur zu ziehen, das hielt ich denn doch für ein wenig zu verwegen. Dabei dachte ich noch nicht einmal an die Einsamkeit einer unverfälschten Wildnis ...

Aber irgendwie ließ mich der Gedanke nicht los, und als ich eine Anzeige las, in der ein einwöchiges Outdoortraining in Schweden angeboten wurde, beschloss ich einen Selbstversuch zu machen. Fünf Tage bin ich mit einem Schweden, dem ehemaligen Offizier Preben Mortensen, durch die Wälder des Värmlandes gezogen. In diesen fünf Tagen erschloss sich mir eine neue Welt. Ich war damals nicht gerade das, was man einen Naturburschen nennt. Meine Ausbildung habe ich auf dem Fußballplatz und der Universität bekommen, den Ausbildungsplatz Natur hatte ich noch nicht wirklich entdeckt und vor allem nicht am eigenen Leibe erfahren. Und nun war ich Lernender, musste lernen, Knoten zu schlagen, Feuer zu machen, ein Kajak zu lenken. Vor allem aber lernte ich, dass die Wildnis unmittelbar nach Handlungen und Lösungen verlangt, die sie ebenso unmittelbar akzeptiert oder verwirft. Die Natur geht keine faulen Kompromisse ein.

Weniger ist mehr

In diesen fünf Tagen habe ich mehr über mich selbst erfahren als nach wochenlangem Grübeln. Ich hatte nicht nur gelernt, sondern zugleich Spaß am Lernprozess gehabt. Und ich hatte ein neues Werkzeug im Management-Development gefunden. Das war damals zwar noch ziemlich roh und unbearbeitet, aber ich war überzeugt, es würde funktionieren.

Offen gestanden, es hat nicht funktioniert. Jedenfalls nicht so, wie ich es mir erhofft hatte. Wir haben am Anfang eine Reihe von Fehlern gemacht, die alle den gleichen Ursprung hatten: Wir packten zu viel in die Seminare hinein. Wir wollten zu viel und erreichten damit weniger, als uns möglich gewesen wäre. Ich erinnere mich noch sehr genau an unser erstes Wilderness-Experience-Seminar in Portugal. Das war gleichzeitig als Belohnung für Führungskräfte gedacht, ein bisschen Incentive also, ein bisschen Tourismus. Und genau das geht nicht. Grenzerfahrungen lassen sich nicht auf einer Vergnügungsreise gewinnen.

Andererseits dürfen die Anstrengungen auch nicht zu groß werden. Das war der nächste Fehler, den wir als Konsequenz unserer ersten Erfahrungen machten. Wir packten zu viele Strapazen in das Programm und ließen zu wenig Zeit für menschliche Begegnungen. Ein ausgewogenes Wilderness-Experience-Pogramm fordert zwar körperlich, aber es überfordert nicht.

Der Meister zeigt sich in der Beschränkung. Es dauerte eine Weile, ehe wir verstanden, dass diese Wahrheit auch für Wilderness Experience gilt. Die Konsequenz daraus lautet: Niemals zu viel in ein Programm packen. Entweder Leadership oder Konfliktmanagement vermitteln. Niemals einen großen Brei nach dem Motto: Von allem etwas. Das bringt gar nichts. Jedes Seminar muss maßgeschneidert auf die Anforderungen des Auftraggebers eingehen, dann wird es zum Erfolg.

Voraussetzung ist die richtige Balance zwischen Körper, Geist und Seele. Körperliche Anstrengen sind ebenso Bestandteil des Seminars wie das stundenlange Sitzen am Lagerfeuer, Gespräche, die jeden Einzelnen zu sich selbst führen, die bewusste Auseinandersetzung mit der Einsamkeit. Wilderness Experience ist folglich kein Survivalkurs, bei dem Würmer und Igel auf der Speisekarte stehen, sehr wohl aber ein Naturerlebnis, bei dem das Sammeln von Pilzen, Kräutern und Beeren Programmpunkte sind. Brennnessel oder Huflattich zu sammeln und daraus ein Gemüse zu bereiten kann eine sehr intensive emotionale Erfahrung sein. Sie führt zurück zu den Wurzeln, zu mehr Bescheidenheit und Einfachheit. Die unmittelbare Begegnung mit der Natur vermittelt nachhaltigere Erfahrungen als alle Kicks durch Animation.

Mit dem Führungs- und Kooperationstraining Wilderness Eperience werden also nicht Überlebensabenteurer angesprochen, sondern verantwortungsbewusste Menschen, die durch die Vermittlung von Handlungskompetenz und Selbsterkenntnis Schlüsselqualifikationen für den beruflichen Alltag erwerben wollen. Jede beim Wilderness Experience gemachte Erfahrung muss unmittelbar auf den beruflichen Alltag übertragbar sein.

Anstrengung lohnt

In der unternehmensbezogenen Führungs- und Teamarbeit zeigt sich heute zunehmend, dass nicht die Fachkompetenz allein, sondern darüber hinaus eine Vielzahl außerfachlicher beziehungsweise übergreifender Kompetenzfaktoren den Erfolg ausmachen. Wilderness Experience entwickelt und fördert derartige Qualifikationen und Einstellungen, die für erfolgreiches, ergebnisorientiertes Verhalten im Unternehmen und am Markt wichtig sind:

- Urteils- und Entscheidungsfähigkeit in vernetzten Handlungsfeldern
- übergreifendes, projektorientiertes Handeln
- Kommunikations- und Kooperationsfähigkeiten
- Selbstverantwortung und Motivation
- Fähigkeit zur Frustrations- und Stressbewältigung

Vertrauen und gegenseitige Akzeptanz lassen sich ebenso wenig verordnen wie die Bereitschaft und Fähigkeit zum Arbeiten im Team. Sie müssen als Werthaltung aus einem Prozess gemeinsamer, persönlicher Entwicklung entstehen und durch positive Erfahrungen und Erlebnisse gefestigt werden.

Effiziente Teams schweißt man über formale Aufgaben- und Betriebsstrukturen und über gemeinsame, tragfähige Erlebnisse und Erfahrungen zusammen.

Hier setzt Wilderness Experience an. Eine verbesserte Sozialkompetenz wird durch Erfahrungen entwickelt – gemeinsame und persönliche. Diese nachhaltigen Erfahrungen vermittelt die Natur, vorausgesetzt, man gibt ihr Gelegenheit dazu. Die zu vermittelnden Lerninhalte werden dazu in so genannte »situative Lernarrangements« eingebunden. Das können die gemeinsam bewältigte Überquerung eines Flusses, eine in Kälte und Regen durchgestandene Nacht oder die Isolation auf einer einsamen Insel inmitten eines schwedischen Sees sein. Die harten Bedingungen einer weitgehend unberührten Natur bedeuten für den Trainingsprozess eine höhere Reizqualität und damit auch eine höhere »Lerngarantie«.

Zur getroffenen Entscheidung stehen

Herausmogeln gibt es beim Wilderness Experience nicht. Die Aufgabenstellungen gehen immer von konkreten Problemen in der Natur aus, sind komplex beschaffen und machen jeweils ein ganzheitliches Handeln erforderlich. So ist ein breites Spektrum an Kompetenzen gefragt, Teilqualifikationen genügen nicht, das erfahren die Teilnehmer rasch.

Die Wildnis verlangt Handlungen und Lösungen, unmittelbar und sofort. Selbst kleine Fehler bestraft sie gnadenlos, entweder unmittelbar oder in der Folge der Handlungen etwas später. Bei jeder einzelnen Entscheidung müssen auch die Folgen bedacht werden. Sie stellen sich ein, da ist die Natur zuverlässig. Beim Wilderness Experience verlangt die Natur von den Teilnehmern vorausschauendes Denken in vernetzten Kategorien. Welche Folgen unter den rauen Bedingen der Natur, zum Beispiel bei extremer Kälte, aus kleinen Ursachen entstehen können, wird an einem Sprichwort der Eskimos deutlich: »Verlierst du einen Handschuh, so verlierst du dein Leben.«

Wer eine falsche Entscheidung getroffen hat, hat dafür aufzukommen, in der Regel sehr persönlich, gelegentlich auch gemeinsam mit der Gruppe. Wer ein unfreiwilliges kaltes Bad genommen hat, wird in Zukunft einmal mehr überlegen, ehe er sich auf das Abenteuer einer Flussüberquerung einlässt. Aufgaben und Projekte sind so gestaltet, dass die Auseinandersetzung mit ihnen für die Teilnehmer zwingend ist. Alle Übungen haben einen handlungsorientierten Bezug zur Wildnis. Sie müssen aus den Bedingungen, die sich den Teilnehmern stellen, ableitbar sein, also Sinn machen. Die Lerninhalte sind nicht aufgesetzt, sondern werden aus der Umgebung entwickelt und sind für die Teilnehmer des Wilderness Experience einsehbar.

Im Human-Resources-Management ist Wilderness Experience ein effizientes Werkzeug. Wohl gemerkt, ein einzelnes Werkzeug neben etlichen anderen. Allerdings ein besonders erfolgreiches und lange anhaltend wirksames. Und eines, dem man sich nicht entziehen kann, wenn man sich erst einmal darauf eingelassen hat. Lernen ist nicht immer nur mit Freude, sondern auch mal mit »Leid« verbunden. In Seminaren kann man sich dem durch gelegentlich überzogene Pausen oder durch ein dösendes Nickerchen entziehen. In der Natur ist das nicht möglich, auch wenn mancher Teilnehmer sich das gelegentlich wünschte, denn Lernerfahrungen, die die Natur bietet, kosten oft Mühe, Überwindung und Anstrengung. Mit anderen Worten, es wird kalt, nass, die Muskeln schmerzen, die Blasen an den Füßen scheuern. Und zu Hause wartet ein warmes Büro ... Doch dorthin muss man erst einmal wieder kommen und der Weg führt nur durch die Natur, mit allen Konsequenzen. Ein Aussteigen ist nicht möglich.

Das Richtige richtig und aufrichtig tun

Und so lässt sich Unternehmenskultur ausgerechnet durch gelegentlichen Kulturentzug besonders wirksam fördern. Denn das ist die primäre Aufgabe: Förderung der Unternehmenskultur in allen Bereichen:

- Vertrauenskultur
- Führungskultur
- Organisationskultur
- Kommunikationskultur
- Teamkultur
- Lernkultur

Die Erarbeitung jedes Bereichs für sich ist ein ehrgeiziges Ziel, die Bündelung mehrerer dieser Ziele scheint kaum möglich. Und doch wird genau dies in der Natur erreicht. Wilderness Experience ist eine ganzheitliche Ressourcenentwicklung für Menschen, die führen und kooperieren wollen – und dabei »das Richtige richtig und aufrichtig tun«.

Ohne theoretisches Rüstzeug kommen wir auf dem Weg dorthin jedoch auch nicht aus. Je nach Aufgabenstellung setzen wir vor den Ausflug in die Wildnis drei bis fünf Seminartage, in denen die theoretischen Grundlagen geschaffen werden. Eigentlich machen wir an diesen Seminartagen nichts anderes als andere Seminaranbieter auch. Allerdings enden deren Seminare dort, wo unser Hauptteil erst beginnt. Und so ist die Motivation der Teilnehmer von vornherein eine andere. Sie wissen: Das Beste kommt noch.

Und ebenso gehört eine reflektierende Nacharbeit zum Erfolg von Wilderness Experience. Den ersten Teil gibt es noch vor Ort. Die Ergebnissicherung erfolgt meist nach Abschluss des Projekts oder abends in den Reflexionszirkeln. Dabei wird die Durchführung zunächst nach bestimmten Effizienkriterien von den Projektleitern selbst bewertet. Dann holen sie Rückmeldung von den Teammitgliedern ein.

Dabei werden eventuelle Widersprüche im Bild der Selbst- und Fremdwahrnehmung von Ausführung, Ergebnis und Verhalten diskutiert. Besprochene Vorschläge und Alternativen sowie die Resultate der Diskussion werden für die Aufbereitung im Abschlussgespräch am Trainingsende schriftlich festgehalten. Es vergeht also kein Tag, der nicht noch einmal gründlich durchleuchtet wird, und viele Handlungen der vorangegangenen

Stunden erhalten durch die gemeinsame Rückschau eine vollkommen neue, bis dahin nicht erkannte Bedeutung.

Der natursportlichen Orientierung von Wilderness Experience entsprechend werden die Lernhalte vorwiegend durch die Wildnis vermittelt. Das macht die Besonderheit und den Erfolg von Wilderness Experience aus. Doch die Erfahrung hat gezeigt, dass der Transfer umso besser gelingt, wenn die Projekte durch geeignete theoretische Unterweisungen im Camp inmitten der Natur gestützt werden. Sie dienen insbesondere

- zur Vorbereitung und Einweisung zum Lernziel, Lerninhalt und zur Naturumgebung (Sicherheitsabsprachen),
- zur operativen Arbeit, zum Beispiel Planung und Vorbereitung der nächsten Projekte,
- zur Klärung von Gruppenprozessen (Störungen haben Vorrang),
- zur Strukturierung und Evalution der neuen Lernerfahrungen sowie zur Aufbereitung möglicher Diskrepanzerlebnisse,
- zur Vertiefung, Absicherung und Stabilisierung der Outdoorerfahrungen (je nach Bedarf werden handlungsrelevante »Theorieeinheiten« nachgeschoben),
- zur Transferorientierung (vom erlebten Handlungsmuster zum berufsbezogenen Handlungsvollzug),
- zur Ergebnissicherung für die Nachbeteiligung,
- zur Erstellung von Aktionsplänen für die Alltagssituation.

Neben den Reflexionen vor Ort haben sich dreitägige Seminare als außerordentlich erfolgreich erwiesen, die etwa ein halbes Jahr nach der eigentlichen Wilderness Experience angeboten werden. Mit diesem zeitlichen Abstand ist eine gründliche Aufarbeitung der Erfahrungen möglich. Wir haben damit ausgesprochen gute Erfahrungen gemacht und bei allen Teilnehmern einen erheblichen Bedarf festgestellt.

Sich für neue Erfahrungen öffnen

Wilderness Experience nur als Action, das ist zu wenig. Erst die kompetente Begleitung durch einen Psychologen macht Wilderness Experience zum erfolgreichen Werkzeug des Human-Resources-Managements. Vorausgesetzt, die Teilnehmer sind bereit, sich darauf einzulassen. Wer sich der Natur mit ihrer Nässe und Kälte nicht aussetzen will, wer den Stress ungewohnter Situationen scheut, wer sich nicht outen und zu einer möglichen Situation der Schwäche bekennen will, wer Grenzerfahrungen für verlorene Zeit hält, wer den Aufenthalt in der Natur einem verlängerten Indianerspiel gleichsetzt, der wird bei einem Wilderness Experience nichts dazulernen, weil ihm die Bereitschaft dazu fehlt.

Die große Chance, sich in der Wildnis zu erproben und mehr über sich selbst zu erfahren, erschließt sich nur demjenigen, der

- Mut hat,
- bereit ist, ein Risiko einzugehen,
- Verantwortung übernehmen möchte.

Seit 1986 habe ich zahlreiche Wilderness-Experience-Seminare entwickelt und begleitet. Jedes dieser intensiven Erlebnisse der Natur und der Menschen darin hat mich persönlich geformt und zu meiner Entwicklung beigetragen. Was ich heute bin, wurde zum großen Teil durch die Begegnungen mit und in der Natur geprägt.

1. Ich habe viel gelernt und einen großen Schatz von Erfahrungen gesammelt. Ich bin überzeugt, dass mir andere Trainingseinheiten diesen Erfahrungsschatz nicht hätten vermitteln können. Heute weiß ich, was Vertrauen bedeutet und wie man mit Menschen umgeht, die Zufriedenheit und Teammanagement predigen, aber nur Sprechblasen und Chaos hinterlassen. Man lässt sie einfach im »Wald« stehen.
2. Ich habe den Schlüssel der Selbsterkenntnis gefunden und die Kraft gewonnen, meinen eigenen Standort zu entdecken. Das Thema Sinnstiftung und Sinnerfassung spielte dabei die entscheidende Rolle. Die Natur als Lernort hat mich dabei inspiriert und alle Ärgernisse und Widersprüche des beruflichen Alltags vergessen gemacht. Ich bin reifer geworden.
3. Ich habe Freunde und Mitstreiter gefunden und ein sehr enges Netz von Partnerschaften im Unternehmen entstehen lassen. Das ist persönlich und beruflich von großem Nutzen und eine gewaltige Wertschöpfung ohne Befehl und Gehorsam. Heute weiß ich, wie man zu Zielvereinbarungen kommt und wie man den Konflikt und die Streitkultur nutzt, um das Teamgeschwätz zu beenden und in Selbstverantwortung Teams schmiedet.

4. Die Wildnis hat mich in den Sinnen gestärkt, mich frei gemacht im Denken und Handeln und mich motiviert, das zu tun, was ich für richtig erachte. So wirklich ist die Wirklichkeit. Das ist meine Handlungsmaxime im beruflichen Alltag.
5. Nicht jeder muss mein Freund sein. Auch das ist eine wichtige Erkenntnis aus den akademischen Diskussionen am Flussbett eines reißenden Stroms oder im Grenzgang zu außerordentlichen Herausforderungen in der Kälte des Eismeers von Grönland. Enttäuschungen haben mich stark gemacht. Wir brauchen wieder Werte und Taten und keine Selbstdarsteller und Partygäste in unserer Anspruchs- und Leistungsgesellschaft. Das ist die Strategie des qualifizierten Überlebens.
6. Und schließlich noch etwas: Nach jedem Training ist mir bewusst geworden, wie wichtig mir meine Familie und meine Frau sind. Ohne sie hätte ich das Glück von Wilderness Experience nie erfahren und im Beruf nicht die Kraft gehabt, mit Lust und Freude meinen beruflichen Pflichten nachzukommen.

Wilderness Experience hat einen großen Teil meines Berufslebens geformt und es hat mich in den angesprochenen Punkten geprägt. Aber Wilderness Experience hat mich nicht grundlegend verändert. Das wäre auch nicht das Ziel unserer Erfahrungen in der Natur. Jeder bleibt so, wie er ist. Aber mit einem veränderten Bewusstsein für die persönlichen Stärken und Grenzen, für Verantwortung und Abhängigkeiten, für Entscheidungen und gelegentlich auch für Gelassenheit.

Ich war wirklich kein Naturbursche. Ob ich es heute bin, weiß ich nicht. Wahrscheinlich bin ich eher ein Manager, der sich mit der Natur ab und zu auf einen Dialog einlässt. Das genügt, um als Manager besser zu verstehen, zu entscheiden und zu handeln. Und als Mensch ohnehin. Ohne Wildnis wäre ich heute noch auf dem Dorfsportplatz in Üfingen und würde den Rasen mähen.

Human Capital – Bewertung

Isabell Welpe

»Nearly every mistake I have made
has been in picking the wrong people
not the wrong idea«

Arthur Rock – Venture Capitalist

Am Ende eines Wilderness-Experience-Trainings steht in aller Regel die Erkenntnis der Teilnehmergruppe, dass sie viel mehr leisten konnte, als sie sich zu Beginn zugetraut hatte. Häufig wird von den Teilnehmern bedauert, dass das Training nicht länger gedauert hat, dass die Projekte nicht anstrengender waren, dass das Wetter zu schön und die Verpflegung zu üppig war, dass niemand wirklich seine physischen oder psychischen Grenzen erreicht hat. »Es ist weit mehr möglich, als ich mir vorstellen konnte, ich habe mir viel zu wenig zugetraut, ich habe bisher mein Potenzial weder gekannt noch genutzt. Und mein Unternehmen weiß nicht, was für ein Kapital ich eigentlich mitbringe und was bisher nicht als Ressource gesehen wird.« Solche Äußerungen sind Ausdruck einer anderen Selbstwahrnehmung und Selbstbewertung, die nach einem Wilderness-Experience-Training entstehen. Nach einem solchen Training treffen Teilnehmer oft selbstsicher berufliche oder persönliche Entscheidungen, die lange fällig waren. Es ist für viele wie eine Befreiung von blinden Flecken über sich selbst. Die eigenen Möglichkeiten und Grenzen bestimmten den Wert, den man als Teammitglied, als Tages- oder als Projektmanager hatte. Die Gruppenurteile über den Stellenwert, den der eigene Beitrag zum Projekterfolg lieferte, sind Anlass, den Nutzen jeder kleinen Aktivität oder die Kosten jeder unterlassenen Aktivität zu bewerten. Diese Kosten-Nutzen-Diskussionen bewirken nicht nur tiefgründige Auseinandersetzungen über die Basiswerte einer ergebnisorientierten

Zusammenarbeit, sondern ermöglichen auch Vergleiche der individuellen Wertestrukturen und geben Einblicke in die persönlichen Beweggründe. Die faire und angstfreie gegenseitige Bewertung wirkt wie ein sozialer Klebstoff in der Gruppe. Sie führt zu neuen Verhaltensnormen in den folgenden Projekten. Alle handeln direkter, ohne soziale Fassaden und mit Moral, nicht nur im Dauerregen. Der wesentliche Fortschritt im Wilderness-Experience-Training ist dann erreicht, wenn in der Gruppe jeder jedem die Fragen gestellt und beantwortet hat: »Hätten wir das Projekt auch ohne deinen Beitrag geschafft und wie viele brauchen wir überhaupt zum Erfolg?« Der Projektwert der Einzelnen wird damit nachgefragt, die Gruppe will Klarheit erhalten über ihren Marktwert, ihr Potenzial und was man daraus noch gewinnen kann.

Diese Gespräche im Training führen für viele Teilnehmer zur ernsthaften Beschäftigung mit der Bewertung von Humankapital. Viele betreten damit ganz persönlich einen Tabubereich. Über die Bewertung von Humankapital öffentlich zu sprechen, empfinden die meisten als politisch nicht korrekt. Entwicklung setzt Zerstörung voraus. Sie beginnt mit der Freiheit, anders zu denken, als es die Normen vorschreiben.

Wenn das Wilderness-Experience-Training so weit vorangekommen ist, können die Informationen über Humankapital und seine Bewertung beginnen. Meistens ist es dann spät in der Nacht, der Körper ist kalt und müde, aber das Thema heizt an. Eine Nachtvorlesung über Humankapital findet statt ohne Hörsaal, aber vor offenen Ohren.

Was ist Humankapital?

Der Begriff »Humankapital« stammt ursprünglich vom Ökonomen Theodor Schultz. Es waren vor allem Volkswirtschaftler, die sich als Erste mit dem Humankapital einer Volkswirtschaft beschäftigten, welches sie mit »Wissen und/oder Kompetenzen der Mitglieder einer Volkswirtschaft« gleichsetzten: »Humankapital oder Einkommenserwerbskapazität ist die Summe der Erfahrungen, Fähigkeiten und Fertigkeiten eines Individuums, welche im Produktionsprozess aktiv eingesetzt werden können.« (Velten 1998)

In den letzten Jahren ist mit dem Übergang von der Industrie- zur Informationsgesellschaft die Diskussion um das Humankapital eines Unternehmens neu entflammt. In der Betriebswirtschaftslehre werden neue Bewertungs- und Kennzahlensysteme diskutiert, um die Mitarbeiter eines Unternehmens als Wertschöpfungsfaktoren besser zu erfassen.

Was ist in der aktuellen Diskussion mit dem Begriff »Humankapital« gemeint?

Im wirtschaftlichen Sinne kann Humankapital betrachtet werden als der Ertragswert der zukünftigen Handlungen und Verhalten der Mitarbeiter. Das Humankapital bestimmt sich aus den kognitiven, motivationalen und sozialinteraktiven Eigenschaften der Mitarbeiter, das heißt ihre intellektuellen Fähigkeiten, ihr Antrieb zur Leistung sowie ihre Fähigkeiten, mit Situationen und Menschen umzugehen.

Unter Kapital wird in den Wirtschaftswissenschaften der dritte Produktionsfaktor neben Boden und Arbeit verstanden. Kapital selbst wurde klassisch unterteilt in Sachkapital und Geldkapital.

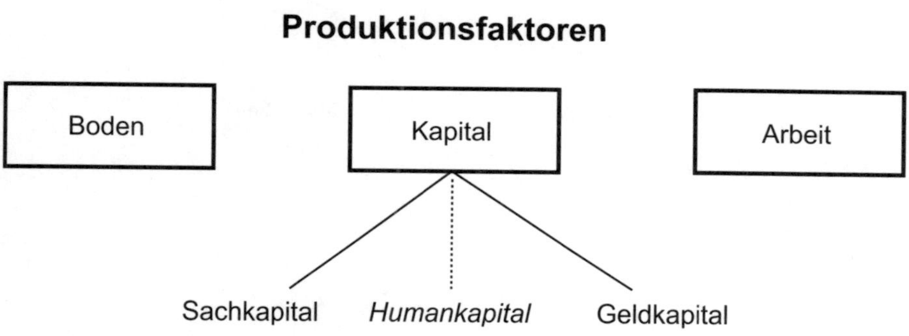

Abbildung 1: Die klassischen Produktionsfaktoren und Humankapital

Humankapital als eine Komponente im Gesamtkapital eines Unternehmens hat folgende charakteristische Eigenschaften:

- Es ist an Menschen gebunden und damit einmalig.
- Es ist ein knappes Gut, das nicht in beliebigem Maße in einem Unternehmen erhöht werden kann, selbst wenn man über ausreichend Finanzkraft verfügt.
- Das Humankapital »gehört« einem Unternehmen immer nur bedingt und lässt sich auch durch Verträge, Loyalität und Risikoaversion von Mitarbeitern nicht endgültig an das Unternehmen binden.

- Humankapital ist nur begrenzt substituierbar. Maschinen und Kapital können Mitarbeiter umso weniger ersetzen, je wissens- und personalintensiver ein Unternehmen beziehungsweise ein Unternehmensbereich ist.
- Humankapital wird zunehmend zu einem entscheidenden Wettbewerbsfaktor.
- Humankapital wird zur Hauptressource von innovativen, wachstumsstarken Unternehmen.

Wert kann letztendlich nur durch Menschen geschaffen werden! Alle anderen Produktionsfaktoren wie Maschinen, Anlagen, Energie, Kapital sind passiv und bieten lediglich das Potenzial.

Der limitierende Faktor ist in manchen Unternehmen heute schon, geeignete Mitarbeiter zu finden.

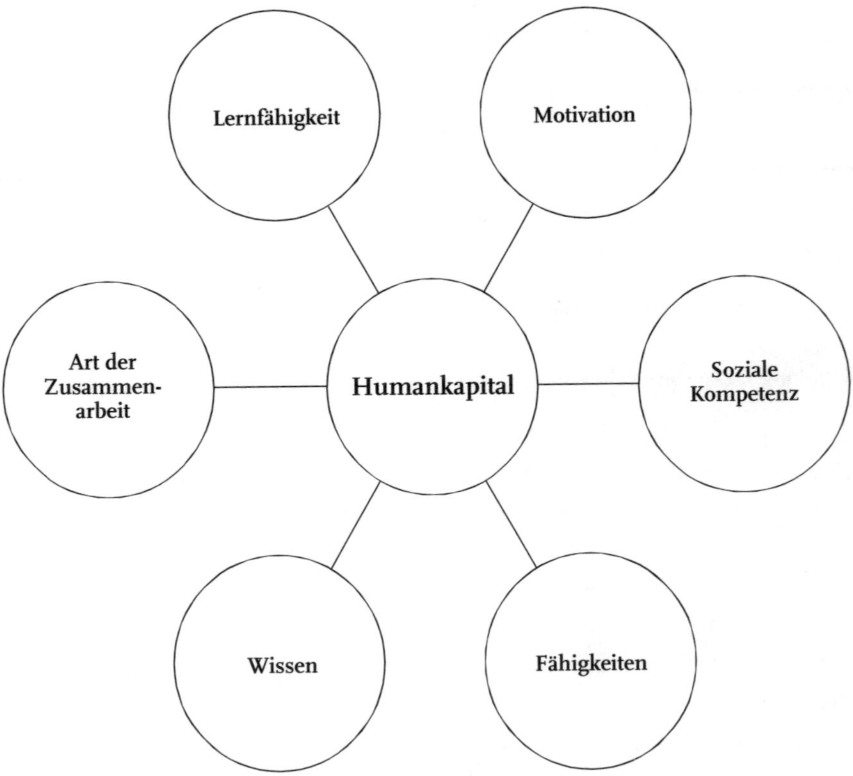

Abbildung 2: Komponenten von Humankapital

Warum ist Humankapital wichtig? Seit wann ist es wichtig geworden?

Mit dem Wechsel von der kapitalintensiven Industriewirtschaft hin zur personalintensiven Wissenswirtschaft wird Sachvermögen im Vergleich zu geistigem Vermögen zunehmend bedeutungslos. Für den Erfolg, das Wachstum und die Wettbewerbsfähigkeit von Unternehmen kommt es jedoch weniger auf abstraktes Spezialwissen als auf die konkreten Fähigkeiten der Mitarbeiter an, dieses Wissen zu verstehen und es sich zunutze zu machen. Die Wettbewerbsfähigkeit von morgen hängt ab von relevanten, zeitgerechten und richtig organisierten Informationen.

Für welche Unternehmen ist dies wichtig?

Obwohl die Bedeutung von Humankapital allgemein steigt, ist es nicht für alle Unternehmen und alle Unternehmensbereiche gleichermaßen wichtig.

Wichtig im wirtschaftlichen Sinne heißt immer auch, gewinnrelevant zu sein und Einfluss auf Kosten und Umsätze zu haben. Dies ist bei Humankapital in unterschiedlichem Maße für verschiedene Unternehmen der Fall.

Der Faktor Humankapital ist umso bedeutsamer, je höher die Personalkosten im Verhältnis zu den Kapitalkosten sind. Je personalintensiver ein Unternehmen ist, desto dringlicher muss es neben der Kapitalrendite auch die Humankapitalrendite kennen und desto weniger können herkömmliche Kennzahlen die Wertschaffung angemessen widerspiegeln. Gemäß einer

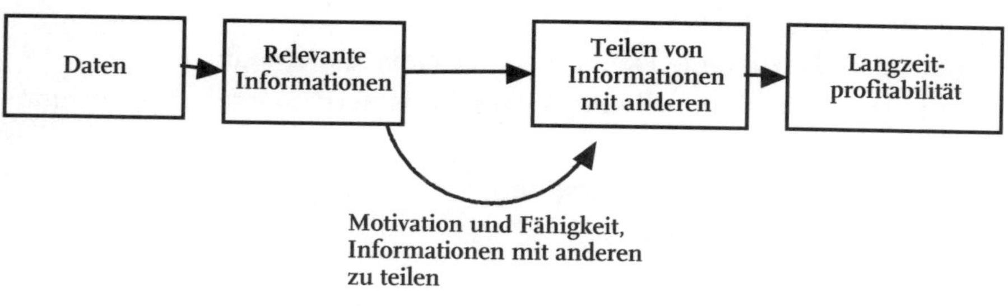

Abbildung 3: Humankapital und langfristige Profitabilität

Studie der Boston Consulting Group übertreffen bei nahezu allen DAX-30-Unternehmen die Personalkosten die Kapitalkosten.

Humankapital ist zudem einer der wenigen Bereiche, in denen Unternehmen noch einen echten Wettbewerbsvorteil erlangen können, weil bisher wenige Unternehmen in diesem Bereich Bestmögliches leisten. Die gezielte Förderung und Auswahl der Mitarbeiter birgt noch ein großes unausgeschöpftes Potenzial. In Unternehmen wird viel Zeit darauf verwendet, den Kapitaleinsatz zu managen, aber kaum ein Unternehmen hat Überblick darüber, wie viel Wert von welchen Mitarbeitern geschaffen wird.

Letztendlich sind börsenorientierte Unternehmen abhängig davon, dass der Markt und damit die Börsenanleger und -analysten den Wert von Humankapital verstehen und schätzen.

An der Börse wird der wertsteigernde Effekt von Humankapital bereits erkannt. Service- und Technologieunternehmen am Neuen Markt haben einen Marktwert, der ihren Buchwert bei weitem übertrifft. Die Mitarbeiter eines Unternehmens, ihre Motivation und Kreativität sowie ihre Bindung an das Unternehmen werden zum wichtigsten Werthebel für den Aktienkurs. Immer öfter wird Wachstum gehemmt durch die mangelnde Verfügbarkeit von geeigneten Mitarbeitern, während Kapital und materielles Vermögen ausreichend vorhanden sind. Wissenschaftliche Studien zeigen, dass immaterielle Werte im Unternehmen, wie zum Beispiel Humankapital, der signifikante Faktor zur Unterscheidung erfolgreicher Börsengänge sind.

Der richtige Umgang mit Humankapital im Unternehmen

- kann ein Wettbewerbsvorteil sein,
- steigert den Aktienkurs,
- managt und steuert die Hauptressource eines Unternehmens,
- hilft, neue Informationen und Wissen im Unternehmen besser zu verarbeiten,
- steigert den Unternehmensgewinn,
- hilft, Kosten zu senken,
- macht das Unternehmen effizienter,
- steigert den Unternehmenswert,
- hilft, die besten Mitarbeiter für das Unternehmen zu gewinnen.

Aus diesen Eigenschaften des Humankapitals folgt, dass es gepflegt, gefördert und gemessen werden muss im Hinblick auf die Unternehmensstrategie und die Marktanforderungen.

Die Situation heute und morgen

Bisher dachte man, Wert würde vor allem durch Investitionen in Produktionsfaktoren und Maschinen geschaffen. Daher kommt der Faktor »Mensch« bisher in den Gewinngleichungen nicht vor.

Die klassischen Unternehmensbewertungsverfahren beziehen Humanressourcen, die im Unternehmen sind, nicht mit ein. Erst im Dreiklang »Sachkapital, Finanzkapital und Humankapital« kann der Wert eines Unternehmens richtig und ganzheitlich erfasst werden. Die klassische Bilanz spiegelt nur unzureichend den Wert des Unternehmens wider und vor allem nicht den Ertragswert des geistigen Kapitals. Bisher werden Kosten für Anwerbung, Auswahl, Einstellung, Einarbeitung und Weiterbildung nur als Aufwand verbucht. Es finden sich in der klassischen Bilanz keine Worte über Wertveränderung des Humankapitals. Stattdesssen bräuchte man eine Humanvermögensrechnung, bei welcher die Investitionen in das Humanvermögen als auch Veränderung im Humanvermögen registriert werden. Bisher gilt jedoch für buch- und bilanzrechtliche Behandlung des Humanvermögens ein Aktivierungsverbot nach § 248 Abs. 2 HGB.

Während in klassischen Industrieunternehmen eine Wertschaffung vor allem durch Sach- und Finanzvermögen erfolgte, sind die Wachstumsbranchen des 21. Jahrhunderts durch ihre hohen Investitionen in Humankapital gekennzeichnet.

Der Anteil von Humankapital am Unternehmenswert ist ein spezifisches Merkmal der jungen, wachstumsstarken Unternehmen. Die klassischen Bewertungsverfahren reichen nicht mehr aus, es muss eine Bewertung der Humanressourcen hinzukommen, um den Unternehmenswert richtig zu erfassen.

Die Bewertung des Humanvermögens wird zu einem Teil der Due-Diligence* werden, um den korrekten Unternehmenswert zu bestimmen, da

* Amerikanischer feststehender Begriff für die sorgfältige Prüfung, die ein Käufer bei einem Unternehmenskauf beziehungsweise vor einem Börsengang durchführt.

eine genaue Bewertung des Humankapitals zu einer insgesamt genaueren Bewertung des Unternehmens beiträgt. Wenn man es jedoch genau betrachtet, sind die Menschen die wichtigste Komponente in der Wertschaffensgleichung und gleichzeitig am schwierigsten zu bewerten.

Der Trend in der Personalarbeit geht in Richtung Ökonomisierung (Becker 1999).

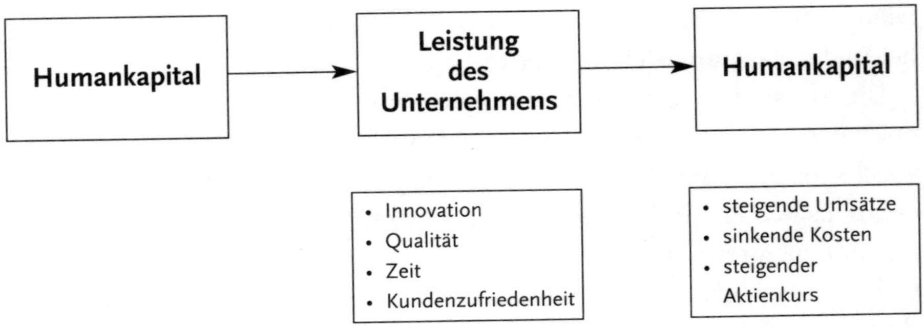

Abbildung 4: Humankapital und Unternehmenswert

Wie messe/bewerte ich Humankapital?

Um das Humankapital im Unternehmen optimieren zu können, müssen die Anforderungen an das Humankapital bekannt sein. Diese ergeben sich erstens aus den Unternehmenszielen und der Unternehmensstrategie sowie aus den Umweltbedingungen. Zweitens muss das Potenzial von Mitarbeitern und potenziellen Mitarbeitern bekannt sein.

Zur Optimierung des Humankapitals eines Unternehmens gibt es drei Ansätze:

1. Die Gewinnung und Auswahl geeigneter Mitarbeiter. Um sagen zu können, welche Mitarbeiter geeignet wären, muss deren Potenzial analysiert werden.
2. Aufbau und Entwicklung der unternehmensinternen Mitarbeiter. Auch hier muss deren Potenzial und das Ausmaß seiner Realisierung bestimmt werden.
3. Die Trennung von Mitarbeitern, deren Potenzial nicht ausreicht, um den Anforderungen gerecht zu werden.

Mit dem Übergang von der Industrie- zur Informationsgesellschaft wird anstelle des Kapitals der Mensch zum entscheidenden Werthebel. Personalorientierte Steuerungssysteme müssen zum Einsatz kommen. Der Erfolg eines Unternehmens wird traditionell an ausgewiesenen Bilanzkennzahlen und der Kapitalrendite (ROI) gemessen. Eine Steuerung des Unternehmens ausschließlich nach der Kapitalrendite erhöhte die Rendite durch Mitarbeiterentlassungen, da sie als reine Kosten angesetzt werden. Eine Entlassung der wichtigsten Wertrendite, der Mitarbeiter, führt damit zu einer Steigerung der Kapitalrendite.

In Bezug auf Humankapital wird in Zukunft wichtig sein:

- die besten Mitarbeiter anzuziehen und für das Unternehmen zu gewinnen,
- eine Entlohnung von Mitarbeitern einzuführen, die deren Wertschaffung gerecht wird,
- das Humankapital von Bewerbern und von Mitarbeitern in allen Ebenen des Unternehmens zu kennen,
- die besten Mitarbeiter an das Unternehmen zu binden,
- die »Stars« im Unternehmen zu erkennen,
- den Wert der einzelnen Mitarbeiter für das Unternehmen zu kennen.

Eine Konsequenz aus der wachsenden Bedeutung der Mitarbeiter als Werttreiber im Unternehmen ist der Bedarf an neuen Kennzahlen, die die Effizienz des Mitarbeitereinsatzes steigern. Neue Steuerungskennzahlen müssen neben den Kapitalrenditen nach der Rendite der Mitarbeiter fragen. Ein Beispiel für neue Kennzahlen zum Humankapital ist das Worconomics-Konzept der Boston Consulting Group, dessen Kernstück der »Value added per person« ist, die durchschnittliche Wertschöpfung pro Person.

Die Qualifikation, die Motivation und die Bindung der Mitarbeiter an das Unternehmen finden sich bisher in keiner Unternehmensbilanz.

Es wird immer wieder behauptet, Humankapital sei immateriell und lasse sich überhaupt nicht messen. Aber auch Humankapital hat Ausprägungen und Eigenschaften, die man messen und beurteilen kann. Wie effektiv das Humankapital gemessen und beurteilt werden kann, hängt von der angewandten Methode ab.

Obwohl in § 246 im HBG steht, dass der Jahresabschluss sämtliche Vermögensgegenstände enthalten soll, fehlt eine Ausweisung des unternehmenseigenen Humankapitals bisher im Jahresabschluss. Erst eine leistungsfähige Humanvermögensrechnung erlaubt jedoch, die Wertentwicklung zu verfolgen. Es ist denkbar für jeden Mitarbeiter, ein Vermögenskonto einzurichten, in dem man Leistungen des Mitarbeiters, wie Fortbildungsmaßnahmen, Auslandsaufenthalte etc., mit festen Indizes bewertet und zusätzlich um eine potenzialorientierte Rechnung ergänzt.

Den Wert der Arbeitskraft eines Menschen zu schätzen und in Geld zu bewerten, stößt eventuell auf Ablehnung, weil es nicht üblich ist, einen Menschen in monetären Größen auszudrücken. Allerdings passiert dies teilweise schon seit Jahren, wie zum Beispiel im Versicherungsfall, wo der wirtschaftliche Wert einer Arbeitskraft eines Menschen entwickelt wird, indem man zum Bewertungszeitpunkt den Barwert der zukünftigen Einkommen ermittelt und vom Barwert der zu erwartenden Kosten subtrahiert.

Klar ist, dass Humankapital ein Faktor ist, der immer wichtiger wird. Unklar ist jedoch, wie man Humankapital nun messen und bewerten soll, da es ein immaterielles Gut ist. Die bisherigen Kennzahlen bringen den Faktor Humankapital gar nicht erst ein, und wenn sie es doch tun, dann auf der Kostenseite, nicht auf der Vermögensseite. Economic Value Added (EVA)* und die Balanced Scorecard (BSC)** sind ein Schritt in die richtige Richtung, denn für die Wettbewerbsfähigkeit in der Zukunft brauchen wir einen Fokus auf den Werttreiber »Mensch«. Es liegen bisher wenige Instrumente vor, um den Faktor Humankapital zu bewerten.

Vorstellbar sind Arbeitsanalysen, Dokumentenanalysen, Interviews, Referenzen, Arbeitsproben und psychologische Tests. Tests sind, obwohl sie sehr zuverlässig sind, in höheren Positionen nicht üblich und es wird bei hohen

* Economic Value Added (EVA): Größe, die demonstriert, inwieweit durch eine Entscheidung für das Unternehmen Vermögen geschaffen oder vernichtet wird.

** Balanced Scorecard (BSC) steht für einen ausgewogenen Satz von Zielkennzahlen im Unternehmen, vor allem für die Bereiche Finanzen, Kundenbeziehungen, Interne Prozesse sowie Innovations- und Lernfähigkeit.

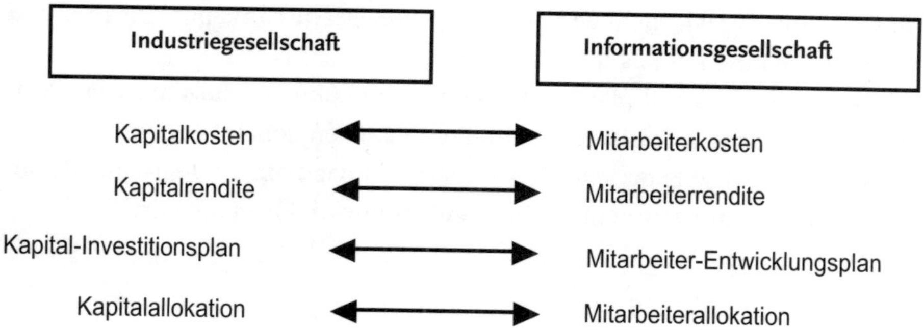

Abbildung 5: Paradigmenwechsel (Quelle: The Boston Consulting Group)

Positionen zunehmend schwierig, die Anforderungen für die Position genau zu definieren.

Die Personalkosten machen heute bis zu 40 Prozent der Kosten eines Unternehmens aus. Es ist daher wichtig, die Rendite dieses Vermögensbestands »Humankapital« zu kennen.

Es reicht allerdings nicht, die Mitarbeiter zu zählen, da diese zu unterschiedlich sind. Es sind vor allem die Informationen, die Mitarbeiter besitzen, und deren Bereitschaft und Fähigkeit, diese zu teilen, tragen zu einer Wertsteigerung bei.

Eine zentrale Frage zu Humankapital ist die nach seiner Bewertung.

Denkbar wäre eine Humankapitalbewertung als eine Projektion über zukünftiges Verhalten und Handlungen des Humankapitals, und als der geschätzte Barwert der zukünftigen Verhaltensströme. Als Anhaltspunkt können das Verhalten und die Handlungen der Vergangenheit verwendet werden.

Es gibt in der letzten Zeit einen Trend, der auf eine Veränderung in den Instrumenten zur Beurteilung von Führungskräften hindeutet. Allerdings wird immer noch auf die Erfahrung und die Intuition des Beurteilers gesetzt, wenn es um Mitarbeiterpotenzialanalysen geht. Besser wäre es, eine gezielte Managementdiagnostik zum Einsatz zu bringen, bei der ein diagnostisch geschulter Beurteiler in strukturierter Vorgehensweise arbeitet.

Es besteht ein hoher Bedarf für ein Bewertungssystem, das nichtfinanzielle Daten zugänglich macht, welche die Wertschöpfung wesentlich beeinflussen. Solange wir nicht wissen, wie wir unser Humankapital messen und bewerten, können wir es nicht managen.

Um für die Zukunft planen und steuern zu können, muss man das Portfolio aus Mitarbeiterleistungen und -kompetenzen genau kennen.

Das Wilderness-Experience-Training liefert dazu ein strategisches Personalmanagementinstrument für die Bewertung von Humankapital.

Selbstüberwindung: Im Wald kann der Manager zum Unternehmer werden

Prof. Dr. Ingelore Welpe

Die Selbstüberwindung zum Unternehmertum beginnt für die meisten Manager bereits bei der Entscheidung zur Teilnahme an einem Wilderness-Experience-Training: Schon die Reaktion auf die Einladung trennt die neugierigen von den selbstgefälligen Managern.

Wenn man auf Nachfrage, was denn Wilderness Experience heißt, erklärt, dass Wilderness Wildheit, Verwilderung, Ausgelassenheit oder sogar Zügellosigkeit heißt und Experience laut Lexikon Erfahrung beim Wildern oder in der Wildnis zu sammeln, winkt der klassische, selbstzufriedene Manager ab mit der Äußerung: »Aus dem Pfadfinderalter bin ich raus.« Eine Selbstbeurteilung, die zur Selbstselektion führt, danach ich nichts Neues lernen will und ich meine unbewusste Inkompetenz für Kompetenz halte.

Solche Äußerungen sind auch zu verstehen als die Ahnung eines Managers, dass es in einem Wilderness-Experience-Training keine Möglichkeit gibt, sich selbst und den anderen auszuweichen, und es somit unsicher ist, wie der Manager aus dem Programm herauskommt: klassisch oder unternehmerisch.

Wenn auf Nachfragen von Managern, was denn im Wilderness-Experience-Training konkret passiert, die Trainer vage in ihren Auskünften bleiben und stattdessen von einer notwendigen Entscheidung zum subjektiven Risiko sprechen und statt exakter Angaben zu Orten, Abläufen und Wegen von der notwendigen Lust auf neue Erfahrungen reden, dann entscheidet zuerst der Wille zur Selbstüberwindung, ob ein Manager an einem Wilderness-Experience-Training teilnimmt. Damit hat ein Manager eingewilligt, ein Grenzgänger in eigener Angelegenheit zu werden, unbekanntes persönliches und fremdes Terrain zu betreten und sich als Person Entwicklungen auszusetzen, zu gestalten und auf dieser Grundlage Unternehmertum im eigenen Unternehmen auszuschöpfen. Unternehmerisches Potenzial entdeckt man bei sich und anderen nur durch den Verzicht auf die Frage: Was erwartet mich und was bringt das, sowie die Selbstüberwindung, ohne Bedenken Ja zu sagen zur Innovation.

Während ich diesen Text schreibe, sind in Deutschland 4,2 Millionen und in Europa 20 Millionen arbeitswillige Menschen arbeitslos. Ungezählte Personen leisten gleichzeitig unbezahlte Arbeit in der Wirtschaft und in der Gesellschaft. Die Deutschland-AG steht vor dem Zusammenbruch, so kann man es nach den größten Firmenpleiten der Nachkriegszeit in den meinungsführenden deutschen Zeitungen lesen.

Neben den vielen Gründen, die sich zur Beschreibung und Erklärung dieser kritischen Situation für die Wirtschaft anführen lassen, werden bestimmte Fragen, die sich in diesem Zusammenhang stellen, nicht eindeutig genug von Unternehmensmanagern aufgenommen. Ich meine die Fragen, die sie an sich selbst richten müssen. Welche Zukunftsvorstellungen vom Unternehmen habe ich als Manager? Welchen Stellenwert kann meine Position und meine Person in Zukunft noch haben? Was passiert mit mir, wenn festgestellt wird, dass ich ein heutiger Managertyp bin, dem die Zukunftsfähigkeit fehlt? Solche Fragen gehören in einen größeren Zusammenhang, nämlich zu den Überlegungen, welche Einstellungen, Motive und Verhaltensweisen Mitarbeiter in besonderen Positionen, sprich im Management, haben müssen, um eine Wirtschaftsleistung im Unternehmen zu erzeugen, die einen Marktwert hat. Antworten darauf finden wir wirklich nur teilweise in den betriebswirtschaftlich orientierten Managementmodellen, in denen die Psychologie und Anthropologie des menschlichen Verhaltens unbekannt sind. Mit bereichsüberschreitenden Fragen beschäftigen sich viele Manager nicht, alte genauso wenig wie junge, einfach, weil ihnen einerseits das Verstehen von Verhalten zu kompliziert erscheint und andererseits sie sich nicht einmal selbst verstehen.

Die Wissens- und Auseinandersetzungsdefizite führen zur unbewussten Inkompetenz vieler Manager. Diese ist ein wesentliches Hindernis in der eigenen Entwicklung des Unternehmens oder der Mitarbeiterpotenziale. Die

Auseinandersetzung mit den Herausforderungen des Unternehmens fängt ganz schlicht mit einer Selbstüberwindung an, nämlich die richtigen Fragen an sich selbst zu stellen.

- Gibt es in Zukunft die Position Manager im Unternehmen?
- Braucht ein Unternehmen noch Manager von meinem Typ?
- Welchen Marktwert habe ich in Zukunft?

Zur persönlichen Beantwortung solcher Fragen braucht man Neugier, Erkenntniswillen, Handlungsbereitschaft und den Willen, alte Ideen loszulassen. Mehrere Lektionen sind dazu nötig, die das Wilderness-Experience-Training gibt: Wissen, Erleben, Erfahrung.

Lektion 1:
Der Manager als Typ passt nicht in die nachindustrielle Wirtschaftskultur. In der Wilderness Experience kann er seinen Selbstcheck machen.

Entscheidungsträger aus der europäischen und nordamerikanischen Wirtschaft, Politik und Kultur analysierten 1991 auf dem Symposium des Gottlieb-Duttweiler-Instituts die Herausforderungen für Unternehmenserfolge im 21. Jahrhundert. Die auf dem Symposium grundsätzlich festgestellte Wende begann 1950, als Unternehmen erkannten, dass technologisches und wissenschaftliches Wissen mehr zur Arbeitsproduktivität, zu Prozess- und Produktinnovationen beiträgt als Kapital und Arbeitskraft allein.

Die Veränderungen während der letzten 50 Jahre in Wirtschaft und Gesellschaft haben in das nachindustrielle Zeitalter geführt und ergeben die aktuellen Herausforderungen für die Unternehmen der Zukunft.

Die nachindustrielle Wirtschaftskultur erhält ihren Charakter durch die Eigenschaften der Wissensgesellschaft, der Netzökonomie, der Informations- und Kommunikationstechnologien und der damit entstehenden Möglichkeiten zur Selbstorganisation in Gesellschaft und Wirtschaft. Im Sinne von Maturana hat die nachindustrielle Kultur somit den Charakter der Autopoiese. Danach erhalten und erzeugen sich lebende und lernende Systeme selbst. Luhman bezeichnete als Erster Gesellschaft und Wirtschaft als autopoietische Systeme, die in ständiger Auseinandersetzung mit sich selbst und

Industriegesellschaft ab 1948	**Superindustrielle Gesellschaft ab 1976**	**Nachindustrielle Gesellschaft ab 1980**
• patriarchale, hierarchische Top-down-Strukturen • Wachstumseuphorie • quantitative Fixierung • Umweltverschmutzung • Naturverbrauch • Rohstoffausbeutung • Abfall-/Müllprobleme • materielle Grundhaltung • Proletarisierung • Klassenbildung • Sozialgesetze • Produktorientierung • mechanistische Modelle • lineare Zeitvorstellung • territoriale Expansion	• Rollenwandel und -brüche • Hierarchiekonflikte • Wachstumsgrenzen • »qualitatives« Wachstum • Umweltgesetze • Umweltveränderungen • Umweltverträglichkeitsprüfung • Recycling, Einsparung • »intelligente«, geschlossene Systeme • Deproletarisierung • Pluralismus, Konfetti-Society • Wohlfahrtsstaat • Erlebnisorientierung • kybernetische Modelle • Zeitfraktale, Flexibilisierung • Globalisierung, Planetarismus → in Anlehnung an Lutz (1997)	• flexible, netzwerkartige Modelle, funktionale Leitung • Prinzip der Nachhaltigkeit • integratives Wachstum • Umweltrestauration • Ökosystemgestaltung • künstliche »Naturprodukte« • naturintegrative Prozesse • nachmaterielle Sinnorientierung • kosmopolitische Perspektive • virtuelle Communities • Grundsicherung • Erkenntnisorientierung • systemische Modelle • Parallelzeitstrukturen • Regionalisierung weltweit

Abbildung 1: Charakteristische Veränderungen von der Industriegesellschaft hin zur nachindustriellen Gesellschaft

durch Aufnahme und Verarbeitung von Informationen aus der Umwelt ihre Systemeigenschaften entwickeln und anpassen.

Autopoietisches Verhalten wird für fortschrittsfähige Unternehmen zu einem strategischen Wirtschaftsfaktor. Es erzeugt selbst organisierende Organisationsformen, selbst steuernde Controllingsysteme, eine marktdialogische Organisation, die Demokratisierung der Unternehmensprozesse und bevorzugt als Mitarbeitertyp der nachindustriellen Gesellschaft den Intrapreneur. Die Unternehmen, deren Mitarbeiter als Unternehmer denken und handeln, können produktiver, flexibler und schneller werden. Pinchot empfiehlt Unternehmen die Intrapreneure, die jedes Unternehmen schon hat, zu finden und zu unterstützen.

Kommunikation und Koordination zwischen den Organisationen werden in Zukunft durch standardisierbare Organisationstechnologien bewerkstelligt. Mit der Koordinationstechnik eines dem Internet nachfolgenden universalen Computernetzes prognostizieren Malone und Laubacher das Entstehen der E-Lance-Ökonomie, in der elektronisch vernetzte Mikro- oder Einpersonenfirmen für ihre Geschäfte koalieren. Die rechtlich selbstständigen Akteure der Netzwerkwirtschaft können dabei strategische Unternehmenskooperationen, Broker und Vermittlungsorganisationen von Produktions- und Dienstleistungen oder Kleinstfirmen und Einzelpersonen sein. Picot und andere beschreiben daher in ihrer Unternehmensführungslehre für das Zeitalter der Informationsgesellschaft die Koordinationsformen und Aufgabenstruktur auf den Dimensionen Veränderung und Spezifität und identifizieren Netzwerke, Virtualität, elektronische Märkte und modulare Unternehmung als neue Anforderungen, Gestaltungsoptionen und Chancen.

Stabile Industrien, die nicht von Unsicherheiten und Veränderungen betroffen sind, gibt es zunehmend nicht mehr. Die Evolution der nachindustriellen Gesellschaft zu Beginn des 21. Jahrhunderts erzeugt also auf Unternehmen verschiedenartigen Druck, der Radikalkuren für die Unternehmensführung verlangt.

Den Technologiewandel zwischen 1960 und 1990 beantworteten die Unternehmen mit den Konzepten Partizipation, Matrixorganisation oder kontinuierliche Restrukturierung. In der heutigen Informations- und Netzwerkwirtschaft versuchen sie als »grenzenloses Unternehmen«, mit »föderalen Organisationsformen« oder als »laterale Organisation« die notwendigen Veränderungsprozesse voranzubringen. Für die neuen Organisationsformen schaffen sie neue Typen von Mitarbeitern, eine spezialisierte Kernbelegschaft, Auftragnehmer und virtuelle Mitarbeiter. Sie fordern ihre Mitarbeiter zu einem kontinuierlichen Selbstentwicklungsprozess heraus und verlangen ihr Selbstverständnis als Mitunternehmer.

Lektion 2:
Der klassische Manager blockiert Entwicklung und Innovation. Im Wilderness Experience kann er sein Potenzial mit anderen Potenzialen vergleichen.

Dem Umweltdruck begegnen die Unternehmen auch mit einer aktiven Innovationspolitik. Meist werden allerdings Innovationen gekauft. Zudem führen ein eingeschränktes Innovationsverständnis in Unternehmen und das Unvermögen, gekaufte Ideen auch tatsächlich umzusetzen, häufig zum Versanden vieler Innovationsbemühungen. Die Gründe dafür können sowohl in einem Mangel an unternehmerischem Talent in den Unternehmen als auch in den organisationalen Widerständen gegenüber unternehmerischem Mitarbeiterpotenzial gesehen werden. Zu den notwendigsten Verhaltensinnovationen gehören jedoch das unternehmerische Denken und Handeln aller Mitarbeiter im Unternehmen. Klassische Manager, die ein Unternehmen stereotyp managen wollen, verhindern unternehmerisches Handeln.

Klassische Manager ...

... sorgen für eine Bürokratie im Unternehmen, die innovative Ideen nicht erlaubt;

... sorgen für Abteilungsmacht, die Abteilungsegoismus, Kommunikationsbarrieren, Informationsdefekte und Motivation bewirken;

... sorgen für ein überschießendes Planungs- und Kontrollsystem sowie ein Belohnungs-, Entgelt- und Karrieresystem, das unternehmerische Initiativen schon im Ansatz erstickt;

... sind inkompetent, das Tagesgeschäft und Innovationsgeschäft parallel zu betreiben, bewältigen operative Aufgaben handwerklich und

... nennen den Mangel an unternehmerischem Potenzial bei Mitarbeitern als wesentliches Hindernis.

Zudem fehlt dem klassischen Manager die Selbsterkenntnis, dass es ihm an Unternehmertum mangelt. Diese eigene Imkompetenz ist vielen Managern unbewusst. Das Aufdecken dieser Inkompetenz erfordert Feedback und Selbstüberwindung.

Lektion 3:
Unternehmerisches Verhalten heißt, dass Manager handeln, um Ergebnisse zu erzielen. Im Wilderness Experience wird der persönliche Beitrag zum Ergebnis identifiziert.

Unternehmerisches Denken und Handeln ist Suchen nach Verbesserungen, Anpassungen und Neuem, unabhängig von Positionen, Zuständigkeiten oder Gehalt. Das bewirkt den Unternehmensgeist, der Potenziale nutzt und neue schafft.

Unternehmertum ist damit heute eine *kollektive* und *kontinuierliche Wirtschaftsleistung* aller Mitarbeiter einer Organisation, zu der *alle Mitarbeiter* durch unternehmerisches Denken und Handeln beitragen müssen.

Dieses neue Verständnis von Unternehmertum soll als handlungsleitendes Managementkozept bei der Führung von Mitarbeitern praktiziert werden. Vergessen wird von Theoretikern und Praktikern der Personalentwicklung, dass Manager sich zuerst prüfen und entwickeln müssen, bevor sie Mitarbeiter zu Mitunternehmern entwickeln können.

Mit den Fragen, wie man Manager zu unternehmerischem Denken und Handeln bewegen kann, werden sich Trainer und Personalentwickler auseinander setzen müssen. Dabei werden sich auch Trainer und Personalentwickler selbstkritisch fragen müssen, inwieweit auch sie persönlich unternehmerisches Verhalten zeigen und Konzepte für die Entwicklung von unternehmerischem Verhalten vorlegen können.

Persönlichkeitspsychologische Forschungen haben bedeutsame Unterschiede bei der Einstellung und im Verhalten zwischen unternehmerischen Menschen, die in Situationen handeln, und nichtunternehmerischen Menschen, die die Lage besprechen, gefunden. Die Einstellungs- und Verhaltensunterschiede zwischen lageorientierten und handlungsorientierten Personen zeigt diese Gegenüberstellung.

Lageorientierte Personen	Handlungsorientierte Personen
• können eigene Absichten nicht von fremden unterscheiden • sinnieren über eine Situation • nehmen vor allem bedrohliche Aspekte wahr • bewerten ihre Lage • bilden Absichten zur Lageänderung • haben negative Emotionen und Stressempfinden • sehen irrelevante Aspekte der Handlung • haben motivationale Schwäche • haben Misserfolgsorientierung • sehen Handlungsmöglichkeiten nicht • haben extrinsische Motivation → in Anlehnung an Kuhl (1996)	• bilden eigene Absichten • sind vor allem selbstbestimmt • suchen in Situationen nach Handlungsmöglichkeiten • nutzen positive Gefühle für Handlungsmöglichkeiten • konzentrieren sich auf Lösungen • sind entscheidungsstark • sind umsetzungsstark • unternehmen große Anstrengungen • haben intrinsische Motivation

Abbildung 2: Verhaltensmerkmale und Verhaltensunterschiede zwischen lageorientierten und handlungsorientierten Personen.

Nach Wunderer entsprechen die »innerlich Gekündigten«, die »Überforderten«, und die »aktiven Bremser«, die 16 Prozent aller Mitarbeiter und 12 Prozent der Führungskräfte ausmachen, dem reinen Typ des »Lageorientierten«.

Dem reinen Typ des »Handlungsorientierten« entsprechen die Mitunternehmer, die nach Wunderer 17 Prozent der Mitarbeiter und 24 Prozent der Führungskräfte ausmachen. Eher handlungsorientiert sind 27 Prozent der Mitarbeiter und 32 Prozent der Führungskräfte. Eher lageorientiert mit dementsprechend geringer Mitunternehmerkompetenz sind 36 Prozent der Mitarbeiter und 36 Prozent der Führungskräfte.

Lageorientierte Manager sinnieren über eine Situation nach, bewerten die Lage, bedenken die bedrohlichen Aspekte einer Lage, können die dabei auftretenden negativen Emotionen willentlich nur schwer kontrollieren, bilden Absichten zur Änderung der Lage nur schwer und entwickeln nur schwache Handlungsbereitschaft. Sie haben kognitive und motivationale Defizite.

Handlungsorientierte Manager denken hingegen in einer Situation über Handlungsmöglichkeiten nach, lenken ihre Aufmerksamkeit willentlich auf aufgabenrelevante Gedanken und Gefühle und setzen sich handlungsorientiert mit den Anforderungen auseinander. Während Manager mit sehr guter Handlungsorientierung leicht zum unternehmerischen Denken und Handeln bewegt werden können, sind Manager mit ausgeprägter Lageorientierung keine Zielgruppe für die Entwicklung von unternehmerischem Denken und Handeln. Manager mit mittleren Ausprägungsgraden brauchen ein Trainingsprogramm, das ihre Willensbildung positiv stimuliert und begleitet.

Haben Manager unternehmerische Einstellungen erworben, so müssen diese aufrechterhalten werden. Entscheidend für die Aufrechterhaltung ist ihre Identifikation mit ihren Handlungen.

Es gibt erhebliche Unterschiede zwischen Managern, wie sie Handlungen planen, wie effektiv sie sind und wie sie handlungsfähig bleiben, weil Manager unterschiedliche persönliche Pläne und Erwartungen haben, unterschiedlich bewusst handeln oder sich mit Handlungen unterschiedlich stark identifizieren. Ein Trainingsprogramm, das Manager zu mehr Unternehmertum entwickeln will, muss auf den Erkenntnissen der drei Lektionen aufbauen.

Lektion 4:
Diese erteilt dem Manager der Wald.

Das Wilderness-Experience-Konzept im Wald fordert das Ursprüngliche vom Menschen: unternehmerisch denken und handeln. Das Drehbuch für die Projekte im Wald wird aus den drei Lektionen abgeleitet. Der Wald ist der Experimentierraum, die Projekte und die Rollen im Projekt sind die Lernexperimente.

In diesem Wilderness-Experience-Szenario werden die unbewussten Inkompetenzen von Managern aufgedeckt. Das wird gezielt durch die Projekte erreicht, die die Anforderungen stellen, und durch die Reflexion der Leistungen, durch die öffentliche Identifikation der Kompetenzlücken und deren Bedeutung durch Trainer und durch Trainingsteilnehmer selbst. Die Aufgabe, sich selbst zu beurteilen, verhilft den meisten zur Erkenntnis eigener Imkompetenzen. Wer die Selbsterkenntnis nicht alleine schafft, wird durch die anderen gründlich dazu bewegt. Nach diesen Prozessen, die mit Selbstüberwindung begonnen haben, entsteht Selbsterkenntnis und damit der Anfang von lebenslangen eigenen Veränderungen, die mit Respekt und Bewunderung von anderen bewertet werden.

Literatur

Kuhl, Julius: Who controls whom, when I control myself?, in: Psychological Inquiry, Nr. 7/1999, S. 61–68.

Luhmann, Niklas: Soziale Systeme, Frankfurt 1987.

Lutz, Christian: Leben und Arbeiten in der Zukunft, München 1997.

Maturana, Humberto: Erkennen: Die Organisation und Verkörperung von Wirklichkeit. Ausgewählte Arbeiten zur biologischen Epistemologie. Wiesbaden 1985.

Wunderer, Rolf: Mitarbeiter als Mitunternehmer. Grundlagen, Förderinstrumente, Praxisbeispiele. Neuwied 1999.

Einführung in das systemische Modell und Leitlinien für Veränderungsprozesse

Robert A. Sedlák

Ordnung und Chaos in Systemen

Viele Personalentwickler werden sich die Frage stellen, warum sie ihre Führungskräfte oder High Potentials gerade in den Wald oder in die Wüste schicken sollen, um die gesteckten Personalentwicklungsziele zu erreichen. Was ist denn neu und innovativ an dem Konzept, mit Teilnehmern in die Natur zu gehen, um Lerninhalte zu vermitteln? Inwiefern unterscheidet sich das Konzept Wilderness Experience denn von dem von der Stange angebotenen Outdoortraining?

Diese und andere Fragen lassen sich leichter beantworten, wenn die gesamte Personalentwicklungsarbeit mit einer systemischen Sichtweise betrachtet wird.

Erfahrene Berater und Trainer wissen, dass Personalentwicklung nicht als isolierter Prozess gesehen werden kann, wo das Ergebnis von Anfang an schon feststeht. Viele Faktoren wirken auf das Ergebnis. Eine systemische Sichtweise hilft zu erkennen, warum das Konzept Wilderness Experience im Rahmen der Personal- und Unternehmensentwicklung gute Ergebnisse vorzuweisen hat.

Beschäftigt man sich mit dem Universum, so stößt man auf die unvorstellbare Größe und auf ein Phänomen, das den Naturwissenschaften bis heute Kopfzerbrechen bereitet. Auf der einen Seite hat man Gesetzmäßigkeiten beobachtet und in mathematische Formeln bringen können, sodass sie für uns berechenbar werden und wir von Ordnung sprechen können. Auf der anderen Seite werden wir mit Phänomenen konfrontiert, die in kein

Modell passen und für uns Menschen bis heute nicht vorherbestimmbar sind. Wir sprechen hier vom Chaos.

Neben einer Ehrfurcht gebietenden Präzision und Ordnung finden wir Chaos und Unberechenbarkeit.

Denken wir nur an das Phänomen von Sternexplosionen. Bis heute sind wir weder in der Lage, eine Supernova exakt vorherzusagen, noch können wir die damit verbundenen Prozesse berechnen.

Dagegen ist die Umlaufbahn der Erde um die Sonne oder die des Mondes um die Erde für uns sehr beruhigend. Hier fühlen wir uns geborgen, da wir in der Lage sind, die Abläufe zu verstehen, zu berechnen und damit auch vorherzubestimmen. Gern sprechen wir hier von der Ordnung im Universum, da wir keine Überraschungen erleben.

Wie war es möglich, Ordnung für uns zu finden?

Die Naturwissenschaften haben komplexe Situationen in kleine und überschaubare Teile zerlegt. Komplexität wurde und wird reduziert, um einzelne, anscheinend bedeutsame Zusammenhänge weiterzuverfolgen, zu verstehen und dann auch zu reproduzieren. Wechselbeziehungen werden oft ausgeblendet, um die Komplexität zu beherrschen.

Wird erst ein Modell gefunden, das die Realität anscheinend realistisch wiedergibt, bedient man sich der Mathematik, um die Natur berechenbar und damit auch vorhersagbar werden zu lassen. Ursache-Wirkungs-Ketten werden definiert, mit denen dann Beschreibungen für komplexe Vorgänge verständlich werden sollen. Lineare Wirkungsketten – Wenn-dann-Modelle – helfen, viele komplexe Vorgänge zu verstehen und zu erklären.

Für bestimmte Abläufe hat dies auch gut funktioniert. Bis heute bedienen sich die Naturwissenschaften zum Beispiel der klassischen Bewegungsgleichungen von Newton, obgleich das Newton'sche Weltbild durch neuere Erkenntnisse überholt wurde. Solange aber für bestimmte Fragen die vorhandenen Modelle brauchbare Antworten liefern, ist eine doch sehr pragmatische Handhabung der vorliegenden Erkenntnisse und Sichtweisen zu beobachten.

Wie sieht es aber mit der Supernova aus, wenn ein Stern explodiert, ein für uns nicht erklärbares Chaos entsteht und sich aus dem Chaos eine neue

Ordnung bildet? Viele Dinge scheinen für uns aus der dreidimensionalen Sichtweise unerklärbar zu bleiben.

In den letzten 100 Jahren mussten die Naturwissenschaften sehr schnell akzeptieren lernen, dass wir von vielen nichtlinearen Vorgängen umgeben sind, die anderen Gesetzmäßigkeiten unterliegen, und dass das klassische Wenn-dann-Denken nicht zu den Erfolgen führt, die man sich erhofft hatte. Dies nicht zuletzt verursacht durch komplexe Wechselbeziehungen in den Systemen, die nicht einfach ingnoriert werden können, wenn es darum geht, Vorhersagen zu berechnen.

Das Beispiel der Ausdehnung einer Feder zeigt dies sehr deutlich. In bestimmten Bereichen können proportionale Ausdehnungen im Verhältnis »Ausdehnung der Feder : Gewicht« festgestellt werden. Ab einem bestimmten Gewicht jedoch verhält sich die Ausdehnung der Feder nicht mehr proportional, sodass andere Gesetzmäßigkeiten zur Geltung kommen. Damit werden andere Modellwelten notwendig, um die Realität zu erklären. Modelle mussten erweitert, eingeschränkt oder sogar verworfen werden.

So wurde zum Beispiel mit der Zeit deutlich, dass die Einstein'sche Theorie zwar für den Makrokosmos gilt, jedoch keine brauchbaren Erklärungen für den Mikrokosmos liefert. Erst die Quantenphysik half, Vorgänge des Mikrokosmos zu verstehen. Bis heute gibt es noch kein Modell, das sowohl für den Mikrokosmos als auch für den Makrokosmos Anwendung finden könnte.

Darüber hinaus müssen die Naturwissenschaftler zugeben, dass die Natur nur in sehr kleinen Bereichen durch die bekannten Modelle erklärt werden kann, da wir in für uns bis heute noch nicht erklärbaren Wechselwirkungen leben. Immer dann, wenn die Naturwissenschaftler auf Phänomene oder Vorgänge stoßen, die sie durch ein Modell nicht beschreiben und vorhersagen, sprich berechnen können, sprechen sie von dem Chaos, das anscheinend unser Leben bestimmt. Das Chaos ist größer, als es den Naturwissenschaftlern lieb ist. Beschäftigt man sich mit dem Chaos dann näher, so stellt man fest, dass es wiederum im Chaos eine Ordnung zu geben scheint, die uns Bewunderung abverlangt. Denken wir nur an das Experiment mit einem Stempel und einem Fettklecks. Drückt man den Stempel auf ein Blatt Papier, das einen Fettfleck hat, so wird man beobachten, dass die Stempelfarbe sich nach einem wohl geordneten Muster organisiert. Ein schönes Beispiel für die Selbstorganisation.

Und wie steht es mit dem Phänomen Wetter?

Trotz größter Anstrengungen, Modelle zu definieren, die der Realität sehr nahe kommen, und trotz der ständigen Steigerung der Rechenkapazitäten unserer Computer gelingt es nicht, das Wetter für einen längeren Zeitraum stabil vorherzusagen. Kleinste Veränderungen bei den Anfangsbedingungen wirken sich so dramatisch auf die Fortentwicklung des Wetters aus, dass statt eines vorhergesagten sonnigen auch schnell ein trüber, kalter und verregneter Tag werden kann.

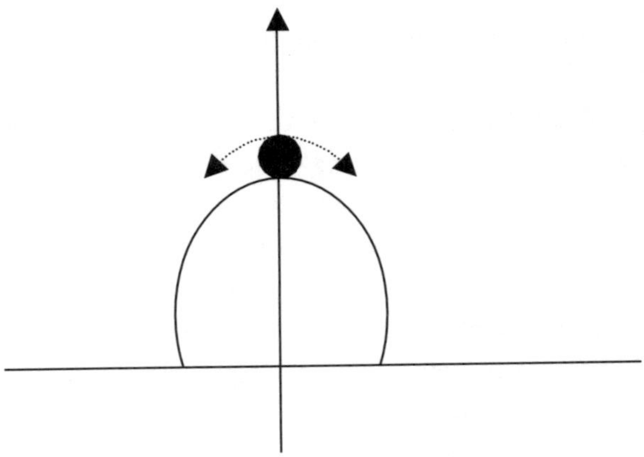

Abbildung 1: Die kleinste Veränderung kann zu völlig anderen Ergebnissen führen

Ordnung und Chaos liegen eng beieinander

Obwohl alles anscheinend geordnet abläuft, müssen wir akzeptieren, dass wir in einer für uns chaotischen Welt leben und damit fertig werden müssen.

Wie schon ausgeführt, lassen sich viele Bereiche im Universum und auf der Erde nicht in eine für uns erklärbare Ordnung bringen. Aufgrund von bestimmten Komplexitäten, in denen viele parallel verlaufende Prozesse ablaufen, kann durch irgendeine Kleinigkeit (der berühmte Flügelschlag des Schmetterlings) der Prozess entweder in die eine oder die andere Richtung kippen. Welche Richtung er dann nimmt, ist für uns oft nicht vorhersehbar. Aus diesem Grund bleibt die Wettervorhersage für uns nach wie vor mit großen Unbekannten verbunden.

Ähnliche Phänomene finden wir in sozialen Systemen. Auch hier kann eine Kleinigkeit (die Stimmung einer Person, eine unkluge Äußerung, eine unpassende Geste) das ganze System ins Ungleichgewicht bringen.

Die Vorstellung, dass wir für alle Phänomene die entsprechende Ursache-Wirkungs-Kette finden können, ist daher überholt. Wir müssen akzeptieren, dass die meisten Vorgänge um uns herum eben nicht linear und damit für uns nicht vorhersagbar sind. Wir haben erkennen müssen, dass wir in einer Welt von Wechselbeziehungen leben, die uns immer wieder Überraschungen beschert, mit denen wir oftmals spontan und ungeplant fertig werden müssen.

Modelle, seien sie auch noch so gut durchdacht, können oftmals die komplexe Welt mit den ständigen Interdependenzen nur bedingt darstellen. Chaos und Ordnung liegen daher sehr eng beieinander. Das Wechselspiel zwischen Ordnung und Chaos treffen wir überall an: im Universum, auf der Erde und in sozialen Systemen. Aus diesem Grunde müssen wir uns darauf einstellen, das Chaos zu beherrschen. Diese Tatsache wird mittlerweile nicht nur von den Naturwissenschaftlern akzeptiert, sondern auch von Geistes- und Wirtschaftswissenschaften.

Da Menschen stets damit beschäftigt sind, Ordnung zu schaffen, wird oft fälschlicherweise angenommen, dass Systeme mit hoher Komplexität und unterschiedlichen, aber gleichzeitig verlaufenden Prozessen durch eindeutige Ursache-Wirkungs-Beziehungen erklärbar und damit steuerbar werden. Dies entspricht jedoch nicht der Realität und es besteht die Gefahr, eine Lösungsstrategie zu wählen, die der Realität nicht gerecht wird. Die Kunst des Beraters ist es, deutlich zu erkennen, ob es sich um einen Prozess handelt, der planbar beziehungsweise vorhersagbar ist, oder ob es sich um Prozesse handelt, die einer großen Dynamik durch nicht durchschaubare Wechselbeziehungen und Komplexitäten unterliegen. Je nach Einschätzung müssen dann die Interventionsstrategien unterschiedlich ausfallen.

Soziale Systeme haben ihre eigenen Gesetzmäßigkeiten

Wie schon ausgeführt, unterliegen Systeme komplexen Wechselbeziehungen. Dies gilt auch für soziale Systeme wie die Familie, den Verein, die Abteilung, das Unternehmen oder eine ganze Gesellschaft.

Soziale Systeme sind grundsätzlich nicht einfach, da sie kaum durch lineare Ursache-Wirkungs-Ketten erklärt und vorherbestimmt werden können. Menschen als Teile sozialer Systeme suchen nach Ordnung und Geborgenheit, ja, sie möchten in dieser komplexen Welt einen eigenen Platz haben und langfristig überleben. Jegliche Veränderung kann ein soziales System so ins Ungleichgewicht bringen, dass der Ausgang ungewiss ist, ähnlich wie bei der Wettervorhersage. Dies macht Veränderungen in diesen Systemen so spannend, aber auch so unberechenbar. Wie in der Natur gehen soziale Systeme unter, es entstehen neue Systeme, und Systeme verändern sich. Oft ist die Bereitschaft zur Veränderung durch Schmerzen motiviert (Leidensdruck) oder wird von starken Schmerzen begleitet. Aus diesem Grunde wollen soziale Systeme sich eigentlich nicht verändern, sondern am liebsten alles so lassen, wie es ist. Viele Prozesse in sozialen Systemen scheinen von außen chaotisch zu wirken, wenn man jedoch genau hinschaut, wird man auch hier feststellen, dass es innerhalb dieses Chaos auch eine Ordnung gibt.

Wodurch finden soziale Systeme eine Ordnung?

Jede Organisation besteht aus Menschen und wird durch Menschen geprägt, gesteuert, geschützt und verändert. Wenn Menschen zusammenkommen, bilden sie soziale Systeme. Soziale Systeme haben ihre eigenen Gesetzmäßigkeiten.

Muster »Wenn mein Chef mich fertig macht, dann spreche ich eine Woche nicht mehr mit ihm ...«

Regeln »Wenn du krank bist, musst du bei uns bis acht Uhr anrufen ...«

Tabus »Bei uns im Unternehmen spricht man nicht über den Chef ...«

Rechte »Unsere Kollegen über 50 haben eine Woche länger Urlaub ...«

Strukturen »Jede Abteilung hat einen Abteilungsleiter und einen Stellvertreter …«

Abläufe »In unserer Gruppe arbeiten wir nach folgendem Arbeitsprozess …«

Tradition »Schon seit drei Generationen trägt der erste Sohn den Vornamen des Unternehmensgründers und übernimmt den Vorsitz der Geschäftsführung …«

Mythen »Man sagt, dass der Vater des Chefs keine Frauen auf der Direktorenebene duldete …«

Jeder Punkt für sich genommen verfestigt sich in sozialen Systemen und stellt die innere Ordnung für das Zusammenwirken her. Je länger ein System besteht, umso fester die Verankerung. Soll ein System verändert werden, dann sind mindestens an einer Stelle, wenn nicht sogar an mehreren Stellen im Regelwerk des Systems Veränderungen angesagt. Dies führt in aller Regel zumindest vorübergehend zum Chaos.

Wie werden soziale Systeme definiert?

Was nun ein System ist, liegt oft an der Sichtweise des Beobachters. Eine Familie zum Beispiel bildet unbestritten ein soziales System. Untersucht man jedoch Kommunikationsschnittstellen und -intensität jedes einzelnen Familienmitglieds, so kann man schnell zu einer Systemerweiterung kommen. So gehört zwar der Onkel in Amerika im biologischen Sinne zur Familie, jedoch möglicherweise nicht im sozialen, die gute Freundin der Ehefrau dagegen kann eventuell stärkeren Einfluss auf das Familiensystem nehmen und im Rahmen einer Systemveränderung eine wesentlich dominantere Rolle übernehmen.

Eine Organisation ist demnach ein System, sie befindet sich in Systemen und kann selbst in viele Systeme (Teilsysteme) aufgeteilt werden. Da Systeme von Beobachtern beschrieben und identifiziert werden, können die Größe und Anzahl von Teilsystemen in einer Organisation von Beobachter zu Beobachter unterschiedlich ausfallen. Die subjektive Wahrnehmung hat dann mit dem Organigramm der Einheit oftmals nur wenig gemeinsam. Der Beobachter beschreibt, wer zu einem System gehört und wer nicht. Möchte eine Führungskraft in ihrem Umfeld etwas verändern, so wird es daher notwendig, dass sie das zu verändernde System oder Teilsystem definiert. Hier ist schon die erste Herausforderung zu meistern, denn bei der Beschreibung des Systems bringt sich die Führungskraft als Beobachter selbst ein und kann damit schon Rahmenbedingungen definieren, die eine erfolgreiche Steuerung eines Veränderungsprozesses positiv oder negativ beeinflussen.

Wie entstehen soziale Systeme?

Grundsätzlich entstehen Systeme durch Kommunikation. Durch kommunikative Beschreibungen werden Wirklichkeiten geschaffen. Dies gilt für die Familie gleichermaßen wie für Organisationen.

Bei der Systemdefinition ist zu berücksichtigen, dass nicht die Wirklichkeit beschrieben wird, sondern lediglich Orientierungspunkte gesetzt werden, um mit dem System zu arbeiten. Bei der Systemdefinition muss man sich im Klaren darüber sein, dass es auch ganz anders sein kann, als es persönlich wahrgenommen wird. Je nach Beschreibung können Systeme oder Mitglieder in Systemen zum Freund, aber auch zum Feind erklärt werden. Je nach Beschreibung wird die Wirklichkeit geschaffen. Beschreibungen können Möglichkeiten eröffnen oder einschränken.

Wonach streben soziale Systeme?

Soziale Systeme suchen nach Stabilität (Ordnung). Alle Aktivitäten und Transaktionen im System machen zunächst einmal Sinn, je nachdem, aus welcher Perspektive man es betrachtet. Aus diesem Grund ist die Betrachtungsweise ein wesentlicher Schlüsselfaktor für eine lösungsorientierte Interpretation eines aus eigener Sicht unerwünschten Zustands. Die Stabilität in Systemen wird durch Muster (Vorgehens- und Verhaltensweisen von Personen in Systemen) hervorgebracht, die sich im Laufe der Zeit etabliert haben. Diese Muster sind oftmals mit Regeln und Tabus verbunden, an die sich alle im System zu halten haben. Diese Muster können Fortschritt und Veränderung behindern und sogar verhindern, da zunächst alle Systeme danach streben, das Altbewährte, also die alte Ordnung beizubehalten. Werden bestimmte Muster infrage gestellt, so kann dies Angst und Unwohlsein im System hervorrufen und das System kann schnell in einen instabilen (chaotischen) Zustand verfallen. Es ist also Mut erforderlich, neue Muster auszuprobieren, sofern man wirklich eine Veränderung bewirken will.

Warum ist es gefährlich, wenn nur Systemfremde meinen, das System »habe« ein Problem?

Veränderung in Organisationen ist oft dann angesagt, wenn übergeordnete Stellen der Meinung sind, es liege ein Problem (ein unerwünschter Zustand) vor. Aus systemischer Sichtweise ist jedoch grundsätzlich festzustellen, dass Systeme keine Probleme haben. Probleme werden immer nur von Personen oder Teilsystemen (zum Beispiel Abteilungen, Bereiche, Geschäftsleitung) aufgrund von wahrgenommenen Mustern (Verhaltensweisen und kommunikative Handlungen) mit den damit verbundenen Ergebnissen angezeigt. Solange keinen etwas stört, ist kein Problem vorhanden. Eine Problemdefinition ist somit immer eine Beschreibung einzelner Personen oder Gruppen von Personen innerhalb oder außerhalb eines Systems und aus deren Sichtweise. Es gehört daher zu einer der großen Leistungen eines Beraters, Konfliktsituationen so in eine Problemdefinition zu fassen, dass diese von den betroffenen Parteien akzeptiert und damit bearbeitbar wird. Daher ist es wichtig, bei der Problemdefinition alle wichtigen Personen zu involvieren, die am Zustandekommen einer Problemsituation beteiligt sind.

Wie kann man Systemen zur Veränderung helfen?

Um Systemen bei Veränderungs- und Anpassungsprozessen zu helfen, ist es sinnvoll, die beteiligten Personen darin zu unterstützen, Interaktionen von außen zu betrachten. Die Adlerperspektive einzunehmen und für eine Zeit zu halten kann helfen, eingefahrene und unerwünschte Regeln zu erkennen. Wenn es gelingt, Handlungsalternativen anzubieten oder zu erarbeiten, die bestehende Muster in Frage stellen, so besteht eine gute Möglichkeit, dem System und den damit verbundenen Personen zu helfen, sich auf neue Vorgehensweisen einzulassen.

Grundsätzlich muss akzeptiert werden, dass Veränderung in sozialen Systemen immer über eine chaotische Phase (mal mehr, mal weniger) abläuft, und diese gilt es zu steuern und zu stützen, damit das System vom alten

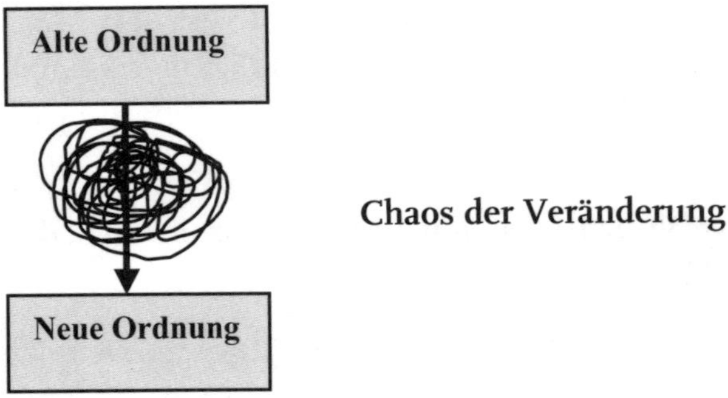

Abbildung 2: Veränderung durchläuft immer eine chaotische Phase

Zustand (alte Ordnung) über das Chaos zum neuen Zustand (neue Ordnung) kommt.

Um diesen Prozess erfolgreich zu steuern, helfen die folgenden Leitlinien.

Leitlinien für Veränderungsprozesse aus systemischer Sicht

»Die Systembeschreibung ist immer nur *eine* Sicht der Wirklichkeit.«

Die Beschreibung eines Teilsystems ist immer nur *eine* Möglichkeit der Wahrnehmung. Der Berater muss wissen, dass es immer noch andere Beschreibungen geben kann, je nachdem, aus welcher Perspektive eine Systembeschreibung vorgenommen wird. Der Veränderungsprozess findet daher im Dialog zwischen Berater und Systemmitgliedern statt. Im Dialog werden ständig neue Wirklichkeiten entstehen, die zu Veränderungen im System führen. Dabei muss sich auch der Berater stets infrage stellen können und Veränderung zulassen.

»Die Sprache eröffnet und verschließt neue Möglichkeiten.«

Da die Beschreibung das Beschriebene verändert, muss der Berater sehr sorgsam mit der Sprache umgehen. Durch die eigene Sprache können Chancen eröffnet oder auch vertan werden. Aus diesem Grunde muss sich jeder im System der Macht der Sprache stets bewusst sein.

»Nachhaltig wirksame Veränderung kann nicht angeordnet werden; es ist die Aufgabe des Beraters, den Veränderungsprozess zu initiieren und zu steuern.«

Da Systeme grundsätzlich nach Stabilität streben und dies die eigentliche Leistung von Systemen ist, hat der Berater gegenüber Lösungsversuchen des Systems Respekt und Anerkennung zu entwickeln. Ein Veränderungsprozess wird nachhaltig negativ beeinflusst, wenn Lösungsversuche der Vergangenheit oder Gegenwart kritisiert oder sogar lächerlich gemacht werden. Da sich das System anscheinend festgefahren hat, ist es nun die Aufgabe des Beraters, dem System zu helfen, neue Muster auszuprobieren und zu übernehmen. Der Berater wird daran denken müssen, dass, je nach Sichtweise, jedes Verhalten einzelner Personen sinnvoll sein kann. Es ist daher schwer, nachhaltig wirksame Veränderungen lediglich anzuordnen. Vielmehr ist ein Kontrakt mit den Systemmitgliedern notwendig, um einen Rahmen zu schaffen, der Veränderung und eine Prozesssteuerung zulässt. Da Zwang bei gewünschten Veränderungen in sozialen Systemen nicht nachhaltig wirkt, sollte die Machtausübung im Rahmen von Interventionen nur eine untergeordnete Rolle spielen.

»Veränderung ist immer mit Risiko verbunden, der Ausgang ist offen.«

Um Veränderung im System zuzulassen, ist Mut notwendig. Dabei muss der Berater wissen, dass jegliche Musterveränderung im System Chaos und Unsicherheit verursachen kann. Darüber hinaus ist der Ausgang nie sicher und Veränderung immer mit Risiko verbunden. Probleme während des Veränderungsprozesses sollten nicht für Schuldzuweisungen genutzt, sondern vielmehr als Chance zur Korrektur verstanden werden. Der systemisch arbeitende Berater wird den Menschen im System helfen, neue Sichtweisen und Verhaltensmuster zu entwickeln, und den Fortschritt nutzen, um diese dann im System fest zu verankern.

»Die Erwartungserwartungshaltung nimmt starken Einfluss auf Veränderungsprozesse.«

Da Erwartungserwartungen (was denke ich, was andere von mir erwarten) eine große Rolle für Verhaltensmuster in Systemen spielen, muss dem ständigen Feedbackprozess eine besondere Rolle im Veränderungsprozess beigemessen werden. Klarheit und Kongruenz zwischen der Erwartungserwartungshaltung einzelner Personen und der Personen im System bilden die Grundlage für die Möglichkeit von anhaltenden Veränderungen in Systemen.

»Grundsätzlich haben Systeme kein Problem.«

Bevor eine Problemdefinition stattfindet, muss der Berater alle wichtigen Personen, die am Zustandekommen einer Störung beteiligt sind, identifizieren und für eine gemeinsame Problembeschreibung zusammenbringen. Wird die Problembeschreibung von allen akzeptiert, so ist eine Grundlage für Veränderung gelegt.

»Für Veränderung ist Mut notwendig.«

Der Kern von Veränderung ist das mutige und kreative Entwickeln neuer Muster und Verhaltensweisen in Systemen. Dabei werden die Systemmitglieder motiviert, alternative Beschreibungen und Wege zu suchen und auszuprobieren. Der Berater benötigt hierfür Mut, um nicht Veränderungsprozesse nur deswegen abzubrechen, weil etwas nicht so funktioniert, wie man es sich vorgestellt hat. Vielmehr sollte mit den Systembeteiligten nach neuen Alternativen gesucht werden, die dann das gewünschte Ergebnis bringen.

»Veränderung läuft über Chaos.«

Da soziale Systeme grundsätzlich nach Ordnung und Stabilität suchen, führen grundlegende Veränderungen im System in aller Regel zu Instabilität und damit zu Chaos. Nach dem Chaos kommt die neue Ordnung, und wenn diese im System verankert ist, kann von einer nachhaltigen Veränderung im System gesprochen werden.

(Anstelle der Bezeichnung »Berater« kann auch »Führungskraft« oder »Auftraggeber« eingesetzt werden.)

Wilderness Experience berücksichtigt systemische Denk- und Handlungsweise

Die Teilnehmer werden im Rahmen von Wilderness Experience mit dem System Natur hautnah konfrontiert. Sie erleben Ordnung und Chaos in der Natur und lernen, auch unter Extremsituationen Aufgaben systemisch zu lösen.

In der natürlichen Umgebung ist es möglich, die Teilnehmer erleben zu lassen, wie eine anscheinend »geordnete Situation« schnell ins Chaos »umkippen« kann, ähnlich wie das Wetter, und was es bedeutet, damit erfolgreich umzugehen.

Diese identische Erfahrung hilft den Teilnehmern zu erkennen, wie das System Natur funktioniert und was diese Erkenntnisse für die tägliche Arbeit bedeuten.

Die Teilnehmer erfahren am eigenen Körper, dass Ordnung und Chaos eng beieinander liegen und dass die Situation und die Reaktionen darauf oftmals nicht vorherbestimmbar sind. Dies ist eine tiefe Erfahrung und Erkenntnis, die die Sichtweise nachhaltig ändern und Einfluss auf die zukünftigen Lösungsstrategien nehmen kann.

Aber nicht nur das Erleben des Systems Natur macht Wilderness Experience so wertvoll. Die komplexen und dynamischen Erlebnisse in der Gruppe machen deutlich, dass soziale Systeme nicht trivial und vorherbestimmbar sind. Der Teilnehmer erlebt am eigenen Körper, wie sich ein soziales System, nämlich die Gruppe, organisiert und damit zu einer eigenen Ordnung findet. Das natürliche Streben zu überleben, die Identifizierung von Problemen und Störungen im System und die Strategie, Veränderungen einzuleiten und zu bewerkstelligen, sind wesentliche Erfahrungen, die helfen, systemische Denk- und Handlungsweise zu entwickeln.

Die Teilnehmer erleben, dass die persönliche Sichtweise nicht die Wahrheit bedeutet, dass die Sprache Wirklichkeiten verändert und dass Veränderung im System auch mit Risiko verbunden ist.

Die gesteuerten Feedbackprozesse machen deutlich, dass die eigene Erwartungserwartungshaltung oftmals nicht mit der Realität übereinstimmt und welche Auswirkungen dies haben kann.

Dass für Veränderung Mut und Chaos notwendig sind, wird in einem natürlichen Umfeld eine wichtige Lernerfahrung. Das Umfeld Natur ermöglicht somit dem Teilnehmer, Erfahrungen zu sammeln, die zu sammeln im Seminarraum oder am Arbeitsplatz nie möglich wären. Da es nicht nur um eine Outdoorerfahrung geht, sondern auch das besondere Umfeld dazu genutzt wird, gezielt Inhalte zu vermitteln und Prozesse zu steuern, bietet das Wilderness-Experience-Konzept einen Zusatznutzen, der nachfolgend noch näher beschrieben wird.

Da Wilderness Experience die Gesamtkomplexität sowohl des Umfelds Natur als auch des Systems »die Gruppe« in der Konzeption und Durchführung berücksichtigt, wird durch die Teilnahme an einem Wilderness-Experience-Training die systemische Denk- und Handlungsweise nachhaltig entwickelt und verankert, was unter konventionellen Rahmenbedingungen nur schwer, vielleicht sogar überhaupt nicht möglich wäre.

Befreiung zur Leistung

Kurt Bendlin

Die Wirtschaft gibt heute viel Geld aus, um Fach- und Führungskräfte zu qualifizieren. Die Leistungsfähigkeit aller Mitarbeiter muss beständig auf dem neuesten Stand der Entwicklung gehalten werden. Die wettbewerbsfähigen Produkte werden hierbei nur von konfliktstarken, leistungsfähigen und motivierten Mitarbeitern geschaffen. Als Einflussfaktoren wirken besonders Wertewandel im Kunden- und Mitarbeiterbereich, Trendwandel und Überlagerungen, großer Technologiewandel mit hoher Informationsflut und natürlich hohem Wettbewerb.

Leistung ist in unserer Gesellschaft allgegenwärtig und für ihren Erhalt lebensnotwendig. Wir leben mit der Leistungskritik und machen die Erfahrung, wie Leistungsanforderungen den Menschen erdrücken und deformieren können. Wir erleben, dass unter dem Diktat der Leistung der lebendige, fühlende Mensch seine Fühlfähigkeit verliert. Er bewegt sich in den ihm auferlegten Funktionszwängen zwischen Struktur und Ordnung. Ideen und Kreativität verschieben sich in den Hintergrund und seine Kräfte verlieren sich in Funktionsabläufen seiner beruflichen wie gesellschaftlichen Pflichterfüllung. Dabei ist Leistung die Grundlage eines erfüllten Lebens. Die Kritik an der Leistung, die Menschen unterdrückt und Systeme stabilisiert, beanstandet nicht die Leistung selbst, sondern kritisiert, was der Mensch aus sich machen lässt.

Befreiung zur Leistung bedeutet für mich auch zu verstehen, dass wir Menschen auf dieser Welt leben, um uns zu benutzen und zu verbrauchen. Und das mit ganzem Bewusstsein und in aller Lebendigkeit. Was das bedeutet, hat mir der Sport als Trainingsfeld für das viel ernstere Gebiet der beruflichen Beanspruchung gezeigt.

Trainingsfeld der Gefühle

Für mich ist der Weltrekord im Zehnkampf mehr als eine bloße Leistung, die allen anderen Leistungen einen Standard vorgibt. Das Leben in dieser Spannungswelt ist auch ein Trainingsfeld für die Gefühle und wie ich mit ihnen umgehe – Niederlagen, Siege, Einsamkeiten und Überwindungen. Die Auseinandersetzung im Sport ist eine gefahrlose spielerische Möglichkeit, diese Gefühle zu messen und meine Schwächen kennen zu lernen. Der Weltrekord ist immer und vor allem ein persönlicher Rekord. In meiner Laufbahn als Athlet habe ich neben dem Weltrekord Dutzende persönlicher Rekorde erlebt – nicht nur im Wettkampf, auch im Training. Und so gibt es viele persönliche Rekorde, wie es Menschen gibt, die Freude haben, ihre Leistungsfähigkeit zu messen und weiterzuentwickeln.

Aber nicht nur der Weltrekord zeigt die Entwicklung der Leistungsfähigkeit an, sondern die Summe der persönlichen Rekorde, von denen niemand spricht. Die jedoch sind wirksam in jedem Einzelnen, der sich darin erlebt. Der Weltrekord war nichts anderes als eine Station auf der Suche nach neuen Grenzen und nach einem Verhältnis zu mir selbst. Jeder Rekord wäre ohne diesen Bezug nichts als ein Meilenstein auf der Straße ins Nirgendwo. Emotionen sind die stärkste Kraft in uns Menschen.

Der Weltrekord war wie ein Schock für mich. Ich erinnere mich noch gut daran. Das Bewusstwerden, dass ich eine Leistung vollbracht hatte wie noch kein einziger Mensch auf der Welt vor mir, traf mich wie ein Hammer. Ich bin dann vor Presse und Fernsehen in den Wald geflüchtet, im Wechselbad der Gefühle schwebend zwischen tiefem Glück und grenzenloser Einsamkeit. Dort habe ich mir zum ersten Mal die Frage gestellt: Woher kommt diese Kraft? Warum bist du so weit gekommen? Wieso hast du dich so stark unterschätzt? Wo liegt der Ursprung dieser Leistung? Erst als ich mich während meines Studiums mit Psychologie beschäftigte, konnte ich auf alle meine Fragen Antworten geben.

Der Weg von unten

Der Ursprung meines persönlichen Weges zum Leistungssport liegt in meiner Kindheit begründet. Ich kam in Westpreußen als sechstes von acht Kindern auf einem Bauernhof zur Welt. 1945 zogen meine Mutter und meine

Geschwister mit dem großen Treck von Osten nach Schleswig-Holstein. Auf der Flucht mit Pferd und Wagen überlebte ich als Kleinkind von knapp zwei Jahren die Ruhr und später einen Herzfehler. Meine Körperstruktur glich eher der eines »Spargel-Tarzans«. Der Verlust unserer Besitztümer, der Hunger, der Vater in Kriegsgefangenschaft – das alles brachte uns zurück zu einfachen Verhältnissen. Als mein Vater 1950 aus der Gefangenschaft kam, war er nicht der glorreiche Prinz, sondern ein gebrochener, schweigsamer Mann. Was für eine Enttäuschung für einen inzwischen verwilderten Jungen, in dem es glühte und brodelte! Der soziale Abstieg und die sozialen Defizite schafften in mir Berührungs- und Begegnungsängste. Minderwertigkeitsgefühle machten mich scheu, wenn ich in Gespräche gezogen wurde. In meiner eigenen Welt lebte ich und fragte nicht danach, was das für eine Welt war. Ich war ein Teil von ihr, das war genug und alles. Die Anforderungen in der Schule sagten mir nichts. Ich empfand die Schule anfangs wie einen Besuch im Gefängnis. Nichts wie weg aus diesen Gemäuern – zurück zu unserem allein stehenden Waldhaus, zu den sich im Wind wiegenden Gräsern und Blumen, den tanzenden Bäumen zwischen dahinziehenden Wolken. Auch wenn ich es nicht schmerzlich empfand – ich war allein und ausgeschlossen von der Welt, die die anderen miteinander teilten.

Der Weg zu dieser Welt öffnete sich mir vollkommen unerwartet, als ich in der Schule zum ersten Mal an den Bundesjugendspielen teilnahm. Jeder war neugierig, wer wohl Schulbester im Lauf-Sprung-Wurf-Dreikampf geworden sei. Als mein Name aufgerufen wurde, traute ich mich nicht, nach vorne zu gehen. Man zerrte mich zur Siegerehrung und feierte mich stürmisch. Erst später in der Stille konnte ich stolz und glücklich sein.

Durch diese Leistung war die Kluft zwischen den Welten aufgehoben, meine Welt, die mir alles bedeutete, verband sich plötzlich mit der Welt der anderen, in der ich bis dahin nichts darstellte. Nun fing ich an, mir zu begegnen und mich zu akzeptieren.

Während der gesamten restlichen Schulzeit wurde ich ohne spezielles Training Schulbester bei den jährlichen Bundesjugendspielen. Langsam begann ich in mir eine große Kraft zu spüren, die mich jene andere Welt erobern ließ, in der ich nun etwas galt. Da ich mit dem Schlagball aus dem Stand schon über 100 Meter werfen konnte, war es kein Wunder, dass ich in einer Handballmannschaft landete. Über den Handball nahm ich mehr durch Zufall an einer Kreismeisterschaft der Leichtathletik teil und wurde

Sieger im Speerwerfen. Nun begann mein Weg als Leichtathlet mit zwei Trainingsabenden in der Woche. Dafür musste ich mit dem Fahrrad 14 Kilometer von Malente bis nach Eutin fahren. Diese Fahrten führten mich bei Wind und Wetter durch die Wälder, über Feldwege zur einzigen Sporthalle weit und breit. Es waren diese konsequenten Fahrten zum Training, die unauslöschlich zu meiner Karriere gehören. Als ich damals mit 17 Jahren parallel zur Leichtathletik mit Hatha-Yoga begann, verstand ich diesen Satz sofort: »Der Weg ist das Ziel.« Mit 40 Jahren Abstand kann ich heute sagen, diese beschwerlichen Fahrten zum Training waren zum Teil wichtiger als die zählbaren Erfolge. Denn die Erfolge, die sich dann einstellten, gingen in ihrem Ergebnis auf diese Fahrten zurück: auf das noch Alleinsein, auf den Wunsch nach Anerkennung und der Suche nach einem noch nicht definierten klaren Ziel. Das Bedürfnis, über den Sport und die damit verbundenen Erfolge meine Verhältnisse zu ändern, gelang mir. Ich begann meine persönlichen Werte und Ziele zu entdecken und sie in meiner jungen Welt durchzusetzen. Diese Welt mit dem merkwürdigen Realitätsbegriff, ihrem Überfluss und ihren Manipulationen empfand ich anfangs als Unterwerfung unter Zwänge. Die Entdeckungen und Erlebnisse zwischen meinem Körper und der Natur verschmolzen zu einer Einheit. Die Scheu war jedoch noch viel zu groß, mich anderen Menschen mitzuteilen – aus der Angst heraus, dass meine verträumte, liebenswerte Welt nicht verstanden würde. Sie war für mich das Fundament meiner Kraft, und ich bin immer und immer wieder zu dieser Quelle zurückgekehrt. Ich begriff, was sie mir eigentlich bedeutete.

Mit 17 Jahren kehrte ich als 2. Deutscher Jugendmeister im Speerwerfen heim. Es war eine kleine Sensation und mein Name stand zum ersten Mal in der Zeitung. Den Ausschnitt trug ich »für alle Fälle« in meiner Tasche, um den anderen recht unauffällig zu zeigen, welch toller Kerl ich sei.

Der Beste sein

Diese kleinen Eitelkeiten verschwanden mit der eigentlichen sportlichen und persönlichen Herausforderung. Der erste Zehnkampf war Liebe auf den ersten Blick. Erst mit 20 Jahren begann ich mit einem systematischen Hochleistungstraining. Mein Interesse an dieser Sportart wurde immer größer, je länger ich mich mit ihr auseinander setzte. Meine Wünsche wurden zu

Christian Dräger (1,1 Milliarden Mark Umsatz) schöpft neue Kraft unter einem Baum.
Sein Motto: „Der Weg ist das Ziel“

In der Fremde unter Fremden – Cross-Culture in Ladakh (Himalaya)

Lernen im Kontext von Praxis und Theorie – Kompetenzmanagement in Gottes Natur (Schweden)

Vom Zuschauer zum Macher – Flussüberquerung in Glaskogen (Schweden)

Ohne Konflikt kein Konsens – Kanutour in Skandinavien

Feuer als Quelle von Power – Erdofen zum Brotbacken

Bedürfnissen und endeten in einer totalen Begeisterung und Herausforderung für den Zehnkampf. Plötzlich stand ich inmitten tief greifender Prozesse der Veränderung. Immer deutlicher kristallisierte sich wie aus einem Nebel das klare Ziel heraus: Ich wollte alle besiegen und der Beste sein. Meine hohen Erwartungen und Maßstäbe, die ich mir gestellt hatte, wurden zu Beginn durch organisatorische Schwierigkeiten gedämpft. Ich musste Geld für teure Ernährung und die Zimmermiete verdienen. Vor 30 Jahren gab es noch keine Sponsoren für Amateure. Aber das war alles kein Problem, denn ich wollte Leistung und Erfolg. Meine Leidenschaft für den Zehnkampf kannte keine Grenzen. Ich fuhr um 7.30 Uhr mit dem Bus zur Arbeit ins Bayerwerk in Leverkusen. Von dort um 17 Uhr wieder mit dem Bus direkt ins Stadion, wo ich durchschnittlich jeden Abend vier Stunden trainierte. Danach ging ich zu Fuß zum nahe liegenden Wohnheim und bereitete zu später Stunde in der Gemeinschaftsküche mein Essen. Nach einer für einen Leistungssportler relativ kurzen Nacht begann der neue Tag wieder um 6.30 Uhr. Am Wochenende hatte ich mir jeweils drei Trainingseinheiten pro Tag auferlegt. So ging es Tag für Tag und Woche um Woche. Meine wichtigste mentale Brücke zum angestrebten Ziel war eine gedankliche Dreierformel, die ich entschlossen zum Ausdruck brachte: *Ich kann es, ich will es, ich mache es.*

Diese Formel setzte ich bewusst ein, insbesondere bei schwierigen Aufgaben. Ich tastete mich an meinen Grenzbereich heran, damit wuchsen meine Sicherheit und mein Vertrauen zu mir selbst. Meine Vergangenheit hatte ich fast vollkommen aufgearbeitet. Meine Zukunft und neuen Lebensziele wurden mir immer deutlicher. Mein Leben explodierte in absoluter Begeisterung. Ich war zur Leistung befreit. Meine erreichten Zwischenziele begrüßte ich mit: *Ich habe es bis hierher geschafft, ich werde es noch weiter schaffen.* Die Neugier, an meine Grenzen zu gelangen und über diese Grenzen zu gehen, wurde immer größer. Ebenso meine mentalen Fähigkeiten, die in der Multiplikation ihrer Anwendungen den allergrößten Leistungsschub ermöglichten.

An sich arbeiten

Als Mehrkämpfer bin ich von einem bestimmten Punkt meiner Fähigkeiten an immer den Weg gegangen, den die anderen nicht gingen oder wegen fehlender Voraussetzungen nicht gehen konnten. Da die Kraft in meinem Oberkörper unverhältnismäßig größer war als die Kraft in meinen Beinen, hatte ich die Idee, durch schwere tiefe Kniebeugen ein Gleichgewicht in den Extremitäten zu schaffen. Die noch in den Kinderschuhen steckende Trainingslehre und die Trainingsgrundsätze lauteten damals: Krafttraining für die Beine schadet der Schnelligkeit. Ich aber glaubte daran, meine Schnelligkeit erhöhen zu können und das Kräfteverhältnis zwischen Oberkörper und Beinen auszugleichen. Folgendes Indiz sprach für meine These: Die »dicken« Werfer, die nachweislich viele tiefe Kniebeugen für ihre Wurfoptimierung machen müssen, waren bei Startübungen unwesentlich langsamer als Sprinter. Diese Beobachtung überzeugte mich. Einen Winter lang bewältigte ich zur Kräftigung meiner Beinmuskulatur fast jeden Tag tiefe Kniebeugen – die tägliche Belastung belief sich auf insgesamt 15 bis 20 Tonnen. Im Verhältnis zum Kraftzuwachs musste ich nun ein umfangreiches Lauftraining absolvieren, um den wachsenden Muskelquerschnitt funktionsfähig zu halten. Zunächst hatte meine Sprintfähigkeit unter der hohen Kraftbelastung gelitten. Trotzdem schien meine Strategie im Frühjahr aufzugehen. Nachdem die Trainingsschwerpunkte des Winters wie Kraft, Ausdauer und Stehvermögen in der Intensität reduziert wurden, flog ich förmlich über die Aschenbahn. Als ich dann noch meine Lauftechnik optimierte und die nervliche Erschöpfung des Wintertrainings von mir wich, hatte ich alle Trainer und Konkurrenten Lügen gestraft. Hinter vorgehaltener Hand hatten sie mich als lahmen Teddybären betitelt. In der sich anschließenden Wettkampfsaison konnte ich sämtliche persönlichen Bestleistungen, vom Sprint bis zum Speerwurf, auf der Basis des neuen Kräfteausgleichs und Kraftzuwachses verbessern.

Eingefahrene Wege verlassen

Was für einen Mehrkämpfer gilt, hat in abgewandelter Form auch für Führungskräfte, Verkäufer und Unternehmer Gültigkeit: Mut haben und ausgefahrene Wege verlassen. Ich trennte mich vom sicheren Weg des Durchschnitts und setzte konsequent mit einer neuen Strategie auf Erfolg. Solange ich suchte, war ich unsicher, ob der Erfolg auch wirklich eintrat. Suchte ich aber nicht mehr, holte mich, ohne dass ich es zuerst bemerkte, der Misserfolg ein. Sobald ich mich nur noch in Sicherheit befand, verrosteten meine aggressiven und kreativen Leistungspotenziale. Laut Naturgesetz ist dann eine Entwicklung zu Ende. Es ist immer wieder eine vergnügliche Herausforderung, den Pfad der Sicherheit zu verlassen. Das Vergnügliche daran müssen wir allerdings immer wieder lernen. Wenn wir genug Selbstvertrauen haben, unseren eigenen Weg zu gehen, fällt es uns auch nicht schwer, die Erfolge unserer Teamkollegen und Konkurrenten zu akzeptieren.

Das natürliche Spiel des Lebens zwischen Gewinnen und Verlieren zeigt uns die alltägliche Erfahrung im Sport und im Geschäft auf. Niemand kann ewig gewinnen oder ewig verlieren. Für das Publikum oder die Geschäftsleitung gibt es nur Gold und Silber – Bronze ist bereits indiskutabel. Für den Athleten und den Manager zählen die eigenen Leistungen auf die Leistungsdifferenz, die den Ausschlag zwischen Gewinnen und Verlieren gibt. Die Freude und die Hoffnung auf den nächsten Vergleich, bei dem die Platzierungen wieder vertauscht werden können, ist Sinn unseres Daseins. Im Spiel der Kräfte werden wir stark und bleiben es auch lebenslang, wenn wir uns dieser Herausforderung immer wieder stellen. Es ist nicht leicht, eine Unternehmensleitung dazu zu bringen, den Verlust von drei oder vier Punkten am Aktienmarkt zu akzeptieren. Oder nehmen wir den Profifußball, bei dem beim Ausscheiden eines Teams im Kampf um die Meisterschaft oder den Pokal ein Kursverlust an der Fußballbörse die Folge ist. Da entstehen finanzielle Einbußen. Doch erfahrene Athleten, Trainer und Manager verbindet eines: Niederlagen im Spannungsfeld der Leistung mit Gelassenheit hinzunehmen. Ohne diese Gelassenheit gegenüber der Niederlage ist kontinuierlicher Erfolg nicht zu erreichen. Niederlagen festigen die Aussichten auf Erfolg, weil sie unglaubliche Kräfte mobilisieren und Fehlerquellen minimieren können.

Bilanzdoping

Im Sport kennen wir die nicht auf den eigenen Kräften beruhende Leistung, das Doping. In der Wirtschaft finden wir diese Entsprechung in manipulierten Verhaltensweisen und Bilanzen von Unternehmen. Aber wir finden sie auch in den persönlichen Erfolgsstatistiken vom Manager bis hin zum Staubsaugervertreter. Es ist natürlich und selbstverständlich, das zu verkaufende Produkt zu schönen, um Erfolg zu haben. Aber übertriebene Erfolgssucht, auch Angst vor Misserfolg, führen hier wie da in einen luftleeren Raum, da ist das Ende nur eine Frage der Zeit.

Es gibt nur ein Doping für optimale Leistung, und die steckt in jedem selbst: Herausforderung, Begeisterung, Leidenschaft, Hingabe. Im Leistungssport ist das eine Spielregel, die wir gar nicht mehr hinterfragen müssen, weil sie unseren eigenen Bedürfnissen und Überzeugungen entspringt. Doch das Doping, das wir im Sport verurteilen, wird für das scheinbare Wohl eines Unternehmens toleriert. Der Verstoß gegen die Fairness, Selbstbetrug, der Betrug am Konkurrenten ermöglicht oft den Erfolg in der Karriere. Der Zweck heiligt die Mittel? Sport und Industriegesellschaft sind auf einmal nicht mehr so vergnüglich, wenn sich der Blick dafür öffnet, was wir im Namen des Existenzkampfes zerstören: unsere persönliche innere Existenz. Der angeblich legitimierte Verstoß gegen moralisch-ethische Grundsätze fördert Verarmung, Verrohung und Machtmissbrauch.

Grenzbereiche

Ich habe immer sehr wettkampfnah trainiert, das heißt, jede Trainingseinheit hatte einen bewussten Bezug zu einer Disziplin des Zehnkampfes. So konnte es sein, dass ich mitten im Training – besonders wenn ich nervlich sehr erschöpft war – einen ernsten Wettkampf durchführte. Dabei lernte ich Kräfte zu mobilisieren, die eigentlich nicht mehr vorhanden waren. Außerdem schulte es meine Konzentrationsfähigkeit und das »Sofort-auf-den-Punkt-Kommen«. Die Experimente mit mir selbst wechselten zwischen extrem realistischen und abstrakten Erlebnissen. Das langsame, beständige Anwachsen der Kräfte in meinem Körper, die steigende Intensität meiner Fühlfähigkeit zwischen Körper und Sinnen festigte mein Selbstvertrauen. Das größte Erlebnis ist die Selbsterfahrung im Grenzbereich meiner Leistungsfähigkeit. Wer vielleicht das Glück hatte, diese Grenze zu berühren oder sie gar in Begeisterung, Bereitschaft und Hingabe zu durchbrechen, der betritt einen neuen, fremden Raum. Es ist ein Raum, von dem ich persönlich nicht losgekommen bin, an dem ich mich immer wieder berauscht habe. Ich habe meine Laufbahn als Zehnkämpfer so lange verlängert, bis ich schließlich bereit war, diese Grenze in meinem Berufsfeld neu zu suchen und dorthin zu übertragen. Grenzerfahrungen im Sport lassen sich vollkommen in andere Lebensbereiche übertragen. Sie bleiben immer individuell durch die eigenen Wünsche, Erfahrungen und Lebensvorstellungen. Das Erlebnis an der eigenen Grenze war für mich in besonderer Form der intensivste Nachweis, dass ich am Leben bin. Natürlich ist der Weg dorthin zu Beginn immer mit körperlichen und seelischen Schmerzen verbunden.

Über meine Yogaerfahrungen lernte ich den Schmerz bewusst anzunehmen und weich aufzufangen; er nimmt so an Wirksamkeit ab. Langsam verlor ich die Angst davor, er wurde mir vertraut wie das Überqueren einer schwierigen Brücke zum Gipfel. Von außen sah der Körper gequält aus. Doch es war nicht Masochismus, sondern es war zwangsläufig eine Station auf dem Weg zu einer tiefen Erfahrung. So wird nicht nur die sportliche Leistung fruchtbar, indem der Zwang über mich herrscht, sondern indem ich über den Zwang herrsche. So kann ich in voller Überzeugung feststellen: *Über Zwänge und Gewalt kann man nur herrschen durch Liebe, Freude und Begeisterung*. Und hierzu noch ein kleiner Nachsatz: *Die Hingabe sowie das Glück gehen oft nicht den bequemsten Weg.*

Wie in einem Rausch

Nach zwei Jahren konsequenten Zehnkampftrainings – ich war inzwischen 22 Jahre alt – war ich fast ein fertiger Athlet. Mein Körper und meine Psyche hatten sich an Hochbelastungen gewöhnt. National und international war ich noch ein Unbekannter. Ich trainierte für eine schnellere Zeit über 400 Meter. Meine Tempoläufe bestanden im Winter vornehmlich aus sechsmal 300 Meter, sechsmal 500 Meter und viermal 600 Meter mit drei Minuten Trabpause zwischen jedem Lauf. Jedes Mal, wenn ich etwa die Hälfte meines Laufprogramms absolviert hatte, musste ich mich vor Überanstrengung übergeben. Mein Körper war übersäuert und an seiner Grenze angelangt. Mir war es egal, ich lief in einem Rauschzustand weiter, bis das Programm erfüllt war. In diesem Rausch gab es den ständigen Dialog, der sich zwischen Aufhören und Weitermachen bewegte. Ich spürte noch die Schmerzen und genoss bereits den vor mir weit geöffneten unendlichen Raum. Ich hatte das Empfinden, aus zwei Körpern zu bestehen. Das erste Erlebnis beim Übertreten meiner Leistungsgrenze hatte mich sehr irritiert. Während des letzten Tempolaufs über 600 Meter war mir, als wäre ich aus meinem Körper gelaufen. Wie in einer Zeitlupe konnte ich mich von außen laufenderweise betrachten – bis ich zusammenbrach. Ich weiß nicht, wie lange ich am Boden gelegen habe. Als ich zu mir kam, war mir, als befände ich mich in einer anderen, gereinigten Welt. Über mir sah ich die Äste der

Lärchen vor einem dahinziehenden, blauweißen Himmel so überwirklich, als wäre ich zweimal wach. Mir war sofort klar, ich hatte einen Schlüssel gefunden, mit dem ich den Raum betreten konnte, der die Grenze umgibt und letztendlich über sie hinausführt.

Viele Wochen später erlebte ich dann auch den 400-Meter-Lauf des ersten Zehnkampftages anders als sonst: Vor dem Start schaust du noch einmal um die Bahn und weißt, wenn du hier wieder ankommst, bist du ein anderer geworden. Dann gehst du an den Start und du bist schon ein anderer geworden. Du programmierst dir noch einmal ein, in dieser allergrößten Anspannung die größtmögliche Gelöstheit zu erhalten. Da ist keine Angst mehr, kein Druck – nur dein Wille und dein Feuer. Nach dem Passieren der Schmerzgrenze, 90 Meter vor der Ziellinie, erlebte ich mich wie einen Zuschauer, der neben mir her lief. Als Letztes liefen die Programmierungen ab wie: *Aufrecht laufen, Arme maximal einsetzen, keinen Millimeter nachgeben.* In diesem Moment lief alles wieder wie ein Film ab – nur, dass die Augenblicke unendlich ausgedehnt waren. Ich lief weiter wie durch einen unendlich friedlichen Traum, während mein Körper schon längst mit seinen Kräften am Ende war.

So lehrte mich der Sport ohne existenziellen Druck in der am leichtesten zugänglichen Form eine wesentliche Grundlage für alle Bereiche meines Lebens: *An etwas glauben, konsequent ausprobieren und darum kämpfen.*

Es ist etwas anderes, als nur auf seinen Vorteil bedacht zu sein. Geld war nie wichtig in meinem Leben, es war automatisch da durch meine Begeisterung bei den Aufgaben. Nach der Klärung meiner Welt leitete der Hochleistungssport Veränderungsprozesse ein, die mir auch den beruflichen Erfolg sicherten.

Hunger ist ein Geschenk

Im Rahmen des ständigen Wandels der gesellschaftlich sozialen Werte und Anforderungen ist der menschliche Faktor im Unternehmen um ein Mehrfaches wichtiger geworden. Der Mensch steht im Mittelpunkt – und je stärker er ist, umso erfolgreicher wird er für sich und das Unternehmen sein. Aber was heißt stark sein? Zuallererst sind Talent und Motivation für einen bestimmten beruflichen Erfolg notwendig. Ist oder wird eine Eignung auch zur Neigung, dann wird auch die Qualität der Arbeit optimal sein. Die Motivation ist also der zentrale Punkt des Erfolgs – sie ist Bewegung und Hunger zugleich. Dieser Hunger ist ein Geschenk, wenn aus ihm positive Kraft reflektiert und er uns lebenslang erweiternd erhalten bleibt. Er ist das Feuer in uns, die emotionelle, gefühlsbetonte Kraft zum Erreichen unserer Ziele. Hunger oder Motivation darf nicht aus auferlegten Zwängen entstehen, sondern aus einem freien verschwenderischen Antrieb heraus. Menschen zur Leistung zu befreien heißt, sie von Ängsten und Zwängen abzubringen. Herausforderung, Freude und Begeisterung sind Potenziale für den Erfolg. Angst zu haben ist vielleicht das Schlimmste, was dem unter Leistungsanforderung stehenden Menschen passieren kann. Angst, die vorgegebenen Ziele nicht zu erreichen, Angst, zu versagen oder abgeschoben zu werden. Angst verschlingt Unmengen von Lebensenergie und tötet die Begeisterung. Sie ist ein einziger Krampf der Seele und aktiviert nur zu einer bedingten Leistung, was die Folge von Stressaufbau bedeutet. Stress ist für uns Menschen lebensnotwendig, denn wir brauchen Widerstände und Stress, um stark und lebensfähig zu sein. Würden wir in einer von Anpassungszwängen normierten und bestimmten Arbeitswelt in Trägheit und Sicherheit passiv konsumieren, hätten wir die wirklich mögliche Kraft schnell verloren. Was hätte der Beamtenstand noch für ein Leistungspotenzial, wenn die Sicherheit wegfiele! Stress, Schwächen und Unsicherheiten sind positive Gegenenergien, die unsere Kräfte sensibilisieren und mobilisieren. Stress darf aber nicht als Bedrohung empfunden werden, sondern als Herausforderung – dann kann er eingebunden werden in ein zielorientiertes Handeln. Freie Leistung in Konzentration, Risiko, unter höchstem psychischem Druck bedeutet nicht, dass sich damit der Erfolg zwangsläufig einstellt. Aber mit denselben Eigenschaften, die mir zum Erfolg verhelfen, überwinde ich auch die Misserfolge leichter.

Befreiung zur Leistung heißt in erster Linie, durch konsequentes Training Schwächen in Stärken umzufunktionieren. Leben ist Kampf und immer wieder Kampf gegen die eigenen Schwächen. Aber Leben ist auch Suche und Versuchen, ohne Angst zu haben, was dabei herauskommt.

Wie man mit Kunst die Wirtschaft und das Management inspiriert

Klaus Elle

»Das Oben entspricht dem Unten«, hat vor annähernd 2000 Jahren Hermes Trismegistos (der imaginäre Urvater der Alchemie) als eine der grundsätzlichen Aussagen über die Ordnung der Welt in die berühmte Gesetztafel »Tabula Smaragdina« gravieren lassen. Auch zu jener Zeit wollte man schon das finden, was die Welt im Innersten zusammenhält, und suchte nach Methoden ganzheitlicher Erkenntnis.

»Das Oben entspricht dem Unten« könnte man heute wohl eher übersetzen als ein Modell der modernen Physik, das davon ausgeht, dass alle Teile im Kosmos in unbestimmbarer, komplexer Interaktion zueinander stehen. Es beschreibt für mich auch die Ebene der formalen Resonanz. Das heißt, das Atom mit seiner spezifischen Anzahl von Elektronen findet seine Entsprechung im Sonnensystem mit den darin kreisenden Planeten wieder, und wenn man das Bild von der Wiedererkennung der »großen« in der »kleinen« Welt auf die menschliche Ebene übertragen will, so bedeutet dies, dass sich die Dinge, die wir im Außen wahrnehmen, in uns selbst als immaterielle Parallelwelt, als individuell geprägte Wahrnehmungsfenster abbilden. Wir sind also immer verstrickt mit der Wirklichkeit und entscheiden mehr oder weniger bewusst, wie wir dieses Spiel durchschauen und dann gestalten wollen.

So ist es wohl nicht zu weit hergeholt, wenn wir der äußeren, wilden Natur (»wilderness«) unsere innere, ungezähmte Natur des schöpferischen Unterbewusstseins gegenüberstellen und sie als deren subjektive Entsprechung auffassen. Diese dunkle, verborgene Seite unseres Wesens kommuniziert durch eigenwillige Bildsequenzen oder in verschlüsselten Träumen mit uns und wir ahnen bisweilen, dass dort die kostbaren Rohstoffe für unsere Kreativität lagern – nur haben wir auf dem Weg unserer Kultivierung zumeist verlernt, wie wir diese Lagerstätten finden und mit welchen Methoden wir sie dann ans Tageslicht befördern können.

Wollen wir in der realen Wildnis überleben, brauchen wir das ganze Spektrum unserer Sinne, denn diese chaotische Welt ist viel zu komplex, zu unkalkulierbar, um sie vorausdenkend erfassen zu können. Man muss dort wieder lernen, auf seine Intuition zu hören, weil zwischen Ja und Nein ein Dschungel an Möglichkeiten liegt. Generell ist es wohl besser, im Team durch unbekanntes Terrain zu gehen, da die Summe der Aufmerksamkeit aller mehr ist als der Mut eines Einzigen. Und für den angepassten Zivilisationsbürger ist es zu Beginn solcher Abenteuer sicher hilfreich, einen erfahrenen Führer an seiner Seite zu haben.

Was hat also die Kunst mit der Schulung von Führungskräften in »Gottes unberührter Natur« zu tun?

Um die eingangs beschriebene Metapher weiterzuführen, hieße das: Wenn Sie bei ihrem Outdoortraining (Wilderness Experience) unter anderem Sozialkompetenz, emotionale Intelligenz, Vertrauen, Mut zu ungewöhnlichen Entscheidungen und die Fähigkeit zur spontanen Improvisation erfahren, so unterstützt Sie das bildnerische Darstellungsmittel im »Indoorbereich« (Brain-Dschungel). Sie entdecken die innere Perspektive Ihrer schöpferischen Kraft, Sie lernen die kreative Power Ihrer inneren Wildnis nutzbar zu machen, Sie bekommen eine Ahnung, wie Sie biografisch konditioniert sind, und eines ist ziemlich sicher: Wenn Sie keine Methodenkompetenz (für Ihr Bewusstsein und *Unter*bewusstsein) für Ihre eigene Person haben, wie können Sie dann Gruppen oder Unternehmen sinnvoll managen?

Um nun meinen Handlungsansatz künstlerischer/visueller Inspiration für die Wirtschaft und andere Managementebenen plausibel im Gesamtkonzept gesellschaftlicher Zeitströmungen erscheinen zu lassen, beginne ich natürlich mit einem Bild, um den passenden Rahmen für meinen Handlungsansatz plausibel darzustellen.

Man braucht sicher kein Prophet zu sein, um erkennen zu können, dass sich unsere Welt in einer extremen Beschleunigungsphase befindet. Wir kleben förmlich an der Außenwand unserer selbst antreibenden Fortschrittszentrifuge und erfahren die Gegenwart als unausweichliche Rotation, die uns irgendwann in eine unberechenbare Zukunft schleudern wird.

In dieser aufgeladenen Starre, die durch die enorme Fliehkraft der Zeit erzeugt wird, haben wir eine Sinn stiftende Vision verloren und beobachten

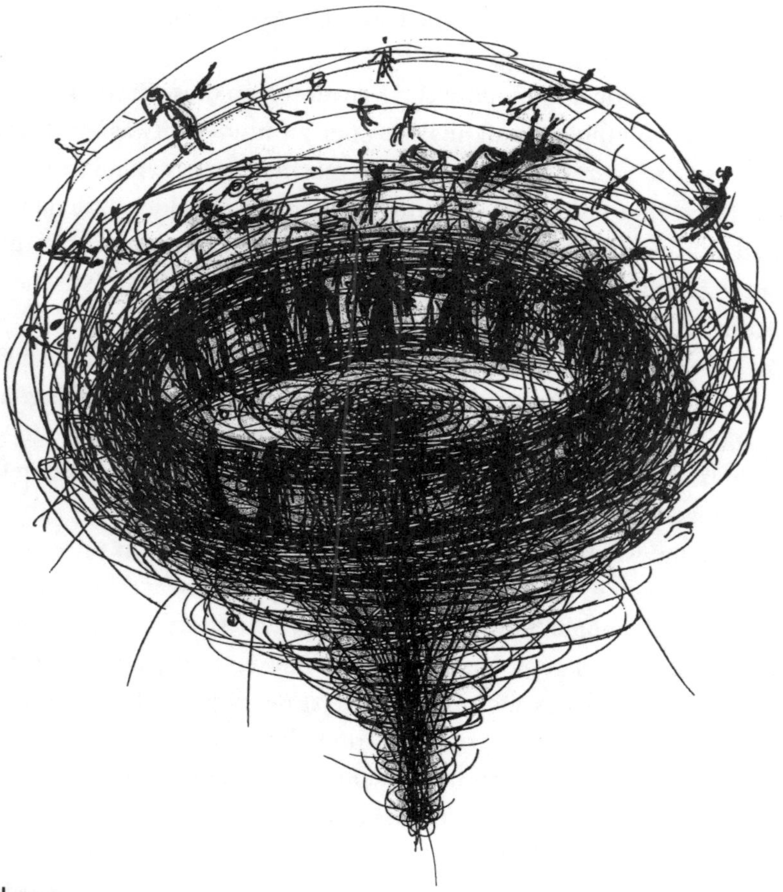

Abbildung 1

erschrocken, wie die alten Werte als kollektive Erinnerungen im schwerelosen Zustand fern der menschlichen Gravitationskräfte umhertreiben.

Die einen, weit herausgebeugt aus dem heiß gelaufenen Karussell der globalen Entwicklung, starren mit ihrem gehetzten Karriereblick grundsätzlich nach außen in die Zukunft und suchen nach profitablen Geschäftsfeldern, die ihnen ein sattes Überleben sichern sollen. Die anderen pressen ihren Hintern an die kalte Wand der Wohlstandsturbine und möchten am liebsten zurück in eine berechenbare, verklärte Vergangenheit, wo der liebe Gott noch im Himmel regierte, die Jahreszeiten pünktlich einsetzten und ein erlernter Beruf ein Leben lang Sicherheit garantierte. Die große Masse versucht ihr Schleudertrauma als Normalität zu leben und nutzt die ungeahnten Möglichkeiten der Flucht in Arbeit, Sex, Drogen, Reisen, Fernsehen oder andere endlose Unterhaltung.

Fast alle haben wir fragmentarische Konzepte, um diese dramatische Entwicklungsgeschwindigkeit aufzuhalten oder zumindest etwas zu drosseln, das Dilemma ist aber, dass wir von einer nachhaltigen Veränderung nicht wirklich überzeugt sind (weil das unsere alten Lebensglückstrategien vollkommen infrage stellen würde) und die meisten Lösungsansätze in den Strukturen des alten Systems gedacht werden und dadurch realistische Auswege kaum in Sicht sind.

Sehr holzschnittartig stellt sich unser Problem aus wirtschaftlicher Sicht ungefähr so dar: Wenn wir wesentlich weniger produzierten, gingen wir unausweichlich auf eine Rezession zu, wir hätten mehr Arbeitslose, die Kaufkraft schwände, gesellschaftliche Depression wäre die Folge, schließlich Chaos und soziales Elend.

Andererseits, wenn wir immer schneller, immer mehr in unserer alten Produktionsweise herstellten und nun plötzlich Vollbeschäftigung einträte, verbrauchten wir möglicherweise in nächster Zeit sämtliche Energie- und Rohstoffvorräte, der allgemeine Stress würde durch noch mehr Transporte, Lärm, Konsumüberdruss etc. dramatisch zunehmen und in kurzer Zeit bekämen wir vielleicht den prognostizierten globalen Ökogau.

Derselbe Teufelskreis wirkt auf ähnliche Art im derzeitigen Gesundheitssystem, das ausschließlich der alten Schulmedizin vertraut und dem Patienten größtenteils seine Selbstverantwortung genommen hat. Dieser Kreislauf wirkt in der Landwirtschaft, wo man zu viel düngt und spritzt, weil man die Pflanze von einem Produzenten zu einem anfälligen Konsumenten umprogrammiert hat, oder gleicherart in den zukunftsunfähigen Rentenmodellen, die auf lange Sicht unfinanzierbar sind und wie ein bedrohlicher, langer Schatten darauf verweisen, das wir die Kunst des Sterbens verloren haben.

Ein möglicher Lösungsansatz, der diesen Teufelskreis durchbrechen könnte und der in der Bildmetapher der Zentrifuge aufscheint, ist die Bewegung der Menschen hin zur Mitte ihrer eigenen wie auch zur globalen Zentrifuge. Diesen Mittelpunkt verstehe ich als unser Sinnzentrum oder als Sinnachse unserer Kultur. Es wäre eine Bewegung weg vom Haben, weg von Überproduktion, weg von pausenloser Mobilität und auswegloser Analyse, eine Bewegung hin zum Sein, zur Synthese, zur Kommunikation, zu einer neuen holistisch ausgerichteten Kultur.

In dieser zentralen Achse schwingen die elementaren Grundfragen unserer Existenz in pulsierender Harmonie, es sind die ewigen Fragen der Philosophie, der unterschiedlich ausgerichteten Religionen, es sind die Fragen nach den Fundamenten unseres Menschseins:

Wer bin ich, woher komme ich, was ist meine Berufung, wie finde ich meine Wahrheit, wer ist der andere, wie erkenne ich die große kosmische Ordnung, wie sollte ich leben und was kann ich Sinnvolles produzieren?

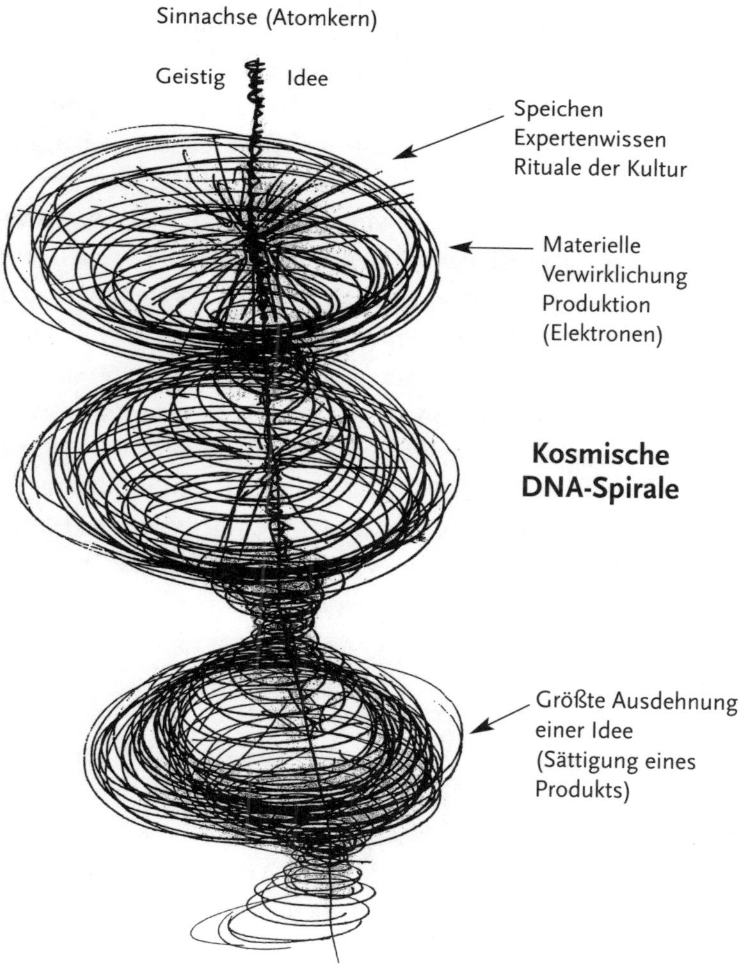

Abbildung 2

Wenn sich viele Menschen zu diesen Sinnfragen hinbewegen würden, wenn sie mehr den Weg zu ihrer Mitte folgen würden und sich nicht von den subtilen Mechanismen unserer kulturell erworbenen Angst vor Veränderung und der eingeübten Anpassung an die alten Werte beirren lassen würden, könnte sich ganz automatisch die Geschwindigkeit der Zentrifuge verlangsamen. Wir könnten langsam festeren Boden unter unseren Füßen bekommen. Wir hätten plötzlich Zeit für konstruktive Kommunikation und friedliche Interaktion, für neue, kreative Entwürfe einer ausgewogenen Zukunft, in der sich Wirtschaft, Kunst und Wissenschaft gemeinsam innerhalb der ökologischen Systeme ergänzend weiterentwickeln könnten.

Das Bildszenario beschreibt recht anschaulich unseren gesellschaftlichen Zustand des beschleunigten Informationszeitalters am Übergang zur kommenden Bewusstseinsgesellschaft. Das Bild schafft uns einen erweiterten Bezugsrahmen. Man könnte gewissermaßen mit einem geistigen Zoom ins konkrete Detail gehen, man könnte spezielle Fragen stellen, noch weiter den Rahmen aufbrechen, doch ich will mit meinen Bildmetaphern Brücken bauen zum Thema der gegenseitigen Inspiration von Kunst und Wirtschaft und was sie für eine wichtige Rolle als kreative Darstellungs- und Erkenntnismethode dabei spielen können.

Kurz gesagt, die Kunst, die wie ein schöpferisches Werkzeug bei diesen wesentlichen Veränderungsprozessen eingesetzt wird, hat eine synthetisierende, moderierende und visionäre Funktion. Sie verbindet genial die Sach- und Beziehungsebene, sie zeigt Wege zu unserem intuitiven Wissen, zur Entwicklung unserer emotionalen Intelligenz, sie überbrückt den Gegensatz von Wissen und Glauben und sie schafft es äußerst wirkungsvoll und schnell, elementare Übereinkünfte zu schaffen, weil sie den Verstand mit der Emotion verbindet und damit einen harmonischen Interessenausgleich bewirkt.

Konkret bedeutet das:

- Wer ein Bild für sein Problem gefunden hat, hat fast schon die Lösung
- Bilder minimieren die Irrtümer bei der Kommunikation
- Statt Symptomen werden Systeme behandelt
- Motivation durch emotionale Zustimmung
- Man sieht, was das Denken verhindert

- Sprache reflektiert unser Denken, das Bild verbindet Denken mit Gefühl und Intuition
- Steigerung der Kreativität durch erweiterte bildnerische Szenarien

Um noch einmal auf die Zentrifuge zurückzukommen: Die Wirtschaft ist in diesem Bild natürlich der antreibende Motor für unsere überhöhte Rotationsgeschwindigkeit. Doch der Ursprung für diese Entwicklung liegt weit zurück im philosophischen Ansatz des naturwissenschaftlichen Denkens, in einer Entsinnlichung, in der Entgöttlichung der Wirklichkeit, es war der Aufbruch in die verborgenen Gesetze des Mikro- und Makrokosmos zur Analyse und dem wissenschaftlichen Beschreiben aller natürlichen Prozesse durch Spezialisten. Diese Philosophie erfüllt sich nun in unserer wirtschaftlichen Sphäre, und da sich das Gleichgewicht von Haben und Sein klar auf die Seite des Habens verschoben hat, leidet die Wirtschaft an einer kompensatorischen Überlastung:

- Sie schenkt uns Lebenssinn, indem sie uns Arbeit gibt
- Sie vermittelt uns Selbstwertgefühl, weil wir den Glanz gewisser Produkte (Auto, Mode, Uhr etc.) brauchen, um etwas zu sein
- Sie bewahrt uns vor der Sinnleere, indem sie uns rund um die Uhr mit Entertainment, in Shopping-Centern und Ferienparadiesen unterhält
- Sie weist uns durch die Position in der Arbeitswelt den sozialen Rang zu
- Sie emotionalisiert und manipuliert uns durch Werbung und Marketing
- Sie ist die ordnende, visionäre Kraft in der Gesellschaft (5 Wirtschaftsweisen, Expertenrunden)
- Sie steuert die politische Macht durch Lobbyisten, Spenden, Stiftungen

Natürlich ist eines vollkommen klar: Ohne die Sach- und Methodenkompetenz, ohne die faszinierenden technischen Möglichkeiten und das innovative Know-how der Wirtschaft auf allen Gebieten der Gesellschaft ist kein nachhaltiger Wandel möglich. Es geht aber um eine schrittweise Verlagerung dieser Gewichte.

An den prächtigen Höfen der globalen Konzerne wie auch an den mittelständischen Produktionsburgen sollte man sich mehr und mehr von Propheten des nachhaltigen Wandels beraten lassen, man sollte sich besser öfter einen unberechenbaren Narren kommen lassen, der ab und zu für ein fröhliches, kalkulierbares Chaos sorgt (der mittlerweile verstorbene Unternehmer Körber fand solche Störaktionen bestens geeignet, um das unternehmerische Immunsystem permanent zu trainieren und Lösungen für kommende Probleme parat zu haben), als nur der berechnenden Nadelstreifenideologie zu folgen.

Was für Möglichkeiten und Potenziale liegen nun in einer gemeinsamen Zusammenarbeit zwischen Kunst und Wirtschaft und auf was für konkreten Ebenen lassen sich konkrete Ergebnisse sichtbar machen?*

Kreative Anwendungsmöglichkeiten für gesellschaftliche und unternehmerische Veränderungsprozesse

Die *Farbkreis-Potenzialanalyse* zur Beurteilung von Teams und Einzelpersonen

Vom Nutzen

Mit der Farbkreis-Potenzialanalyse, kann man in sehr kurzer Zeit die sozialen und charakterlichen Strukturen eines Teams als Farbspektrum aufzeichnen, um daraus klare Erkenntnisse über gruppendynamische Vorgänge oder aber spezielle Anforderungsprofile von Einzelpersonen zu erhalten. Vorstellbar ist auch eine intuitive farbliche Bewertung von neuen Produkten, ob sie mit ihrer Ausstrahlung auch die gewünschte Zielgruppe ansprechen oder nicht. (Diese Testmethode funktioniert ähnlich wie ein kleiner Bluttest im medizinischen Labor.)

Der Auftraggeber für eine solche Farbanalyse entscheidet dann darüber, welche Tiefe, welcher Themenkreis betrachtet werden soll und was für weitere Schritte danach eingeleitet werden müssen. Da das Team sich mit die-

* Ich beziehe mich vorrangig auf die bildende Kunst, weil ich auf diesem Arbeitsfeld eine 25-jährige Erfahrung habe.

ser intuitiven Farbmethode selbst bewertet, erreichen die Ergebnisse automatisch eine hohe Akzeptanz, und bei allen anstehenden Veränderungen ist die Motivation dadurch sehr viel höher.

Die Wurzeln

Der Farbkreis basiert auf physikalischer Grundlage, welche besagt, dass ein weißer Lichtstrahl, der durch ein Prisma gelenkt wird, sich in ein farbiges Spektrum aufspaltet. Die Ordnung der verschiedenen Farben vom Violett bis hin zum Rot hängt von den unterschiedlichen Wellenlängen der Farben ab (in der Natur tritt dieses Phänomen als Regenbogen auf). Dieses Lichtband ist lediglich zu einem Farbkreis gebeugt worden, um damit besser psychologische Zuordnungen in einem Modell vornehmen zu können. Diese Zusammenhänge haben eine eigene lange Geschichte. Sie beginnt im frühen Griechenland, wurde später von Goethe in seiner Farbtheorie aufgegriffen und auch weiterhin durch wissenschaftliche Untersuchungen (zum Beispiel Luescher-Test, Ittens Farblehre) erweitert.

Aus dem Farbkreis lassen sich nun verschiedenste Ordnungsprinzipien ableiten, wie zum Beispiel das der Komplementärkontraste, der Zusammenhang zwischen Farbwirklichkeit und der Farbwirkung, man kann harmonische und disharmonische Kontraste und Rhythmen ermitteln und vor allem ist es schnell möglich, charakterliche Eigenschaften aus den Farbbildern in ihrer wesentlichen Tendenz abzuleiten.

Da wir generell zu den verschiedenen Farben Sympathie und Antipathie verspüren und emotional sehr intensiv auf ganz unterschiedliche Farbklänge reagieren, lässt sich dementsprechend schnell ein intuitiver Zugang der Teilnehmer zu dem Farbtest herstellen. Da allgemein das Wissen um die Bedeutungen hinter den speziellen Farben- und Farbkombinationen den meisten Menschen unbekannt ist, reagieren sie unbewusst, eben aus dem Bauch heraus, und blockieren ihre wahren Gefühle nicht durch bewusste, strategische Gedankenkontrolle.

Dieser Umstand lässt sich gut nutzen, um ausgewogene Teams für ganz bestimmte Aufgaben zusammenstellen oder bei erheblichen Konflikten innerhalb einer Gruppe die Spannungslinien sehen zu können. Dies ist ein homöopathisches Handlungskonzept: Gleiches wird mit Gleichem behandelt, der Organismus, das Team erhält die Möglichkeit, sich selbst wieder zu harmonisieren, sich als lebendiges System zu heilen. Alle verdrängten

Störungen, alle umgeleiteten Konflikte werden sichtbar und dann systemisch behandelt.

Wie funktioniert diese Farbmethode?
Zu Beginn dieser Arbeit müssen die Teilnehmer der Gruppe jedem anderen Mitglied eine Farbe zuordnen. Das muss recht schnell gehen, denn Nachdenken hilft bei dieser Aufgabe überhaupt nicht. Im Prinzip ist damit die Aufgabe der Eigenanalyse im ersten Schritt getan, nun setzt die Deutung der sich ergebenden Spektren ein.

Vielleicht ergeben sich folgende Fragen:

- Gibt es ein klar erkennbares Ungleichgewicht innerhalb des Kreises?
- Harmonieren die Farben mit dem Aufgabenbereich des Teams?
- Wie reagieren die einzelnen Mitglieder auf ihr persönliches Spektrum?
- Sind einige Spannungslinien zu sehr aktiviert?
- Ist die Handlungsachse blockiert?
- Stagniert die Gruppe durch zu wenig kreative Energie?
- Fehlen wesentliche Farbanteile und welche sind das?

Jetzt ergeben sich weitere Fragen, die als Teamprozess weiter im Bildgespräch behandelt werden müssen:

- Sind einzelne unentdeckte Potenziale der Teammitglieder bisher nicht zum Einsatz gekommen?
- Ist die bisherige Aufgabenzuordnung nach den Erkenntnissen der Farbspektren sinnvoll verteilt worden?
- Was für neue Einsichten, Perspektiven ergeben sich generell aus den aktuellen Erfahrungen?
- Was sind die folgenden Schritte, um den »Teamspirit« zu harmonisieren?
- Sollte man den weiteren Veränderungsprozess anhand weiterer Farbspektren von Zeit zu Zeit überprüfen?

Es liegt nun am vereinbarten Zeitrahmen, noch intensiver in diesen gemeinsamen Erfahrungsprozess einzusteigen, der dann durch Trainings- oder Weiterbildungsmodule unterstützt werden muss. Wenn man bei den Farben weiterarbeiten möchte, könnte man zum Beispiel die einzelnen Teammitglieder mit ganz bestimmten Farbaufgaben betrauen, es können Farbmandalas gezeichnet oder es kann eine gemeinsame bildliche Vision gestaltet werden. Alle kommenden Schritte erwachsen situativ und jeder spontane Impuls sollte nach dem »Turboladerprinzip« dem Entwicklungsprozess als schöpferische Energie zur Verfügung gestellt werden.

Die Vorteile der Farbkreis-Potenzialanalyse auf einen Blick:

- Sie ersparen sich aufwendige Auswahlmethoden, um ganz spezielle Teams, Arbeitsgruppen etc. zusammenstellen zu können.
- Sie haben ein sehr schnelles Analyseinstrument, um Störungen in einer Gruppe zu erkennen und daraus Rückschlüsse zu ziehen, wie die Gruppensituation nachhaltig verbessert werden kann.
- Durch die eigene intuitive Bewertung der aktuellen Situation durch die Mitglieder eines Teams reduziert sich der ansonsten normale Widerstand gegen notwendige Veränderungen.
- Durch diese Farbanalyse ergeben sich eine Vielzahl weiterführender Betrachtungswinkel und kreativer, systemischer Handlungsansätze.
- Sie haben eine parallele Methode, um im Personalbereich, speziell in der Personalentwicklung, anstehende Entscheidungen erweitert betrachten zu können.

Visuelle Moderation als innovatives Kommunikationsinstrument

Stellen Sie sich einmal vor, Sie hätten ein gravierendes Problem in Ihrem Verantwortungsbereich zu behandeln und müssten dafür eine Teamsitzung vorbereiten. Es ist Ihnen diesmal aber wichtig, einen neuen Weg zu gehen, bei dem Sie schneller zu einer überzeugenden Lösung kommen.

Oder Sie haben den Auftrag bekommen, eine Veranstaltung vorzubereiten, und Sie suchen nach einer passenden Form, mit der Sie den gesamten Verlauf transparent und lebendig werden lassen können. Sie stellen fest, dass Sie keine Lust mehr haben, nur die altbekannten Kommunikations- und Visualisierungsmodelle zu benutzen, und suchen nach Alternativen.

Sie kommen also in dieser frühen Vorbereitungsphase Ihres Projekts zusammen und wollen sich, wie man so schön sagt, ein Bild machen. Aber diesmal, statt wie üblich nur miteinander zu reden, zu diskutieren und Statements auszutauschen, gestalten Sie wirklich ein Bild. (Sie können das natürlich alleine tun, doch ist es sicher in dieser Situation hilfreich, wenn Sie dabei professionelle Unterstützung bekommen.)

Das Bild, das sich allmählich abzeichnen wird, ist das Bild Ihres Themas, Ihres Problems, Ihrer ganz individuellen Fragestellung. Sie werden überrascht sein, wie klar und kraftvoll, wie strukturiert und sinnlich einprägsam Ihre Thematik vor Ihnen erscheinen wird.

Sie entwickeln spielerisch-präzise ein unverwechselbares Szenario, das Ihnen die Möglichkeit bietet, unterschiedlichste Positionen zu integrieren.

Zuerst mischen Sie vielleicht einen Grundfarbton als Basis für Ihre visuellen Erkundungen, Sie entwerfen die Formen, die einzelne Meinungen, Überlegungen oder Erkenntnisse repräsentieren, Sie suchen nach akzeptablen Relationen zwischen einzelnen Aussagen, Sie skizzieren ein Vor-Bild Ihrer momentanen Situation. Dann legen Sie eine oder mehrere überzeugende Perspektiven fest, aus denen man das Geschehen betrachten kann, und während Sie dies tun, erleben Sie plötzlich, wie lustvoll und spontan ein solcher Erkenntnisvorgang sein kann, was sich für unglaublich überraschende Horizonte vor Ihnen auftun, und Sie erleben beinahe unbewusst, wie Sie tiefer und tiefer in Ihr Thema eingestiegen sind und wie inspirierend der gesamte Kommunikationsprozess verlaufen ist. Indem Sie endlich einmal die alten ritualisierten Kommunikationsstrategien verlassen haben, können sich nun auch intuitive Qualitäten der Teilnehmer entfalten, und Sie erkennen deutlich, ob Ihnen Ihr Ergebnis oder Ihr angestrebtes Ziel gefällt. Diese sinnliche Ausstrahlung Ihres Prozessbildes macht es Ihnen einfach leichter, eine Entscheidung zu fällen.

Mir ist klar, wie weltfremd Ihnen möglicherweise die Beschreibung eines solchen Szenarios erscheinen mag. Ihnen haften wahrscheinlich jahrelang ermüdende Besprechungs- und Sitzungserfahrungen im Gedächtnis, sodass Sie ein solches Geschehen fast für unmöglich halten. Doch Sie müssen wissen, es ist nur deshalb unmöglich, weil diese kreative Möglichkeit nicht mehr im Rahmen Ihrer Vorstellungen präsent ist.

Anhand von zwei Bildbeispielen möchte ich den Verlauf solcher Prozesse näher erläutern, ich möchte den Zugewinn an Erkenntnis plastisch werden lassen, aus was für konkreten inhaltlich-ästhetischen Komponenten sich die grundlegenden Bildideen zusammengesetzt haben.

Das erste Beispiel skizziert die Bildmoderation auf der Abschlussveranstaltung der Hauni-Werke/Körber AG. Es handelte sich bei dieser Veranstaltung um die Vorstellung und Auswertung eines Modellprojekts, das sich mit den Chancen und Schwierigkeiten von dezentralem Lernen und Arbeiten während der Lehrausbildung beschäftigte. Auf dieser Veranstaltung wurden die aktuellen Ergebnisse aus diesem Modellversuch präsentiert und von mehreren Referenten kommentiert.

Der Ansatz dieses interessanten Ausbildungsprojekts zielte darauf, mittels Projektarbeit die Fähigkeit der Auszubildenden zu prozessorientiertem Handeln zu fördern.

Das hieß beispielsweise, dass die kaufmännischen Lehrlinge während ihrer Ausbildungszeit für eine begrenzte Zeit den technischen Bereich und umgekehrt die gewerblichen den kaufmännischen Sektor besuchten.

Meine Aufgabe war es nun, ein Basisbild zu gestalten, auf dem man das angesprochene Geschehen während dieses Modellversuchs zeigen konnte, wo aber die angrenzenden Bereiche wie beispielsweise die Produktion, die Schule und das allgemeine Lebensumfeld peripher in Erscheinung treten konnten, damit man die verschiedenen Einflussfaktoren dieses Modellversuchs in adäquater Form präsentieren konnte.

Bild 3 zeigt die fünf großen Tafeln in ihrer Grundgestaltung.

Abbildung 3

Die beiden linken Tafeln stehen für den gewerblichen und den kaufmännischen Ausbildungsbereich, ein graues und ein blau modelliertes Farbfeld. Die differenzierten farbigen Flächen stehen hier für ganz bestimmte Lehrgebiete, in die sich ein noch »farbloser« Lehrling begibt, um dort ganz spezielle Informationen (seine Lehrinhalte) aufzunehmen – das heißt im Bild – eine farbliche Angleichung zu erfahren.

Auf dem mittleren Teil der Bildtafeln waren die Bereiche der Produktion, der Unternehmensführung sowie ein abstraktes Produkt aufgezeichnet.

Ich hatte den Produktionssektor als Kokon entworfen, als materiellen Transformationsraum, wo von oben (Management) eine Idee hineinprojiziert wird und zu sehen ist, wie sich diese Idee innerhalb des Kokons zu ihrer materiellen Gestalt verwandelt.

Die beiden rechten Tafeln symbolisierten die Bereiche unseres gesellschaftlichen Handlungsraums und zum anderen – rechts außen – das Areal, das wir im weitesten Sinne als Umwelt betrachten.

Auf diesem Ausgangsbild konnten nun einzelne geometrische Formen angebracht werden. Kleine Kreise für die Lehrlinge, Rechtecke unterschiedlicher Größe für die Ausbilder und für den mittleren Teil Dreiecke für ganz unterschiedliche Produkte.

Als Erstes demonstrierte ich, wie viele kleine, farblose Kreise (die Lehrlinge) aus der Fläche der Gesellschaft (denn da »hingen« sie noch herum) in die zwei Bereiche (grau/blau) der Ausbildung gerieten und dort farbig (durch die Vermittlung von bestimmten Lerninhalten) angeglichen wurden. Die Ausbilder (kräftige Farben auf Rechtecken) waren die fachlichen (farbigen) Vermittler dieser Informationen.

Auf den ersten Blick war dieses Bild ein ganz normales abstraktes Gemälde, über dessen künstlerischen Wert man natürlich streiten konnte. Aber im Folgenden geschah durch meine Erläuterungen gewissermaßen die Enträtselung der hier präsentierten, so genannten abstrakten Kunst, die Teilnehmer wurden in eine funktionale ästhetische Fläche eingeführt, die ihre Thematik auf einer Metaebene darstellte. Ich konstruierte so unseren Rahmen, der als die wesentliche Übereinkunft für den folgenden Bearbeitungsprozess dienen sollte. In diesem Fall hatten die bildnerischen Elemente eine dienende Funktion, sie sollten wie ein kreatives Werkzeug den gesamten Veranstaltungsverlauf visuell unterstützen.

Dies Bild war nun gedeutet, jetzt begann die Phase der inhaltlichen Verwandlungen, der Überzeichnungen, der formalen Korrekturen, die von den verschiedenen Beiträgen inspiriert wurden. Es war mir besonders wichtig, dass man den Veränderungsprozess des Ausgangsbildes miterleben konnte. Man dachte von hier an automatisch in Bildern, die natürlich die Thematik widerspiegelten, man verließ unwillkürlich lineare Erkenntnisstrukturen, man dachte farbig, sinnlich, holografisch. Es ging plötzlich nicht mehr vordergründig um richtig oder falsch, um ja oder nein, auf der ästhetischen Ebene ging es um inhaltlich-formales Ausbalancieren einer bekannten Thematik, es ging um das Erspüren komplexer Zusammenhänge.

Zum Ende der Veranstaltung formierte sich spontan eine Arbeitsgruppe, die die Aufgabe hatte, dieses Grundbild zu einem aktuellen Zustandsbild umzugestalten. Die erste positive Überraschung war für alle Beteiligten (nach dem schon obligatorischen Ausruf: Wir können doch nicht zeichnen!), wie unsagbar schnell innere Blockaden überwunden wurden und jeder der Beteiligten seinen konstruktiven Diskurs mit Pinsel und Farbe führen konnte. Es war eine so kraftvolle Lebendigkeit des gemeinsamen Argumentierens, unseres Nachdenkens zu erleben, die sicher durch die wohltuende Distanz zur visuellen Darstellungsfläche gefördert wurde. Zudem intensivierte die Integration der Gefühle, die unmittelbar in jede grafische Aussage einflossen, fast wie von selbst einen völlig neuen Kommunikationsstil. Meine Aufgabe in dieser Zeit war eigentlich nur, diesen Prozess wie ein waches Medium zu begleiten und die Umsetzung der Gedanken jedes Agierenden zu ihrer adäquaten Form zu unterstützen.

Auf Bild 4 kann man die Veränderungen sehen.

Abbildung 4

Kurz zusammengefasst war das Ergebnis Folgendes: Wesentlich war die Umstellung der gesamten Bildteile. Die Lehrlingsausbildungsbereiche wurden links und rechts an die Produktion gestellt. Das hieß konkret: Diese Bereiche müssen viel enger miteinander verknüpft werden. Man sieht, wie sich der produktive Kokon ausbreitet, wie er in die Ausbildung hineinwächst, was ja nur bedeuten kann: Althergebrachte Trennungen müssen aufgegeben werden, denn je enger Lehre und Produktion zusammenarbeiten, desto leichter ist der Übergang jedes Auszubildenden nach Beendigung seiner Lehre in den beruflichen Alltag.

Im Ausgangsbild hatten wir quasi den Manager, den Ideengeber, ähnlich wie einen Insektenkopf über dem Kokon platziert, nun rutschte dieses Gebilde Stück für Stück in den produzierenden Körper hinein, es wurde zum zentralen Punkt innerhalb des Kokons, die Botschaft lautete klar: Abbau von Hierarchieebenen, Nutzung aller innerbetrieblichen Ressourcen, engere Vernetzung von Management und Produktion.

Es gab sicher noch eine Menge interessanter Betrachtungspunkte, aber die wesentliche Erfahrung für alle Beteiligten war das Gefühl von erlebter Komplexität. Jede Veränderung eines Bildsegments veränderte automatisch das gesamte Bild, um aber sinnvoll urteilen zu können, musste man aus der Nähe wie aus der Distanz schauen, und allen wurde sehr bewusst: Wir leben in einem Netzwerk von vielschichtigen Abhängigkeiten und jede unserer Entscheidungen hat mehr oder weniger Einfluss auf das gesamte System.

Das zweite Bildbeispiel für eine visuelle Moderation dokumentiert einen Beratungsprozess für eine staatliche Wirtschaftsschule, bei der die Schüleranmeldungen drastisch zurückgegangen waren. Die Schule befand sich am Rande der Schließung und musste dringend nach den Ursachen der Krise forschen, um aus diesen Erkenntnissen die nötigen Veränderungen einleiten zu können.

Der Mittelteil meiner Bildtafeln zeigt metaphorisch die Schule als veraltete, träge Fähre, auf der die Schüler mit dem nötigen Fachwissen versorgt und dann laut Behördenfahrplan zur gegenüberliegenden Karriereinsel transportiert werden. In diesem staatlich geschützten Gewässer kann scheinbar nichts Bedrohliches passieren, die Fähre hat das Monopol zur billigen Überfahrt, der Kapitän und seine Schulmannschaft verwalten und vermitteln nach alter Art den Lehrstoff und erhalten pünktlich ihre Beamtengehälter. Diese nach der Wohlstandsgeometrie eingefassten Landschaften funktionieren aber nur so lange, wie ihre Dämme genug Schutz bieten gegen die wilden Strömungen der großen Weltmeere.

Im rechten Bildteil zeigt sich diese raue, ungebändigte Meereslandschaft. Dort heißt es, mit den zufälligen Winden und chaotischen Strömungen sein Ziel im Auge zu behalten, hier muss man sein Wissen ständig erweitern, um die sicherste und kostengünstigste Route intuitiv zu finden. Um hier sein Schiff sicher in den angesteuerten Hafen zu navigieren, braucht man als Basis das gelernte Methodenwissen der Bootsführer, aber genauso notwendig sind ein feines Gespür für den Geruch des Windes, für das geheimnisvolle Spiel der Wellen im Wasser und die Kunst der Motivation, um die Mannschaft durch die Gefahren der See zu führen.

In dem Bildszenario sollten nun die beiden Welten miteinander verbunden werden. Schleusen und Kanäle mussten das trübe, sauerstoffarme Wasser der zu sozialen Seenlandschaft mit dem ungebändigten Meer der Möglichkeiten verbinden.

Eine Fähre, die nicht nach den neuesten Erkenntnissen der Seefahrtstechnik ausgerüstet wird, und Kapitäne, die außer ruhiger See und ihrem veralteten Patent keine anderen Erfahrungen mehr haben, sind untauglich, die Häfen der kommenden Karriereinseln anzulaufen.

Durch das Bild ergaben sich etwa folgende Optionen:

Sollte man die Fähre verschrotten und das Personal auf andere Schulschiffe verteilen?

Konnte man vielleicht die Fähre aufrüsten, das Personal weiterbilden und die alte Mannschaft durch Praktiker der Winde verstärken?

Wollte die alte Mannschaft überhaupt etwas tun, hatte sie den Konflikt wahrgenommen oder glaubte man unbeirrt an das alte, bewährte Konzept und die Sicherheit durch den staatlichen Reeder?

Bei diesen Bildprozessen der Veränderung, der visuellen Erkenntnis ist es meiner Auffassung nach wichtig, in den Räumen eine kreativitätfördernde Atmosphäre zu erzeugen. Die meisten unserer Räume sind ja von dieser entzückenden grau-sterilen Exklusivität, die man aus gut gedruckten Katalogen führender Büromöbelhersteller kennt.

Also improvisierten wir mit unterschiedlichsten Materialien einen phantasieanregenden Erlebnisraum, der auf den ersten Blick Lust machte zum Reden, zum Denken und zum Träumen.

Ganz nebenbei wäre dies für mich eine äußert wichtige Anregung, die in produktiven Bereichen, in Schulen, Wissenschaftszentren, Behörden etc. aufgegriffen werden könnte. Ich denke daran, dass man eine Art von »Innovationshöhlen« einrichten sollte (vgl. das MIT in den USA). Räume, in denen man sich zum Fachsimpeln, zum Klönen, zum konstruktiven Streiten treffen kann, ich wünschte mir Orte, die freundlich-schützende Winkel und Ecken haben, in die man sich in den Pausen einfach allein zurückziehen kann, um Abstand vom täglichen Stress zu bekommen. Ich sehe Areale, in denen ein schöpferisches Chaos herrscht, wo vielleicht jemand sein altes Sofa und seine gemütlichen Sessel hineingestellt hat, ein anderer hat seinen betagten Computer gespendet, abgenutzte Werkzeuge, Farben, Pinsel, Bleistifte stehen zur Verfügung, alles ist im herkömmlichen Sinn verbraucht, aber jetzt sind die Materialien endlich bereit für eine neue Idee, die man spielerisch finden kann.

Fototransparent-Potenzialanalyse

Diese Methode nutzt die dokumentarische Wirkung der Fotografie, die als Abbild der so genannten Realität unsere Wahrnehmung in bestimmter Art und Weise prägt.

Konkret werden großformatige Porträtfotografien hergestellt, auf denen die Porträtierten mittels eines Transparentpapiers nun ihr Stärken- und Schwächenprofil aufzeichnen sollen. Sie können diese Aufgabe vollkommen frei und spielerisch auf ihrem Porträt erfüllen, es ist dabei egal, ob sie zeichnerische Elemente einfließen lassen oder ob sie nur schriftlich arbeiten.

Durch die Konfrontation mit dem eigenen Konterfei wird natürlich der linkshirnige Kontrollmechanismus verwirrt, normalerweise müsste man durch intensives Nachdenken die passenden Eigenschaften ermitteln und sie dann strategisch kalkulierend auf den jeweiligen Zweck zuformulieren.

Mit dieser Fototransparenttechnik sieht man förmlich der eigenen Wahrheit ins Gesicht, und das hat zur Folge, dass die Probanden viel intuitiver, ehrlicher reagieren.

Wenn die Teilnehmer ihre Stärken und Schwächen formuliert haben, kann man verschiedenste Interpretationsmöglichkeiten anwenden:

- Wie ist generell das Verhältnis von Stärken und Schwächen ausgefallen?
- Wie spielerisch und experimentell wurde diese Aufgabe erfüllt?
- In welchen Bereichen des Gesichts wurden einzelne Stärken und Schwächen eingezeichnet (hier ist die fernöstliche Diagnosetechnik von Körper und Gesicht ein ideales analoges Hilfsmittel, um zu vertiefenden Erkenntnissen der jeweiligen Person zu kommen)?
- Wie bewusst ist sich die betroffene Person über ihre eigene Außenwirkung?
- Wird die Beschreibung der Stärken und Schwächen als übereinstimmend mit dem Foto empfunden?

Diese Bildmethodik ist besonders gut in der Personalentwicklung einsetzbar, aber auch bei unterschiedlichen Workshops.

Das sind nur einige Beispiele von kreativen Techniken, mit denen Sie versuchen können, Bewegung, Inspiration und neue Motivation in Ihre unternehmerischen Prozesse zu integrieren.

Man muss aber eines wissen: Kreativität hat ihren Preis. Sie verlangt von jedem, der diese Kraft nutzen möchte, seine innere unberührte Natur wieder zu entdecken. Diese Entdeckung von Variationsreichtum und unbewusster Spontaneität auf den Trampelpfaden der wieder gefundenen Gefühlslandschaften baut die ungewöhnlichsten Straßen zu innovativen Lösungsansätzen und schafft Vertrauen und Verständnis bei jeder menschlichen Interaktion.

Denkmodelle

Wilderness Experience. Neue Wege in der Personalentwicklung

Henning Henschel

Wilderness Experience bezeichnet eine Seminarkonzeption, die aus der Human-Relation-Idee geboren wurde und ursprünglich das Ziel hatte, eine attraktive Begegnungsstätte für Incentivemaßnahmen abseits der Zivilisation zu schaffen.

Aus dieser Incentiveidee hat sich dann im Laufe der Jahre ein spezielles Führungs- und Kooperationstraining entwickelt. Heutiges Ziel der Wilderness Experience ist es, über den Erwerb von Handlungskompetenz und Selbsterkenntnis Schlüsselqualifikationen für den beruflichen Alltag zu entfalten.

Darüber hinaus fördert die gemeinsame Erlebnisbasis der Trainings das Identifikationspotenzial von Werten im interkulturellen Kontext. Grundlage dazu ist eine innovative Unternehmenskultur, in der Querdenker und Grenzgänger gefragt sind. Wilderness Experience ist also kein Survivalkurs oder Abenteuerurlaub, Wilderness Experience fördert und organisiert ganzheitliches, handlungsorientiertes Lernen mit den Mitteln der Natur.

Es ist eine sehr erlebnisorientierte Lernform. Aus didaktisch-methodischen Gründen werden die Lernorte weitgehend in ungestaltete Naturlandschaften, zum Beispiel in Schottland und Schweden, verlegt, um unausweichliche Bedingungen und Situationen zu schaffen, die bestimmte Lerninhalte vermitteln.

Die Natur ist hier Mittel zum Zweck und bietet den Teilnehmern Stimulanz, ganzheitlich etwas über die eigenen Fähigkeiten des Denkens, Planens und Handelns in herausfordernden, komplexen Situationen zu erfahren.

Wissen – Wollen – Können

In der Natur werden Berufs- und Alltagszwänge aufgehoben und das Diktat des Terminplans außer Kraft gesetzt. Dafür werden neue Handlungsfelder erschlossen sowie Konsumverhalten und Servicedenken in neue Kategorien eingeordnet.

Im Bereich der Vermittlung von Sozialqualifikationen ist die Wilderness-Experience-Methode geeignet. Vertrauen und gegenseitige Akzeptanz lassen sich ebenso wenig normativ verordnen wie die Bereitschaft und Fähigkeit zum Arbeiten im Team. Sie müssen als Werthaltung aus einem Prozess gemeinsamer, persönlicher Entwicklung entstehen und durch positive Erfahrungen und Erlebnisse gefestigt werden.

Effiziente Teams schweißt man über formale Aufgaben- und Betriebsstrukturen und über gemeinsame, tragfähige Erlebnisse und Erfahrungen zusammen.

Sinnreich handeln

Die Wildnis verlangt Handlungen und Lösungen. Die Aufgaben und Projekte sind so gestaltet, dass die Auseinandersetzung mit ihnen für die Teilnehmer zwingend ist. Alle Übungen haben einen handlungsorientierten Bezug zur Wildnis. Sie müssen aus den Bedingungen, die sich den Teilnehmern stellen, ableitbar sein. Sie müssen Sinn machen. Die Lerninhalte sind nicht aufgesetzt, sondern werden aus der Umgebung entwickelt.

Alle Projekte sind so konzipiert, dass Erfolg und Erkenntnisgewinn nur durch direktes Agieren in der Situation vor Ort erlangt werden können. Nicht theoretische Lösungen, sondern reale Handlungen bringen den Lernerfolg. Was der Mensch handelnd erfährt, prägt ihn und steht für künftige Entscheidungen zur Verfügung. Es wird unmittelbar in weitere Handlungen eingebracht.

Da die Aufgaben immer vielschichtige Handlungsdimensionen aufweisen, werden im Zuge ihrer Bewältigung auch immer mehrere Kompetenzpotenziale aus verschiedenen Persönlichkeitsschichten und Bereichen angesprochen.

Diese ganzheitliche Beteiligung kognitiver, emotionaler und körperlicher Bezüge garantiert eine verhaltenswirksame Verankerung im emotionalen Gedächtnis.

Die Projekte bieten dem Teilnehmer durch seine Handlungen Erlebnisse. Sie nutzen das Bedürfnis nach Spannung und Erregung, nach aktiver und experimentierender Auseinandersetzung, nach Grenzerfahrung und Grenzerweiterung. Menschliches Leben wird durch Innen- und Außenreize gesteuert. Ein bestimmtes Maß an Aktivierung, Spannung und Erregung ist notwendig und wird als positiv empfunden. Daraus entsteht ein Bedürfnis auch nach »extremen« Spannungsmomenten. Abenteuerliche und wagnishafte Handlungssituationen werden als Steigerung der Selbstempfindung bewusst gesucht. Dahinter steht das Bestreben, selbstgesteuert, spontan und kompetent handeln zu können und sich in kritischen Situationen zu bewähren.

Mit diesen Erlebnisformen wird den Teilnehmern die Chance gegeben, neue Erkenntnisse über sich zu gewinnen und über sich hinauszuwachsen. Aus solchen Aktivierungszuständen entstehen motivierende und verhaltensverändernde Wirkungen, die tiefer gehen als die Wirkungen rein geistiger Erkenntnisprozesse.

Die Natur ermöglicht effektives Lernen durch direkte Auseinandersetzung mit realen Gegenständen. Sie bietet originäre, authentische Erlebnisse, die prägender sind als durch Medien vermittelte Erfahrungen.

Das Lernmedium »Natur« ist auch deshalb so geeignet, weil es für die Teilnehmer einen Neuigkeitswert hat, der Unsicherheit auslöst, aber auch Reiz bietet. Sie erleben eine neue Umgebung, neue Rollen und neue Verantwortlichkeiten bei vollkommen unbekannten Problemen.

Charakteristisch für die Situation sind außerdem ihre nur bedingt erfassbare Komplexität und der Konfliktgehalt, der in den neuen Aufgabenstellungen liegt. Man muss bei Unternehmungen in der Natur alle Eventualitäten in sein Denken und Handeln einbeziehen.

Die Natur bietet ein breites Spektrum des Lernens. Einerseits verlangt sie von den Teilnehmern in hohem Maße Respekt und Beachtung der »Spielregeln«; anderseits kann die Natur eine Fülle von Gestaltungs- und Verwirklichungsmöglichkeiten anbieten, durch die das Lernen spannend wird. Die Natur fordert die Teilnehmer oft durch überraschende Bedingungen, die eintreten, wenn etwa ein Wettersturz erfolgt oder die Gruppe schlichtweg Naturgesetze vernachlässigt.

Spontane Entscheidungen und Handlungen, Improvisation und schnelles Reagieren werden nötig. Handlungsziele müssen kurzfristig abgemeldet und dem ständig verändernden Stand der Dinge angepasst werden. Die neuen Umstände steuern dann die Entscheidungen und der vorgeplante Handlungsablauf muss im Fluss der Ereignisse geändert werden.

Aufgaben und Projekte

Am Anfang des Trainings werden vornehmlich Einzelaufgaben gestellt. Kontakt- und Vertrauensübungen zum gemeinsamen Überwinden von Hindernissen dienen in dieser »Anwärmphase« dazu, die Beziehungsebene zwischen den Teilnehmern positiv zu strukturieren und zu verdichten.

Andere unverbundene Übungen sind eher sportlicher Natur oder wettbewerbsorientiert. Mit ihnen werden Fähigkeiten und Kenntnisse für den Umgang mit der Natur erworben, die für spätere Projekte erforderlich sind. Dazu zählen Übungen für die Fitness, in der Geländeorientierung, in Survivaltechnik, zum Identifizieren und Sammeln von Wildpflanzen, in der Seil- und Knotentechnik, im Umgang mit Biwak und Zelt usw.

Mit diesen Übungen sollen eine höhere Leistungsbereitschaft sowie eine größere Ausdauer und Konzentration erzielt werden. Die Mitnahme der »richtigen« Verpflegung und der »richtigen« technischen Ausstattung wird im Konsens zwischen den Beteiligten im Rahmen eines moderierten Entscheidungsprozesses verbindlich geklärt.

Schwerpunkt der Wilderness Experience ist aber die Projektarbeit, die eine breite Zielverwirklichung auf unterschiedlichen Ebenen und Handlungsfeldern gleichzeitig erlaubt. Damit werden entsprechend weite Kompetenzbereiche der Teilnehmer aktiviert. Projekte sind komplexe Aufgabenstellungen, die in der Realität, also inmitten der Wildnis, gelöst werden müssen und entsprechend konkrete Bewältigungsstrategien verlangen.

Lösungen können nicht nur gedankliche Form haben, denn sie müssen in der Realität bestehen. Projekte sind zeitlich begrenzt und bestehen aus mehreren, untereinander verbundenen Teilaufgaben. Die Projekte erfordern komplexe Entscheidungen und eine bereichsübergreifende Bearbeitung der projektabhängigen Funktionskreise wie Ressourcenermittlung, Konstruktion, Sicherheitsklärung usw.

Die natürlichen und technischen Hilfsmittel für die Projektbearbeitung sind knapp bemessen und ihre Verwendung verlangt sorgfältige Planung, Kreativität und Improvisation.

Die Anforderungen an die sozialen und methodischen Fähigkeiten der Teilnehmer sind hoch. Besonders hohe Anforderungen werden gestellt, wenn das »technische« Know-how erst noch erarbeitet werden muss. Auch durch schwierige Wetterbedingungen und Naturumstände, die Stress und körperliche Belastung verursachen, wachsen die Anforderungen. Die Ergebnissicherung erfolgt meist nach Abschluss des Projekts oder abends in den Reflexionszirkeln.

Lernbegleitung und Lernberatung

Wilderness Experience bietet den Teilnehmern handlungsorientiertes und selbstentdeckendes Lernen. Es verlangt daher von ihnen, dass sie von sich aus initiativ werden und alle Aktivitäten in der Natur weitgehend selbst gestalten. Dabei müssen sie Verantwortung übernehmen: für sich selbst und den eigenen Lernerfolg, aber auch für die Gruppe und die Projektaufgabe.

Es ist nicht das Ziel der Wilderness Experience, dass Know-how und Einstellungen einfach vom Trainer übernommen werden. Lösungen, die nur von außen kommen, werden zwar abgespeichert, aber letztlich nicht verstanden.

Sie werden dann nicht über eigenes Erleben zugänglich. Daher bleiben sie unverbunden neben den alten Denk- und Handlungsmustern stehen, sodass bei nächster Gelegenheit, besonders unter Stress und Anspannung, wieder dieselben Fehler gemacht werden.

Deshalb müssen die Teilnehmer der Wilderness Experience in der aktiven Auseinandersetzung mit den Naturbedingungen, mit ihren eigenen Bedürfnissen und mit denen der Gruppe sowie mit der Projektaufgabe zu ihren eigenen Ressourcen finden. Sie sollen problembezogen ihre Kräfte und Fähigkeiten entdecken, ausprobieren, weiterentwickeln und vor Ort in die Praxis umsetzen.

Die Trainer verstehen sich als Lernberater und Förderer der Entwicklungschancen, die in den Teilnehmern selbst stecken. Ihre Aufgabe besteht darin, die Teilnehmer anzuregen, aus ihren eigenen Erfahrungen zu lernen. Dazu geben sie Denk- und Handlungshilfen, indem sie Vorgänge problematisieren und Begründungszusammenhänge erfragen. Je mehr Zuwachs an Handlungsfähigkeit bei den Teilnehmern spürbar wird, desto mehr treten die Trainer in den Hintergrund.

Der Wissensvorsprung und das Situationsgespür der Trainer sichern die Gruppe nach innen und außen. Die Trainer unterstützen mit ihrer Beobachtung die Reflexion und geben Feedback sowie in schwierigen Situationen differenzierte Ermutigung. Sie sorgen für die Balance zwischen Individuum, Gruppe, Aufgabe und Natur.

Reflexion und Transfer

Alle Projekte und Aufgabenstellungen sind eng miteinander verzahnt und wechseln sich je nach Lernfortschritt, Seminarstruktur und momentanen Erfordernissen ab. Dies ist wichtig, um den Teilnehmern zwischen den verschiedenen Projekten die Möglichkeit zur Reflexion zu geben. Andernfalls würden in der Situationsdynamik von Aufgaben- und Naturbewältigung zu viele Transfermöglichkeiten verloren gehen, die auch hinterher nicht mehr aktiviert werden können. Es würde nur eine Kette interessanter Erlebnisse ohne übergreifende Struktur und erkennbaren Anwendungsbezug übrig bleiben (Adventure-Hopping).

Für die Reflexionsarbeit sind »Rückzugsgelegenheiten« und eine »behütende« Umgebung notwendig.

Der Transfer kann nur über die Reflexion stattfinden. Daher gilt für alle Übungen die Forderung nach der Durchlässigkeit von Aktion und Reflexion. Die im Projekt besonders intensiv erfahrenen Handlungsmuster und die Bewältigungsstrategien sind Ausgangsbasis für eine bewusste Aufarbeitung, die zur Entwicklung breit verwertbarer, ausbaufähiger und anwendbarer Kompetenzpotenziale führt.

In den Reflexionszirkeln werden daher gezielt handlungsrelevante Faktoren aus der Projektarbeit herausgefiltert und mit ähnlichen Aufgaben in der beruflichen Arbeit verglichen. Dabei werden Gemeinsamkeiten und Unterschiede entdeckt. Schließlich werden unter Beachtung von Voraussetzungen und Zusammenhängen die kritischen Erfolgsfaktoren in beiden Handlungsfeldern bestimmt, auf neue Projekte übertragen und ihre Umsetzung erprobt.

Handlungslernen in der Natur kann sich nur dann positiv auf berufsbezogene Kompetenzen auswirken, wenn es den aus einem Erlebnis gezogenen Erkenntnisgewinn über Abstraktion und Generalisierung auf einer höheren Ebene nutzbar macht. Diese Umsetzung erfolgt schon im Seminar mit der Erstellung von Aktionsprogrammen. Dabei werden die bereits gewonnen Einsichten und die bewährten Handlungsmuster und Strategien aus den Projekten anwendungsbezogen zugrunde gelegt.

Aktionsprogramme sind keine unverbindlichen Absichtserklärungen, sondern Selbstkontrakte mit detaillierten Zielvorgaben, Handlungsanweisungen und Methoden zur Bearbeitung und Lösung von Berufsvorhaben, aber auch für eine umfassende Persönlichkeitsentwicklung. Da die Aktionsprogramme so konkret ausgearbeitet werden, ist ihre Erfüllung später überprüfbar.

Diese Programme werden nach dem Seminar im Betrieb oder zu Hause weiter bearbeitet und in einem eintägigen Follow-up-Seminar am Firmensitz einer kritischen Überprüfung unterworfen. Je nach Bedarf werden dabei Erfahrungen modifiziert, gefestigt und vertieft. Es werden Möglichkeiten zur Vermeidung von Rückfällen in Verhaltensweisen, die als nachteilig erkannt wurden, erörtert und in Angriff genommen.

Ein Beispiel für die Erarbeitung und Verfolgung eines persönlichen Aktionsprogramms sei hier genannt. Während die Teilnehmer einer Wilderness Experience 24 Stunden getrennt voneinander, jeder allein auf einer kleinen Insel verbringen, erarbeiten sie für sich selbst ein Stärken- und Schwächen-Profil im persönlichen und beruflichen Bereich.

Dabei entwickeln sie auch Maßnahmen, wie sie die Stärken betonen und die Schwächen angemessen korrigieren können. Sie schreiben diese persönlichen Handlungsweisungen auf. Diese Notizen werden in Briefen verschlossen. Nach einem halben Jahr werden sie wieder an die Teilnehmer ausgehändigt und dann je nach Engagement freiwillig im Team diskutiert, auf Erfolgswirksamkeit überprüft und bei Bedarf entsprechend weiterverfolgt.

Ethisch-moralische Handlungsprinzipien

Es findet keine Beurteilung statt. Wilderness Experience dient ausschließlich der Entwicklung und Begegnung der Teilnehmer. Es ist kein Assessment-Center-Verfahren zur Fremdbeurteilung. Vielmehr sollen Veränderungen über Selbsterkenntnis erreicht werden. Basis bietet dabei eine Haltung, die von der Maxime »Ich bin okay – du bist okay« ausgeht.

Vorbereitung

Die Teilnehmer werden für das Training intensiv vorbereitet. Wilderness Experience ist kein Sprung ins Wasser, ohne schwimmen zu können. Im Einzelnen basiert die Aufgabenbewältigung auf einer Reihe vorher abgeschlossener Trainingsmaßnahmen, die etwa Methoden des Entscheidens, Problemlösungstechniken und Kreativitätstechniken behandeln.

Wilderness Experience versteht sich als Lernangebot, das auf Freiwilligkeit beruht. Es will weder etwas verordnen noch die Teilnehmer nach einem bestimmten »Mitarbeiterbild« ausrichten. Vielmehr will Wilderness Experience Impulse zur Selbstmotivation geben, ohne über Fremdmotivation zu beeinflussen.

Belastungen

Die Lernarrangements verlangen von den Teilnehmern ein hohes Bewältigungsniveau. Auf allen Kompetenzebenen werden große Anforderungen gestellt. Die Teilnehmer erfahren Widerstände, Ängste, Stress, körperliche Belastungen, Entbehrungen und unter Umständen auch Schmerzen (Muskelkater, Blasen an Händen und Füßen). Die Aufgabenstellungen erscheinen in der subjektiven Sicht der Teilnehmer als schwer. Ihre Erfüllung ist aber nicht unmöglich. Grenzerlebnisse sind notwendig, wenn sie etwas bewirken sollen. Die Teilnehmer können untrainiert sein. Sie müssen über keine besondere Kondition verfügen. Das sportliche Kräftepotenzial ist für den Erfolg eines Projekts weniger entscheidend als die Qualität der Teamarbeit.

Risiko

Für die Teilnehmer bestehen keine objektiven Gefahren durch die neuen Eindrücke, denen man zunächst noch keine Bewältigungsstrategien entgegenzustellen hat, es gibt für die Teilnehmer jedoch durchaus subjektive »Risiken«.

Dies zwingt zu umsichtigem Handeln und bewirkt eine umfassende Mobilisation von Kräften. Risikoerlebnisse und Erfahrungen mit der Kalkulierbarkeit von Handlungen steigern Urteils- und Entscheidungsfähigkeit.

Alle Lernarrangements in der Wildnis sind erprobt und haben sich bewährt, sie sind so gestaltet, dass die Sicherheit der Teilnehmer gewährleistet ist. Außerdem werden Gefahren durch gegenseitige Überwachung und unmittelbare Eingriffsmöglichkeiten der Trainer abgewendet. Ein Restrisiko bleibt allerdings. Dieses Risiko untermauert die Echtheit und Ernsthaftigkeit der Umstände und gibt den Handlungen damit Sinn.

Schonender Umgang mit der Natur

Von den Teilnehmern wird Achtung vor der Natur verlangt. Entnahmen und Eingriffe erfolgen nur dort, wo sie erlaubt und ökologisch verantwortbar sind. Es werden keine Bäume gefällt.

Flöße und Brücken werden aus Bruchholz gebaut. Es wird kein Wild gejagt und es werden auch keine Weichtiere (Schnecken und Würmer) gefangen.

Nur gelegentlicher Fischfang und das Sammeln von Kräutern und Wildfrüchten in vertretbarem Ausmaß gehören zum naturbezogenen Programminhalt. Ansonsten ernähren sich die Teilnehmer von einfachen Nahrungsmitteln, die sie zu Beginn des Trainings erhalten.

Erfahrungen

Die Kommunikation im Unternehmen wurde entscheidend verbessert. Gemeinsame Erfahrungen der Wilderness-Experierice-Teilnehmer verkürzen bei der täglichen Arbeit die Entscheidungswege. Besprechungen sind durch einen offeneren, ehrlicheren Umgang miteinander effektiver geworden. Die Teilnehmer nutzen verstärkt das OE-Instrument* »ganzheitliches Projektmanagement« aufgrund der Erfahrungen von Synergieeffekten im Teambildungsprozess. Der gemeinsame Erfolg führt zum positiven Denken und stärkt die Zusammenarbeit im betrieblichen Alltag.

Wilderness Experience fördert die Akzeptanz von Führungsinstrumenten (zum Beispiel Zirkel zur Problemlösung, das Mitarbeitergespräch zur Standortbestimmung). Dabei wird die Selbstmotivation höher eingestuft als die Fremdmotivation, Vertrauen in Mitarbeiter wichtiger genommen als ihre Kontrolle.

* Organisationsentwicklungsinstrument.

Wilderness Experience zeigt eine Reihe sichtbarer, positiver Auswirkungen auf die Arbeit im Ganzen. Es leistet einen Beitrag zur Entwicklung und Förderung von Qualifikationen. Der Nutzen ist grundsätzlich jedoch nicht berechenbar. Er wird bestimmt vom Verhalten und der Einstellung jedes Einzelnen. Jedoch wird dabei nicht vergessen, dass die Aufgaben und Projekte den Teilnehmern auch Spaß machen sollen. Es soll Freude an der eigenen und an der Teamleistung wie auch am Reiz des Großartigen und Einmaligen der Natur entstehen.

Organisationsentwicklung durch Wilderness Experience

Matthias Göttenauer

Veränderung verstehen und gestalten

Organisationsentwicklung ist eine der großen Herausforderungen, sowohl für Unternehmen als auch deren Berater. Der Anstoß, in eine Organisationsentwicklung einzusteigen, ist zunächst oft eine Krise und die enttäuschende Erkenntnis, dass die bisherige Organisationsform nicht mehr zu den sich verändernden Umständen passt. In der Praxis bedeutet dies entweder: Das Unternehmen kann in seiner jetzigen Form die gesetzten Ziele nicht erreichen. Oder: Wie müssen wir das Unternehmen gestalten, um unsere neuen Ziele erreichen zu können?

Die Aufgabe von Organisationsentwicklern ist es, die notwendigen Veränderungen an der richtigen Stelle zu initiieren und den Unternehmen zu ermöglichen, diese umzusetzen.

In diesem Kapitel werde ich die aus meiner Sicht wesentlichen Gesichtspunkte von Organisationsentwicklung beschreiben und sie mit den Ansätzen von Wilderness-Experience-Trainings als Werkzeug der Organisationsentwicklung zu verknüpfen.

Unternehmen sind Organisationen – Organisationsentwicklung ist Systementwicklung

Was ist eigentlich eine Organisation? Eine Organisation entsteht, wenn zur Erreichung eines bestimmten Ziels in einem bestimmten Umfeld mehrere Elemente kombiniert und Faktoren berücksichtigt werden müssen. Diese müssen in einem »sinnvollen« (das heißt zielführenden) Verhältnis zueinander organisiert werden. Je eindeutiger die Funktion der Elemente und der Einfluss der Faktoren sind, desto einfacher lässt sich das zu erwartende Ergebnis vorhersagen. Auch wenn ich jetzt schon den Aufschrei verschiedenster Systemtheoretiker zu hören glaube, wage ich zu behaupten, dass eine Kaffeemaschine ein sehr schönes Beispiel für eine einfache Organisation ist, die mit relativ hoher Wahrscheinlichkeit ihrer Aufgabe, Kaffee zuzubereiten, nachkommt. Der Aufschrei ist selbstverständlich berechtigt.

Unternehmen und Kaffeemaschinen unterscheiden sich in einem wesentlichen Punkt: Unternehmen müssen als Organisationen auf sich verändernde Rahmenbedingungen reagieren können. Kaffeemaschinen sind sehr erfolgreiche Organisationen, solange genug Strom, Wasser und Kaffeepulver in der richtigen Dosierung in die richtigen Öffnungen eingeleitet werden. Unternehmen sind erfolgreich, wenn es gelingt, trotz sich ändernder Anforderungen gesetzte Ziele zu erreichen. Für die einzelnen Elemente eines Unternehmens bedeutet dies, dass diese nicht nur eine eindeutige Funktion haben können, sondern auch die Fähigkeit besitzen müssen, auf die sich ändernden Anforderungen und verändernden Einflussfaktoren zu reagieren. Durch dieses Zusammenspiel von vielen reagierenden und agierenden Elementen entsteht ein komplexes, dynamisches System aus Wirkung und Wechselwirkungen mit nicht sofort durchschaubaren Zusammenhängen.

Im Schaubild habe ich die verschiedenen, sich beeinflussenden Ebenen in einem Unternehmenssystem dargestellt, um im nächsten Schritt die Herausforderungen und Steuerungsmöglichkeiten für einen Organisationsentwickler beschreiben zu können.

Denkmodell für systemische Organisationsentwicklung		
Ziele	Hier sind die letztendlich entscheidenden qualitativen und quantitativen Ziele einer Organisation zusammengefasst	**WOLLEN**
Haltungen	Umfasst die Normen, Grundsätze, ethischen Maßstäbe, Leitbilder, Einstellungen	*WARUM?*
Verhalten	Alles in Handlungen, Kommunikation und Entscheidungen beobachtbare Agieren und Reagieren	*WAS?*
Strukturen	Organisation, Muster, Regeln, Prozesse, Instrumente, Abläufe, Beziehungen	*WIE?*
Umfeld	Alles externe, nicht direkt durch die Organisation Beeinflussbare, z. B. Politik, Wirtschaftslage, externe Ressourcen, Mitbewerber …	**SEIN**

Abbildung 1: Haltungen, Verhalten und Strukturen werden als die **3-W**-Ebenen bezeichnet

»Wollen« und »Sein« als Herausforderung und Chance für Veränderung

Was steckt in dieser Grafik? Zunächst gibt es zwei Pole. WOLLEN und SEIN. Erst durch die Spannung, die »Nichtübereinstimmung« zwischen Wollen und Sein, entsteht die Notwendigkeit, eine Organisation aufzubauen, die durch bestimmte Strukturen, Verhaltensformen und Fähigkeiten diese Spannung überbrücken und letztendlich die angestrebten Ziele erreichen soll. Organisationen leben also immer in (und von) der Spannung zwischen diesen bestimmenden Polen, und jeder dieser Pole versucht, die anderen Ebenen und somit letztendlich auch den Gegenpol zu beeinflussen.

Entsprechend der Spannung zwischen den beiden Polen sind zwei unterschiedliche Sichtweisen auf Organisationen und ihre Kausalzusammenhänge verbreitet. Beide betonen die Dominanz eines Pols und versuchen so die Komplexität der gegenseitigen Beeinflussungen der beiden Pole zu umgehen.

Reaktive Sichtweise: Dies bedeutet aus der »Sein«-Sicht: Welche Strukturen werden durch das Umfeld gefördert? Welches Verhalten ergibt sich aus diesen Strukturen? Welche Grundhaltungen können aus diesem Verhalten abgeleitet werden? Und letztendlich: Welche Ziele werden aus diesen Grundhaltungen formuliert?

Idealisierende Sichtweise: Aus der »Wollen«-Sicht stellt sich die Frage: Welche Grundhaltung wird benötigt, um dieses Ziel zu erreichen? Welches Verhalten ergibt sich daraus? Welche Strukturen werden für dieses Verhalten benötigt? Und wie sollte das Umfeld sein, damit diese Strukturen greifen können?

Beide Sichtweisen werden nicht zum Erfolg führen können, da sie jeweils den Einfluss des anderen Pols bewusst oder unbewusst negieren und somit einen der systembestimmenden Faktoren nicht beachten. Ein System existiert immer in der Herausforderung, »Wollen« und »Sein« in eine funktionierende Balance zu bringen.

Organisationsentwicklung muss sich ebenso wie das jeweilige System mit der Spannung und dem Finden einer umsetzbaren Balance auseinander setzen. Jede Veränderung an den Zielen oder an dem Umfeld eines Systems führt zu einer Störung dieser Balance und zu einem Prozess der Balancefindung. Im Gegensatz zu diesem normalerweise ungesteuert ablaufenden

Prozess hat der Organisationsentwickler die Aufgabe, Veränderung gestalt- und steuerbar zu machen. Organisationsentwicklung ist die Befähigung einer Organisation und ihrer Mitglieder, Veränderung zu steuern. Der Organisationsentwickler muss Möglichkeiten schaffen, sich bewusst mit der Spannung zwischen dem Umfeld und den Zielen einer Organisation auseinander zu setzen.

Grundlage für alle Maßnahmen zur Organisationsentwicklung:

1. Klären, was wirklich wichtig ist (Wollen)
2. Die gegenwärtige Realität deutlicher wahrnehmen (Sein)

Die 3-W-Ebenen – Die Herausforderungen einer Organisation sind auch die Herausforderungen an jedes Mitglied der Organisation

Der Einfluss des Umfelds und die Orientierung an den Zielen eines Unternehmens schlagen sich in allen Bereichen des Unternehmens als gelebte Realität nieder. Ausdrucksform sind hierbei die drei mittleren Ebenen der Grafik:

1. Die Warum-Ebene: Hier sind die Haltungen, Prinzipien, Normen, Glaubenssätze zusammengefasst, die sowohl die Ziele als auch das Verhalten und die Strukturen einer Organisation erklären und rechtfertigen.
2. Die Was-Ebene: Hier findet sich alles konkret beobachtbare Verhalten und Agieren der Organisation und deren Mitglieder wieder. Dies ist die Ebene, in der das System wirksam wird und »Wollen« und »Sein« bearbeitet.
3. Die Wie-Ebene: Sie bildet Strukturen und Prozesse ab, mit diesen versucht die Organisation die Wirksamkeit des »Was« zu bündeln und mit dem Umfeld (Sein) zu verzahnen.

Diese 3-W-Ebenen sind die Antwort auf den Versuch dieser Organisation, eine Balance herzustellen. Dabei muss es sich jedoch keineswegs nur um die offiziellen Unternehmensstrukturen, Verhaltensweisen und Prinzipien handeln. Der gelebte Unternehmensalltag ist eine oft sehr undifferenzierte »Best Practice« aus Offiziellem und Inoffiziellem, Bewusstem und Unbewusstem. Hierbei sind jedoch die beiden Pole mehr oder weniger gut austariert und die Ziele werden in dem gegebenen Umfeld in befriedigendem Maße erreicht.

Schwierig wird es, wenn sich entweder die Unternehmensziele oder – was zurzeit viel häufiger der Fall ist – das Umfeld ändert und die sensible Balance erschüttert. Die Organisation muss entwickelt werden, um neue Ziele im gleichen Umfeld, alte Ziele in einem veränderten Umfeld oder sogar neue Ziele in neuem Umfeld erreichen zu können.

Hierzu müssen die Strukturen, das Verhalten und auch die Prinzipen verändert werden, was auch für jeden Mitarbeiter bedeutet, sich mit den Folgen der Veränderung für sich selbst auseinander zu setzen, da dies auch ihn treffen wird.

Das funktioniert allerdings nur dann, wenn die Organisationsentwicklung auch dem Mitarbeiter ermöglicht, zu klären, was (für ihn und für die Organisation) wirklich wichtig ist, und die Realität (Umfeld und Arbeitsumfeld) bewusster wahrzunehmen.

Organisationen lernen nur, wenn Menschen etwas lernen

Menschen sind die einzigen Faktoren in einer Organisation, die ihr Verhalten, ihre Haltungen und ihre Beziehungen (Strukturen) bewusst steuern und verändern können. Menschen haben als einzige »Elemente« einer Organisation die Möglichkeit, sich mit alternativen Verhaltensweisen auseinander zu setzen. Menschen stellen die Weichen, wie und wohin sich Organisationen entwickeln.

Unternehmen, die sich entwickeln, müssen dazulernen. Das Unternehmen als Organisation muss in der Lage sein, seine 3-Ws den sich verändernden Zielen und dem verändernden Umfeld anzupassen. Dies bedeutet für die davon betroffenen Menschen die Aneignung und der Umgang mit neuen Strukturen, neuem Verhalten und neuen Haltungen.

Erst wenn es den Mitarbeitern eines Unternehmens gelingt, ist die Balance zwischen »Wollen« und »Sein« in ihrem System als Teil des Gesamtsystems wieder herzustellen, wird sich eine Organisation wirklich weiterentwickeln.

In den oberen Abschnitten habe ich die Grundlagen der Organisationsentwicklung in zwei Schritten beschrieben. Nachdem hierdurch sowohl Transparenz über das »Wollen« wie auch eine Analyse des »Seins« hergestellt ist, muss als nächster Schritt die Interpretation dieser Situation und das Erstellen von Konsequenzen für die 3-Ws erfolgen.

Der nächste Schritt der Organisationsentwicklung ist die Kommunikation und die Koordination der individuellen Interpretationen der Situation durch die Mitglieder einer Organisation sowie die Erarbeitung gemeinsam getragener Strukturen, Verhaltensweisen und Haltungen.

Als vierter Schritt bleibt dann eigentlich nur noch das Umsetzen und Erproben der entwickelten Organisationsform und der Abgleich mit den Zielen und dem Umfeld in der Praxis. Hierbei sind wieder die einzelnen Mitglieder gefordert, da jetzt die 3-Ws umgesetzt werden müssen.

Das Beharrungsvermögen von Organisationen und ihrer Mitglieder

Effektive Organisationsentwicklung zeigt sich dadurch, dass gewohnte Verhaltensweisen abgelegt, neue Haltungen und veränderte Strukturen akzeptiert werden. Hieran scheitern jedoch viele Entwicklungsprozesse, da sich das bisherige Verhalten als adäquates Werkzeug zur Erzielung der Balance zwischen Zielen und Umfeld bewährt hat. Andere Verhaltensweisen bedeuten das Verlassen einer (vermeintlich) sicheren Position ohne Garantie auf Erfolg.

Deshalb sind Organisationen gerne träge und korrigieren bei sich änderndem Umfeld lieber die Ziele, die dann mit den gleichen Strukturen und dem gleichen Verhalten erreicht werden können. Oder sie setzen sich (zum Beispiel durch Vorstandsentscheid) neue Ziele und sind, um sich nicht verändern zu müssen, darauf angewiesen, ein entsprechendes Umfeld vorzufinden. Organisationen erblinden somit freiwillig auf einem Auge, indem sie zur Wahrung ihrer internen Strukturen, Verhaltensweisen und Haltungen einen wesentlichen Pol und seinen existenziellen Einfluss auf das System übersehen und als frei variabel betrachten. Sie negieren die Spannung und Wechselwirkung von Wollen und Sein in der Organisation und versuchen diese durch eine lineare Ursache-Wirkungs-Kette zu ersetzen. Es entsteht die Illusion der Stabilität eines Systems oder einer Organisation, da dieses durch das bewusste oder unbewusste Nichtwahrnehmen der ständigen Veränderung von Umfeld und Zielen auch die sich verändernden Anforderungen an die 3-Ws ignoriert. Die Erhaltung des Status Quo und der Versuch, das System vor neuen Zielen oder verändertem Umfeld zu schützen, wird zum Selbstzweck.

So ist der letzte Lösungsansatz (Anpassung des Umfelds, ohne die 3-Ws zu verändern) schlichtweg eine unrealistische Illusion, da sich das Umfeld nur in sehr begrenztem Maße von einer Organisation beeinflussen lässt – schon gar nicht von einer, die sich nicht darauf einstellen will. Der erste (und zur schnellen Lösungsfindung oft praktizierte) Lösungsansatz stößt spätestens dann an seine Grenzen, wenn das Erreichen der entstehenden Ziele nicht mehr zur Existenzsicherung der Organisation beiträgt und dadurch auch die 3-Ws radikal infrage stellt.

Organisationsentwicklung, die nicht fordert, nach dem Klären der Ziele und dem Wahrnehmen des Umfelds auch den Willen und die Fähigkeit, Strukturen, Verhalten und Glaubenssätze zu hinterfragen und zu verändern, wird im Ansatz stehen bleiben.

Wilderness Experience als Motor der Veränderung in der Organisationsentwicklung

Um darzustellen, welchen Nutzen ein Wilderness-Experience-Training im Rahmen einer Organisationsentwicklung hat, werde ich die wesentlichen Kompetenzen der Beteiligten in einem Organisationsentwicklungsprozess zusammenfassen und mit Beispielen versehen:

- Analyse: Umfeldfaktoren und deren Bedeutung für die Organisation, von Abhängigkeiten und Wechselwirkungen erkennen
- Reflexion: Ziele und Werte von Individuen und der Organisation, Verhaltensweisen, Strukturen und Haltungen (3-Ws) erkennen
- Strategisches Denken: Schritte planen und Folgen und Konsequenzen voraussehen
- Kommunikation: Austausch über die individuellen Sichtweisen und Standpunkte
- Vernetztes Denken: Verschiedene Einflussfaktoren verknüpfen
- Koordination: Neue Strukturen gestalten
- Soziale Kompetenz: Beziehungen zwischen den Mitgliedern gestalten
- Dazulernen: Kompetenzen und Fähigkeiten erweitern, auf Neues zugehen
- Experimentierfreude: Auf Neues bewusst zugehen
- Wagemut: Aktiver Umgang mit Sicherheit und Risiko
- Durchhaltevermögen: Notwendige Schritte auch gegen Widerstand gehen

Um Menschen für aktive Organisationsveränderung fit zu machen, muss ein Trainingswerkzeug wenigstens einen Teil dieser Anforderungen schulen und den Teilnehmern Kompetenzen vermitteln, die helfen, mit den damit verbundenen Herausforderungen gestaltend umzugehen. Außerdem muss die Trainingsmaßnahme dazu dienen, das »Wesen« von Veränderung zu verstehen. Je genauer das Training die Komplexität der Anforderungen an Organisation und Mitglieder abbildet und transparent macht sowie den Einsatz der oben aufgelisteten Kompetenzen fordert, desto geübter werden die Teilnehmer darin, ihren tatsächlichen Veränderungsprozess selbstständig zu steuern.

Die Chance von Wilderness-Experience-Trainings im Rahmen einer systemischen Organisationsentwicklung ist das Setzen von Zielen und die Verankerung der Maßnahme in einem realen Umfeld mit echten Wirkungszusammenhängen. Die Teilnehmer werden so »gezwungen«, eine Organisation zu entwickeln und tatsächlich zu handeln. Im weiteren Verlauf werden diese »Organisationslösungen« ständig hinterfragt, ob sie der jeweiligen Situation und den jeweiligen Zielen angemessen sind. Die Erlebnisse und die Konsequenzen des eigenen Handelns und Planens sind »echt« und die Teilnehmer müssen sich mit diesen Ergebnissen auseinander setzen. Für den einzelnen Teilnehmer und für die Gruppe besteht die Notwendigkeit, an eigenem Verhalten, Motiven und Strategien und ihrem Einfluss auf das Erreichen von individuellen und Organisationszielen zu arbeiten. Hierbei können alle oben aufgeführten Anforderungen, die durch eine Organisationsentwicklung entstehen, in einem Gesamtkontext thematisiert und vertieft werden. Das entstehende System ist gleichzeitig komplex genug, um die verschiedensten Wirkungszusammenhänge, Qualitäten und Faktoren eines »echten« Systems (zum Beispiel eines Unternehmens) darzustellen. Andererseits können die Trainer jederzeit bestimmte Zusammenhänge oder Kompetenzen fokussieren, um einen möglichst großen Lerntransfer für den Arbeitsalltag zu gewährleisten.

Um das Potenzial dieses konstruktivistischen Trainingsansatzes voll auszuschöpfen, müssen die Trainer nicht nur über sehr gute Kenntnisse in Prozesssteuerung und Systementwicklung verfügen, sondern müssen auch die verschiedenen Parameter des Umfelds »Wilderness Experience«, wie zum Beispiel Wetter, körperliche Belastung sowie die eingeschränkte Möglichkeit der Lernergebnissicherung, in die Trainingsgestaltung mit einbeziehen.

Besonders bei dem anspruchsvollen und komplexen Thema Organisationsentwicklung kann eine Überforderung der Teilnehmer die Motivation zur Gestaltung von – und Auseinandersetzung mit – Veränderungsprozessen einschränken.

Im Anschluss an ein Wilderness-Experience-Training sollte in einem weiteren Arbeitsschritt die Bedeutung der Ergebnisse und Erkenntnisse auf die jeweilige Organisation übertragen und kritisch hinterfragt werden.

Gut konzipierte und sauber durchgeführte Wilderness-Experience-Trainings bieten nach meiner Einschätzung eine durch andere Trainingstypen nicht erreichbare Möglichkeit, das Thema »Veränderung in Systemen und Organisationen« für die Betroffenen direkt zugänglich und selbstständig bearbeitbar zu machen.

Lernen in der Wildnis – Die Natur als Raum für Basiserfahrung und persönliche Entwicklung

Klaus J. Groth

Das einfache Leben kann ganz schön kompliziert sein. Das bekommt jeder zu spüren, der sich auf die Natur einlässt. Und zwar ziemlich rasch. Genau genommen vom ersten Augenblick an. In der Natur diktiert die Natur die Bedingungen, ohne Wenn und Aber. Ohne Nachsicht und ohne zeitliche Verzögerung.

Um in der Natur zu bestehen, so hatte es uns ein erfahrener Waldläufer immer wieder gepredigt, bedürfe es nur dreier Dinge: Warm, satt und trocken sollten wir sein und bleiben. Das genüge. Das reiche aus, um jede Situation in der Natur zu bewältigen. Wer sich diese drei Dinge bewahre, der sei in der Natur unerschütterlich, dem könne nichts passieren, der sei in der Lage, nahezu jede Aufgabe zu bewältigen.

Das klang plausibel, aber die einfachen Wahrheiten bereiten gewöhnlich ein nicht zu unterschätzendes Problem: Sie sind leicht gesagt und schwer getan.

Sich auf die Natur einzulassen heißt, eine Herausforderung anzunehmen. Die Techniken der Zivilisation haben uns so weit von der Natur entfremdet, dass uns diese abhanden kam. Wir bewegen uns in unberührter Natur in einem fremden Raum, dessen Zeichen wir nicht kennen, die wir nicht deuten können – oder schlimmer noch, falsch auslegen. Ein nicht gesehenes oder nicht verstandenes Zeichen in der Natur kann unangenehme Folgen haben. Ein falsch gedeutetes Zeichen aber zieht unter Umständen fatale Konsequenzen nach sich, weil aus dem ersten Fehler weitere Fehlentscheidungen entstehen können, die später schwer in ihrer Summe zu korrigieren sind (wenn es dann überhaupt noch möglich ist).

Wilderness Experience nimmt die Natur als Herausforderung an. Und zwar unter den Bedingungen der Natur. Das macht den gravierenden Unterschied zu den zunehmend beliebten Outdooraktivitäten aus, die die Natur für sich nutzen, letztendlich aber der Natur ihre eigenen Bedingungen aufzwingen. Skiläufer, Golfer oder Radwanderer nehmen die Natur gerne für sich in Anspruch, im Grunde aber ist sie nicht mehr als die zivilisierte Kulisse für eine Aktivität an der frischen Luft. Eine so gebändigte Natur stellt keine besonderen Ansprüche, ist berechenbar und ohne besondere Überraschungen. Sie ist präpariert und normiert, damit ist sie letztlich nicht mehr als Fortsetzung der Zivilisation mit anderen Mitteln. Selbst wo sie besondere Herausforderungen bereitzuhalten scheint, bei einer besonders steilen Abfahrt oder bei einem raffiniert angelegten Bunker vor dem Grün auf dem Golfplatz, sind diese Hindernisse künstlich angelegt und von ihren Erbauern so gewollt. Die Natur wurde in diesen Fällen genutzt und benutzt, die Unschuld ihrer Natürlichkeit hat sie dabei eingebüßt.

Das also ist nicht die Natur, die Wilderness Experience als Raum für Basiserfahrungen und persönliche Entwicklung nutzt. Das Konzept des Wilderness Experience verlangt die natürliche Natur, die unbekannte und unbequeme. Nicht weil das Bestehen unter erschwerten Umständen den letzten Kick gäbe, sondern weil das ungewohnte Erlebnis der Natur die Sinne frei macht. Darum sucht Wilderness Experience die unberührte Wildnis und setzt die Teilnehmer einem heilsamen Schock aus.

Der stellt sich ein, unweigerlich. Und er ist gewollt. Am Anfang ist immer die Unsicherheit, auch wenn sie nicht von allen Teilnehmern eingestanden wird. Auch selbstbewusste Manager, die beruflich das große Rad drehen, sind davon nicht frei. Unmittelbar werden sie Situationen ausgesetzt, die sie nicht auf Anhieb einschätzen können, zu deren Bewältigung sie keine Hilfstechniken erlernt haben. Davon ist niemand frei.

Angst im dunklen Wald

Ein General der Bundeswehr erzählte mir von einer Übung, bei der Berufssoldaten verschiedener Versorgungseinheiten ihre Kenntnisse bei einem Manöver auffrischen sollten. Dazu gehörte auch ein Nachtmarsch in kleinen Gruppen. Das ist nun bei der Bundeswehr nichts Besonderes, jeder Rekrut erlebt solche Märsche während seiner Grundausbildung. In diesem

Fall waren es aber keine Rekruten, sondern gestandene Soldaten, überwiegend Feldwebel. Gewöhnlich arbeiteten sie in einer Küche, organisierten als Logistiker den Nachschub oder agierten auf einer Schreibstube. Die Grundausbildung lag also schon weit hinter ihnen. Als solch ein Trupp im nächtlichen Wald unterwegs gewesen sei, erzählte mir der General, habe er sich an den letzten Mann herangeschlichen, ihm die Augen zugehalten und gefragt: »Wer bin ich?« Woher sollte der arme Kerl das wissen?

Abgesehen davon, dass offenbar auch ein General gelegentlich seine Freude an einem Indianerspiel zu haben scheint, gab es in dieser Situation eine bemerkenswerte Beobachtung. Der Feldwebel, sagte der General, habe gezittert wie Espenlaub. Das mag zum Teil dem Schrecken zuzuschreiben sein, den der Mann erlitt, als er so unvermittelt aus der Dunkelheit angesprungen wurde. Entscheidender aber war, wie der Feldwebel selbst sagte, die Angst gewesen, die er schon zuvor gehabt hatte. Er hatte sich im dunklen Wald gefürchtet, weil ihm diese Erfahrung vollkommen fremd gewesen war. Er hatte sie zwar schon früher gemacht, als er noch in der Ausbildung war, doch das lag schon so lange zurück, dass er diese Erfahrung vollkommen vergessen hatte.

Dieses kleine, einfache Beispiel ist zu übertragen auf unser Verhalten allgemein. Eine unbekannte, fremde Umgebung löst Unsicherheit aus. Das lässt sich ebenso beobachten bei einem ersten Aufenthalt in einer fremden Kultur, wie bei einer ersten Begegnung mit der unberührten Natur. Wer in der fremden Kultur zu Hause ist, geht ebenso selbstverständlich sicher mit ihr um wie derjenige, der ständig in der Natur lebt.

Da Letzteres für die Bewohner der Teppichfluchten des Managements nahezu niemals der Fall ist, schockt die Begegnung mit der Natur. Plötzlich sind all die Stützen des Alltags nicht mehr vorhanden, die verlässlichen Riten, die gewohnten Abläufe, die zuverlässigen Regeln, die erprobten Techniken. Niemand bringt mehr zur festgesetzten Zeit einen Kaffee, niemand ruft mehr zur gewohnten Stunde zum Meeting, niemand serviert pünktlich das Essen in der Kantine. Wer warm, satt und trocken bleiben will, muss sich der Zeiteinteilung der Natur anpassen – und die hat eine vollkommen andere. Konferiert wird, wenn die Notwendigkeit dazu besteht, wenn es ein unvorhersehbares Problem zu lösen gilt. Gegessen wird, wenn Gelegenheit dazu ist, wenn es die Umstände erlauben. In der Natur gehen die Uhren nicht anders, die Natur hat keine Uhr. Sie kennt Zeiten und feste Abläufe, aber die haben einen anderen Rhythmus und eine andere Bedeutung als unsere Einteilung der Zeit.

Freier Kopf

Nein, einfach ist das einfache Leben wirklich nicht. Aber so, wie die Gestaltung eines Raumes erst einmal einen freien Raum voraussetzt, so erfordert die Entwicklung neuer Fähigkeiten erst einmal einen freien Kopf. Die Natur stellt die Zivilisation infrage, setzt gegen Technik nicht zu beeinflussende Abläufe. Wenn es regnet, regnet es. Und wie dann trocken bleiben? Wenn es friert, friert es. Und wie dann warm bleiben? Schließlich: Einen BigMac gibt es auch nicht an jeder Ecke.

Unter freiem Himmel fliegen die Gedanken frei. Die Natur räumt den Kopf auf für neue Überlegungen und Erfahrungen, sie gibt allerdings nur demjenigen eine Chance, der dazu bereit ist. Wer in der Natur bestehen will, muss die anfängliche Hilflosigkeit überwinden und eine neue Kreativität entwickeln. Er muss lernen, seine emotionale Intelligenz neu zu beleben, findig zu sein.

Richtig oder falsch

Die Entscheidung zur Teilnahme am Wilderness Experience ist freiwillig. Hat man sich dazu entschlossen, ist das Ende der Feiwilligkeit allerdings auch schon erreicht. Eine Alternative zwischen Tun oder Lassen offeriert die Natur nicht, sie verlangt Entscheidungen. Und das unmittelbar. Lange Zeit zum Überlegen gewährt sie nicht, Experimente lässt sie nur bedingt zu. Die Natur kennt nur richtige und falsche Entscheidungen, sie macht keine Kompromisse. Da gibt sie sich biblisch gemäß Matthäus 5,29: »Eure Rede aber sei: Ja, ja; nein, nein. Was darüber ist, das ist vom Übel.«

Und ebenso unmittelbar, wie sie nach einer Entscheidung verlangt, zeigt die Natur auch die Konsequenz daraus. In der Natur erfahren wir sofort, ob eine Entscheidung richtig oder falsch gewesen ist. Das zwingt zum Entschluss, fördert die Entscheidungsfreude, zeigt aber ebenso konsequent die Folgen und Risiken. Zwei Erfahrungen werden auf diese Weise nachhaltig vermittelt:

- Nur vorausschauendes Denken bewahrt vor unangenehmen Folgen. Aus einer Entscheidung resultieren die folgenden, bevor der erste Schritt getan wird, müssen die nächsten bedacht werden.
- Halbherzige Entscheidungen sind in der Regel falsche Entscheidungen. Mit Sowohl-als-auch kommt niemand weit in der Natur.

So zwingend die Forderung nach dem Entschluss also ist, so vorsichtig muss dieser Entschluss gefasst werden. Denn noch einmal: Die Natur verzeiht keine Fehler, sie bestraft sie. Manchmal kann man sich durchaus ein paar Fehler leisten, sie kosten nicht gleich Kopf und Kragen, sondern ziehen nur ein paar Unannehmlichkeiten nach sich. Allerdings können sich die Unannehmlichkeiten auch zu fatalen Folgen steigern. Und manchmal ist ein Fehler auch schon der letzte.

Gemeinsam denken

Wie auch immer, die besten Fehler sind bekanntlich diejenigen, die gar nicht erst gemacht werden. Ebenso bekannt ist, dass in der Regel – meist, keinesfalls immer – zwei Köpfe besser denken als einer. Jegliches Denken leitet sich in einer unerwarteten Situation aus den zuvor gemachten Erfahrungen ab. Denken zwei über das gleiche Problem nach, bringen sie unterschiedliche Erfahrungen ein.

Das Erlebnis der unbekannten Natur besteht aus einer Aneinanderreihung unerwarteter Situationen. Folglich sind die unterschiedlichen Erfahrungen auszuschöpfen. Das gelingt am besten im Team. Auch darum nutzt das Konzept des Wilderness Experience die Natur als Lernort. Die Herausforderung der Natur wirkt teambildend in zweierlei Hinsicht:

- Gemeinsam getroffene Entscheidungen sind meist tragfähiger, weil in sie die unterschiedlichen Erfahrungen einfließen.
- Nicht jede Handlung aus einer Entscheidung ist durch einen Einzelnen umzusetzen, die Realisierung des Entschlusses erfordert gemeinsames Handeln. Das muss nicht in jedem Fall so sein, aber meist wird rasch erkannt: Gemeinsam sind wir stark.

Gewiss, in der Theorie weiß das jeder. So etwas lernt man nicht erst mit dem kleinen Einmaleins des Managements. Das versuchen schon die freundlichen Tanten im Kindergarten ihren Schützlingen beizubringen. Und trotzdem wachen sie meist über eine Horde kerniger Egoisten. Dem Kindergarten entwachsen, bleibt immer noch genug auf das Ich bezogene Durchsetzungskraft, um immer und überall an die Spitze zu drängeln. Das muss nicht in jedem Fall falsch sein. Ein gebändigtes Maß an Egoismus ist sogar notwendig, wenn Entscheidungen getroffen und vor allem durchgesetzt werden sollen. Wer sich mit seinen Entscheidungen stets nur auf die Gruppe zurückzieht und deren Entschlüsse abwartet, der hat Angst davor, sich zu entscheiden.

Dennoch: Not lehrt beten und die Natur lehrt gemeinsames Handeln. Wer das nicht rechtzeitig begreift, dem geht es wie Herrn T.:

Ein Beispiel: **Fritz Vorneweg**

Herr T. hatte schon mal besser ausgesehen. Ganz entschieden sogar. Diese zwei strähnigen Algen in seinem Haar, die waren irgendwie nicht sein Stil. Und dass Herr T. mit einem unverkennbaren Anflug von Panik versuchte, einen Rucksack zu greifen, der ihm davonzuschwimmen drohte, das war auch nicht sein Stil. Panik passte nicht zu Herrn T. Er war doch sonst so außerordentlich selbstbewusst.

Eigentlich hätten wir Mitleid mit Herrn T. haben müssen. So wie er da schwamm, genau in der Mitte des Flusses. Wie er mit rudernden Bewegungen versuchte, ein paar armselige Hölzer zu halten, die sich in der Strömung auf und davon machen wollten. Zwischen den Hölzern schwammen ein paar Rucksäcke, von denen wir annahmen, dass sie im nächsten Augenblick auf den Grund des Flusses sinken würden. Seltsam, sie sanken nicht, sie schwammen tänzelnd weiter. Und je heftiger Herr T. nach ihnen haschte, desto heftiger tänzelten sie auf dem aufgewühlten Wasser.

Es war ein komischer Anblick. So einer, bei dem wir, die wir am Ufer standen und diesen Schiffbruch beobachteten, sonst vermutlich herzlich gelacht hätten. Wir lachten aber nicht, denn die sich auflösende Holzkonstruktion war einmal unser Floß gewesen. Und die Rücksäcke, das waren unsere Rucksäcke, unsere komplette Ausrüstung für dieses Wilderness-Experience-Training.

Lachen wäre auch wirklich unpassend gewesen. Mitleid und Sorge schon eher angebracht. Doch offen gestanden, ich empfand kein Mitleid. Und als ich in die Gesichter der neben mir stehenden Teilnehmer blickte, entdeckte ich dort auch keine Spur von Mitleid. Eher schon schien es mir in manchem Mundwinkel etwas zu zucken, aber das konnte auch eine Täuschung sein, weil mir selbst so zumute war. Ja, doch, ich gestehe es, so etwas wie Schadenfreude war da schon.

Diese ganz und gar ungehörige Reaktion hatte Herr T. verursacht. Nicht weil er in diesem Fluss schwamm, das war nur der Auslöser gewesen. Begonnen hatte das schon viel früher, bereits als wir uns auf den Weg ins Abenteuer Wildnis machten, als in der Gruppe wildfremder Teilnehmer das ablief, was man als den informellen Prozess der Teambildung bezeichnen könnte. Der passiert immer, wenn eine Gruppe von Fremden zusammenkommt und die Einzelnen je nach Temperament und Durchsetzungsvermögen ihre Grenzen abtasten, sich neue Hierarchien aufbauen. Herr T. erwies sich sehr schnell als ein Fritz Vorneweg, als einer dieser groß gewordenen Kindergartenegoisten. Er wusste alles und kannte alles, und wenn ein anderer auch etwas wusste oder kannte, dann wusste oder kannte Herr T. alles besser. Die Fritz Vornewegs, die sind so. Dabei war der Mann durchaus charmant, nur eben immer besser. Fachlich war er top, im Team ein Flop.

Und dann kam die Sache mit dem Fluss. Den sollten wir überqueren. Irgendwie. Unsere Trainer stellten die Aufgabe und sonst nichts. Wie wir das Thema bewältigen würden, das war unsere Sache. Möglicherweise hätten wir erst einmal ziemlich ratlos vor dieser Aufgabe gestanden. Aber genau weiß ich das nicht, denn als die Gruppe beginnen wollte, verschiedene Möglichkeiten in Erwägung zu ziehen, nahm Fritz Vorneweg die Angelegenheit ungefragt in die Hand und gab Anweisungen, wie ein Floß zu bauen sei. Nur ein Floß nach seinen Plänen, das macht er sehr schnell deutlich, könne uns an das andere Ufer bringen. Da gab's dann keine Diskussion mehr, sie wäre auch überflüssig gewesen, denn Herr T., siehe oben, wusste es ohnehin besser. Dabei hätte jeder Pfadfinder sehen können, dass Floßbau nicht zu den regelmäßigen Beschäftigungen von Herrn T. gehörte. Bereits die bemerkenswerte Art, Knoten zu schlagen, wies ihn nicht gerade als Fachmann aus. Es ehrte Herrn T. durchaus, dass er sich schließlich mit dem wackligen Gestell als Erster ins Wasser begab, frei nach dem Motto: »No risk, no fun«.

Na ja, wir konnten sämtliche Rucksäcke schließlich glücklich bergen, weil sie wider Erwarten nicht versanken. Dafür versank Herr T. innerhalb der Gruppe und es dauerte eine ganze Weile, bis er mit neu gestärktem Selbstbewusstsein wieder auftauchen konnte. Nach der Rolle des Fritz Vorneweg hat er sich während dieses Wilderness-Experience-Trainings allerdings niemals wieder gedrängt. Herr T. hatte gelernt.

Lernen ohne Dienstschluss

Herr T. hatte sogar eine ganze Menge gelernt, und das nachhaltig. Er hatte gelernt, dass

- die Konsequenzen von Fehlentscheidungen unmittelbar erfolgen,
- vorausschauendes Denken negative Konsequenzen vermeidet,
- vernetztes Denken mehr Aussicht auf Erfolg bietet,
- gegenseitige Hilfestellung innerhalb der Gruppe mehr Sicherheit bedeutet,
- Kommunikation die Basis für gegenseitigen Austausch bildet (sie kommt zunehmend abhanden. Obwohl die Möglichkeiten der technischen Kommunikation wachsen, vermindert sich die Fähigkeit zum unmittelbaren Austausch),
- Kooperation die Aussicht auf Erfolg erhöht.

Die Erfahrungen aus diesem Einzelbeispiel lassen sich auf das gesamte Konzept des Wilderness Experience übertragen. Im Lehrraum Natur gibt es keinen Dienstschluss oder Feierabend. Ein Wilderness-Experience-Seminar endet erst dann, wenn es abgeschlossen ist. Zuvor ist es rund um die Uhr wirksam. In der Natur gibt es keinen Ruheraum, in den man sich zurückziehen kann, wenn man von den Herausforderungen verschnaufen will, sie stellen sich immer und überall.

Erlebte Erfahrungen wirken länger nach. Sie verbinden sich mit Emotionen, die auf den Einzelnen einen prägenden Einfluss haben. In der Natur lernen bedeutet Selbsterfahrung. Das wäre um ihrer selbst willen allein schon ausreichend. Doch für ein Konzept wie Wilderness Experience kann das nicht genügen. Es bezieht seinen nachgewiesenen Wert aus der Fähigkeit, die in der Natur gemachten Erfahrungen auf die zivilisierten Techniken zu transferieren – damit sie angewandt werden können, wenn die Teilnehmer wieder zurück sind aus der Wildnis, die sie gelehrt hat, in unserem zivilisierten Alltag besser zu bestehen.

Erlebnispädagogik – Eine neue Wissenschaftsdisziplin zwischen Theorie und Praxis

Prof. Jörg W. Ziegenspeck

Einleitung

Dieser Beitrag wird mit einer ungewöhnlichen Einleitung eröffnet:

Am 11. September 2001 wurde eine imaginäre Schwelle endgültig überschritten: Nie zuvor wurde der Begriff »globale Verantwortung« so konkret und sichtbar wie seitdem und im Augenblick. Wenn es nicht gelingt, den Zielen unsere besondere Aufmerksamkeit zu schenken, die mit internationaler Verständigung, interkultureller Auseinandersetzung, Konflikt- und Friedensfähigkeit nur unvollkommen umschrieben sind, dann haben wir verloren und überlassen die Einteilung der Welt in »das Reich des Guten und des Bösen« denjenigen Mächten und Herrschenden, die es offensichtlich nicht schaffen, die richtigen Konsequenzen aus den falschen Entwicklungen zu ziehen.

Diese Vorbemerkungen werden absichtvoll unter moralischem und politischem Blickwinkel gemacht, denn die heutigen Pädagoginnen und Pädagogen lassen sich auf die gesellschaftspolitischen Geschehnisse ein, sind die »Volksvertreter« bei der Umsetzung dessen, was dem Einzelnen nützen soll und der Allgemeinheit nicht schaden darf. Nein, sie sind nicht mehr die »verfügbare« und »blinde« Legion, die den Weisungen ihrer Herren als »Knetmasse« zur Verfügung steht und in »uneingeschänkter Solidarität« – will heißen: blind – folgt. Pädagoginnen und Pädagogen sind inzwischen selbstbewusst, emanzipiert, klug und fühlen sich verantwortlich und berufen, ihre Ziele und Methoden selbst zu bestimmen; sie sind primär der Humanität verpflichtet, die keine weltanschaulichen, nationalen, kulturellen und religiösen Grenzen kennt, und wenn sie dann erkennbar sind, werden sie sie achten.

Mit anderen Worten: Die Philosophie gibt Pädagoginnen und Pädagogen mehr denn jede Politik Wegweisungen für ihr bewusstes erzieherisches Handeln, für ihr soziales Engagement und für die Ausformung professioneller Qualitäten. Wie heißt es doch bei Immanuel Kant, dem großen Denker des Idealismus, wenn er den Zusammenhang von Selbst- und Welterkenntnis, das Empfinden für die Gründe und Abgründe der Person und für die Unergründlichkeit des Kosmos beschreibt:

»Zwei Dinge erfüllen das Gemüt mit immer neuer und zunehmender Bewunderung und Ehrfurcht, je öfter und anhaltender sich das Nachdenken damit beschäftigt: der bestirnte Himmel über und das moralische Gesetz in mir.«

Ziele

Nach diesen prinzipiellen Vorbemerkungen will ich nun dazu beitragen, die Basis der gemeinsamen Diskussion zu stabilisieren:

Die Erlebnispädagogik versteht sich als Alternative und Ergänzung tradierter und etablierter Erziehungs- und Bildungseinrichtungen. Sie ist in der Reformpädagogik verwurzelt, geriet nach dem Zweiten Weltkrieg fast völlig in Vergessenheit und gewinnt in dem Maße neuerlich an Bedeutung, je mehr sich Schul- und Sozialpädagogik kreativen Problemlösungsstrategien verschließen. Als Alternative sucht die Erlebnispädagogik neue Wege außerhalb bestehender Institutionen, als Ergänzung wird das Bemühen erkennbar, neue Ansätze innerhalb alter Strukturzusammenhänge zu finden.

Hört man in unseren Tagen das Wort »Erlebnispädagogik«, so kann davon ausgegangen werden, dass primär natursportlich orientierte Unternehmungen – zu Wasser oder zu Lande, auch in der Luft – gemeint sind. Diese einseitige Ausrichtung auf Outdooraktivitäten (Outdoorpädagogik) ist derzeit Fakt, muss aber in Zukunft zugunsten von Indooraktivitäten (Indoorpädagogik) abgebaut werden, denn gerade auch in künstlerischen, musischen, kulturellen und auch technischen Bereichen gibt es vielfältige erlebnispädagogische Entwicklungs- und Gestaltungsmöglichkeiten.

Unter Berücksichtigung des aktuellen und vorwiegend natursportlich orientierten und akzentuierten Diskussionsstands kann gegenwärtig Folgendes gesagt werden:

Erlebnispädagogische Programme – orientiert man sich an den vielfältigen vorfindbaren Angeboten – beziehen die natürliche Umwelt mit ein und verfolgen damit meist zugleich einen ökologischen Bildungsanspruch.

Dabei scheinen terminologische Abgrenzungen notwendig zu sein:

- Erlebnispädagogik ist weder Überlebenstraining (»survival«) noch Rangerausbildung und hat auch nichts mit dem verhängnisvollen Slogan »Gelobt sei, was hart macht!« zu tun. Erlebnispädagogik ist Erziehung: Die jugend- und sozialerzieherische Potenz muss bei allen Vorhaben und unter allen Umständen definiert sein und sichtbar bleiben, also die jeweilige Praxis begründbar und transparent machen.
- Auch der Begriff »Abenteuerpädagogik« ist kein erzieherisch sinnvoller Terminus, denn das Abenteuer ist nicht planbar; wirkliche Abenteuer treten überraschend auf, sind meist unvorhersehbar und risikoreich. Daraus folgt: Wer mit dem Abenteuer pädagogisch jongliert, wird möglicherweise erst dann merken, dass es ein gefährlicher »Hochseilakt« war, auf den er sich einließ, wenn es zu spät ist.

Gleichwohl tragen erlebnispädagogische Outdoorprogramme immer auch ein gewisses Restrisiko in sich, das allerdings nach bestem Wissen und Gewissen kontrolliert und eingegrenzt werden muss.

Wurzeln

Die Erlebnispädagogik stellt sich gegenwärtig aspektreich und differenziert dar; vom zaghaften (Neu-)Anfang vor über 20 Jahren bis heute ist ein quantitativer und qualitativer Fortschritt der weitgehend praxisorientierten bundesrepublikanischen Diskussion festzustellen.

Die Wurzeln der Erlebnispädagogik liegen bei Wilhelm Dilthey (1833–1911) und seiner Begründung einer geisteswissenschaftlichen Psychologie, in der das Erleben der eigenen Zustände und das Verstehen des in der Außenwelt objektivierten Geistes als die beiden Möglichkeiten des Menschseins verstanden wurden, die Wirklichkeit zu erfassen.

Erleben ist das subjektive Innewerden von Vorgängen, die als bedeutsam empfunden werden. Die Erfahrung stellt dann die Summe von Erlebnisanteilen dar, Erfahrung ist das durch eigenes Erleben und eigene Anschauung erworbene Wissen. Und aus Erfahrungen erwachsen schließlich Erkenntnisse, aus diesen können möglicherweise Einsichten resultieren, die als die höchste Stufe menschlicher Weisheit zu bezeichnen sind. Erlebnis, Erfahrung, Erkenntnis und Einsichten sind also wichtige Begriffe in der und für die Erlebnispädagogik.

Die Erlebnispädagogik hatte um 1930 in Deutschland ihren (ersten) Höhepunkt. Sie wurde in der Reformpädagogik zu einem wichtigen Pfeiler des Unterrichtsverständnisses. In der Dissertation von Waltraut Neubert (1930), einer akademischen Schülerin von Herman Nohl (Universität Göttingen), dürfte das transparent werden. Das Erlebnis wurde dabei als ein »methodischer Grundbegriff der modernen Pädagogik« neben dem der Arbeit verstanden, wobei die Schule als »Erlebnisfeld des Kindes« galt.

Die Erlebnispädagogik geriet nur wenige Jahre später in den braunen Sog schlimmer pädagogischer Verirrungen und politischer Manipulationen (1933–1945). Aufgrund der Vereinnahmung durch die Organe der NSDAP (zum Beispiel Hitlerjugend und Bund Deutscher Mädel, Kraft durch Freude) und der Nutzbarmachung wichtiger erzieherischer Elemente (zum Beispiel Feste und Feiern, Fahrten und Lager) für parteipolitische Ziele, wurde die Erlebnispädagoigik ihres ursprünglichen, geisteswissenschaftlich fundierten Sinns beraubt.

Nach dem Zweiten Weltkrieg versuchte man dann in der Bundesrepublik Deutschland lückenlos dort anzuknüpfen, wo das Dritte Reich mit seiner Gewalt- und Schreckensherrschaft die Kontinuität von Entwicklungen unterbrochen hatte. Bildungspolitisch geschah das allerdings »mit halbem Herzen«, war die Gruppe der politisch Belasteten doch – zumindest in Westdeutschland – unter den Erziehern und Lehrern besonders groß. Von einer »pädagogischen Aufbruchstimmung« konnte deswegen nicht die Rede sein, zumal es zunächst auch um den Wiederaufbau des zerstörten Deutschland ging, also andere Probleme vorrangig zu lösen waren. Die ökonomischen Erfolge waren dann auch kein Anlass, an der »Güte« des tradierten Bildungssystems zu zweifeln.

Mit dem Wiederaufbau der Wirtschaft und der staatlichen Konstituierung der Bundesrepublik Deutschland, insbesondere aber unter dem Eindruck der machtpolitischen Blockbildung in Europa und der Welt, ging es mehr und mehr um den »Wettlauf der Systeme«, dem sich das Bildungs- und Ausbildungswesen zuzuordnen hatte. Der so genannte »Sputnikschock« führte zu kurrikularen Anstrengungen, bei denen die Optimierung von kognitiven Lernleistungen als zentrales Ziel galt. Die Ganzheitlichkeit eines abendländischen Bildungsdenkens blieb dabei weitgehend auf der Strecke; im kritischen Rückblick spricht man vom »ver-kopften« Denken und vom »ver-schulten« Lernen als Folge solcher bildungspolitischen Vorgaben und Leitlinien.

Erst in der jüngeren Zeit bahnen sich neue (ökologische) Erkenntnisse ihren Weg durch alte Denk-, Bewusstseins- und Handlungsmuster. Damit brechen alte politische Strukturen auf – im Osten und im Westen. Menschsein und Menschwerden erhalten einen differenzierten neuen Begründungsrahmen; äußere und innere Grenzen und Barrieren können – so die Hoffnung – abgebaut werden.

In der Folge wird über vieles neu nachgedacht, auch über Erziehung und Bildung.

Neue Aufgaben

Wer von alten Bildern Abschied nimmt (oder nehmen muss), gewinnt einen neuen Blickwinkel für gesellschaftpolitische Notwendigkeiten.

War der aus heutiger Sicht zu kennzeichnende erste Höhepunkt in der Geschichte der Erlebnispädagogik konzentriert auf den Raum der Schule, so steuert die Erlebnispädagogik gegenwärtig ihrem zweiten Höhepunkt auf der Skala erzieherischer Wertschätzung entgegen. Auffällig ist dabei aber, dass nun eher außerschulische Wirkungsfelder entdeckt werden, der Erlebnispädagogik also eine sozialtherapeutische Aufgabe zuwächst (vielleicht erfährt so der von Kurt Hahn geprägte Begriff »Erlebnistherapie« pädagogisch seine neue Bewertung und wird von der Psychologie in entsprechende Behandlungskonzepte integriert und [sozial-]therapeutisch genutzt).

Dieser Prozess erhält durch die bildungspolitischen Folgen der Neuvereinigung Deutschlands eine wesentliche Beschleunigung und eine deutliche Vertiefung: Einerseits wird nach neuen Wegen öffentlicher Jugendhilfe gesucht, weil die Erziehungsprobleme unter den veränderten sozialpolitischen Verhältnissen expandieren und kaum noch angemessen bewältigt werden können (zum Beispiel Jugendarbeitslosigkeit, Alkohol- und Drogenproblematik, familiäre Leere durch »broken home«-Situationen, soziale Vereinzelung und Vereinsamung als Massenphänomene), andererseits gelingt es immer weniger, positive Leitbilder zu vermitteln, weil ein solides und gewachsenes Normen- und Wertegefüge nicht mehr auszumachen ist. So bietet beispielsweise die Politik immer mehr Anlass zur so genannten Politikverdrossenheit, weil durch Korruption, Machtmissbrauch und öffentliche Lügen handelnder Personen ständig Negativmodelle entwickelt werden und bei jungen Menschen nicht ohne eine entsprechende Wirkung bleiben. Ein erziehungswirksamer »Teufelskreis« mit Langzeitwirkung und kritischen Beschleunigungstendenzen tut sich hier auf, ohne dass sichtbar und wirkungsvoll gegengesteuert wird. Der zunehmende Rechtsextremismus und die steigende Kriminalität sind nur die Spitze des Eisbergs, die hier unterschwellig Wachsendes und Beängstigendes sichtbar werden lässt. Der Sozialstaat wird als »erschöpft« charakterisiert, neue Wege zur sozialen Gerechtigkeit werden kaum sichtbar. Eine schlimme Situation in einer Welt, in der Deutschland zählt, in Europa, in dem auf dieses Land gebaut wird, das zu den führenden Industrienationen gehört und also in der Lage sein müsste, die eigenen Probleme beispielhaft zu regeln, um damit Auswege auch für andere Nationen beispielhaft zu zeigen.

Begreifen

Je nach den spezifischen Programmen (zum Beispiel natursportlich, künstlerisch-kulturell, technisch akzentuiert), je nach der Klientel und den individuellen Problemlagen der Teilnehmer (zum Beispiel Schüler, Auszubildende, Jugendliche aus sozialen Brennpunkten der Gesellschaft), je nach dem zeitlichen Rahmen (Kurzzeit- oder Langzeitmaßnahmen) und der Anforderungsstruktur (physisch, emotional, sozial und/oder kognitiv; Vor-Erfahrungen und/oder -Kenntnisse; Anspruchsniveau) wird eine unverwechselbare Methodenauswahl zu treffen und pädagogisch zu begründen sein. Denn mit Methoden sollen alle Fragen, die mit dem »Wie« bei der praktischen Umsetzung von Maßnahmen und Programmen zusammenhängen, personen-, ziel- und konzeptorientiert und damit erzieherisch schlüssig beantwortet werden.

Sozialpädagogisch bedeutsam dürfte auch die Unterscheidung zwischen erlebnispädagogischen Maßnahmen mit dem Ziel der Prävention oder der

Wo ist der Weg? – Gemeinsam auf Erfolgskurs

Teamleistung schafft Vorsprung – Floßbau in Malaysia

Innovationen durch Fremdheitserfahrungen in der Wüste (Alashan Gobi)

Auf den Spuren von Sven Hedin – Kamelknochen

Der Weg ist das Ziel – Konfrontation mit der Natur

Nachsorge im devianzpädagogischen Bereich* sein, wobei hier insbesondere auch auf die Heimerziehung hingewiesen werden kann, wo bereits vielfältige Erfahrungen gesammelt werden konnten (zum Beispiel Reisepädagogik, Projekte im Ausland, sozialtherapeutische Segeltörns, Einzelbetreuung).

Folgendes mag zum Weiterdenken anregen:

Im Gegensatz zu Theorie bildenden Lernsituationen dominieren bei erlebnispädagogisch akzentuierten Programmen nämlich Vermittlungsstrategien, bei denen es um Fertigkeiten und Kenntnisse geht, die vorrangig praktisch erfahrbar gemacht werden. Wer etwas »behandelt«, wer sich mit etwas »befasst«, wer etwas »begreifen« will, der muss dazu auch Chancen erhalten – im wahrsten Sinne des Wortes. Wann werden wir endlich erfassen, dass der »Nürnberger Trichter«, der nach wie vor hohen Stellenwert besitzt, das falsche Instrument ist, unser Verhalten zukunftsorientiert zu verändern?

Eine fröhliche Wissenschaft

Diesen grundsätzlichen Anmerkungen sollen einige weitere folgen, wobei es sich eher um »Streiflichter« handelt, weil das Feld inzwischen – national und international – recht gut beackert wurde und nur gewisse »Ausschnitte« sichtbar gemacht werden können.

1. Die Erlebnispädagogik ist eine »fröhliche Wissenschaft«. Man sollte sich ihr vorurteilsfrei, unverkrampft und neugierig nähern, fast kindlich naiv. Tut man das nicht, steht diese junge Wissenschaft in der Gefahr, traditionell vereinnahmt und konservativ verortet zu werden. Erlebnispädagogik ist eine Wissenschaft, die ihre Kraft aus der Tatsache schöpft, dass die traditionelle Pädagogik offensichtlich immer weniger Einsichten zeigt und Konzepte entwickelt, auf die erzieherischen Herausforderungen unserer Zeit angemessen zu reagieren.
   Als »fröhliche Wissenschaft« ist diese Art erzieherischer Reaktion unschlagbar. Die Erlebnispädagogik ist eine »Lustbarkeit nach langer Entbehrung und Ohnmacht« (Friedrich Nietzsche); sie ist das »Frohlocken der wiederkehrenden Kraft, des neu erwachenden Glaubens an das Morgen und Übermorgen«.

* Devianzpädagogisch: Abweichen von der »Norm«.

Erlebnispädagogik ist primär der jungen Generation vorbehalten und gewidmet, ist ein »Aufbruch ins Offene« (Ulf Händel). Erlebnispädagogik ist ein Privileg der Mutigen, die etwas wagen wollen.
Es ist die Aufgabe der Erlebnispädagogik, dem Leben das Geheimnis, das in der Moderne entschwunden ist, zurückzugeben.

2. Dazu ist es erforderlich, Kenntnisse und Fähigkeiten neu zu entdecken, zu entwickeln und zu entfalten. Zu den Schlüsselbegriffen zählen Eigenschaften, die Sinn machen und Sinn stiften:

   Sensibilität, Aufmerksamkeit, Sorgsamkeit, Wachsamkeit, Konzentration auf das Wesentliche.

   Es gehören weiter dazu:
   Einfühlungsvermögen, Mitleid, Hilfsbereitschaft, Mut und Stärke.

   Wer sich sozial nicht einlässt, wer sich nicht beteiligt an der Analyse und Lösung anstehender Probleme, wird nie erahnen, was es mit diesen »Schlüsselbegriffen« auf sich hat und was Erlebnispädagogik beinhaltet.
   Erlebnispädagogik lebt vom Hin-, nicht vom Weggucken.

3. Die Erlebnispädagogik ist die einzige wissenschaftliche Disziplin in der Pädagogik, die Inhalt meint und es nicht bei der Ortsbestimmung belässt. Sie greift einen Kernbegriff menschlicher Entwicklung auf und belässt es nicht bei der Beschreibung des allgemeinen Rahmens pädagogischer Wirksamkeit wie zum Beispiel bei Schul-, Museums-, Musik-, Sport-, Kindergartenpädagogik.
   Erlebnispädagogik ist mehr als eine Methode; auch hier sprengt sie den Rahmen traditioneller Kategorisierungen: zum Beispiel systematische, hermeneutische, vergleichende Pädagogik.

4. Dem Erlebnis wird also primär und sehr bewusst zentrale Aufmerksamkeit geschenkt. Pädagogisches Denken und Handeln beginnt also nicht erst dann, wenn sich der Mensch seine Lernfähigkeit unter Beweis gestellt hat, wenn er bewusst auf Reize reagiert und beginnt, sein Verhalten anforderungsadäquat zu steuern.

Noch ehe der Mensch also Bewusstsein von sich und der Welt erlangt, hat er tausendfache Erlebnisse gemacht, die für seine Persönlichkeitsentfaltung – wie wir aus der Psychologie wissen – von ungeheurer Bedeutung sind. Vor dem Denken, dem Erfahren und Erkennen rangiert an erster Stelle das Erleben!

Daraus resultieren einige wichtige Aspekte:

a) Das Erlebnis ist der kleinste (unfassbare) Baustein der Persönlichkeit. Auf vielen Erlebnissen basiert die Entwicklung des Menschen.
b) Das Erlebnis ist und bleibt privater und intimer Besitz. Erlebnisse lassen sich nicht beziehungsweise nur schwer verallgemeinern.
c) Wir können nicht mit und durch Erlebnisse erziehen, wir können nur Strategien entwickeln, die zu der Hoffnung berechtigen, dass am Ende persönlicher Gewinn durch selbst gemachte Erlebnisse steht.

5. Erlebnispädagogik ist mehr Philosophie der Erziehung als konkrete Handlungsanweisung für adäquate Erziehung.
Philosophie ist Vision; ihre Hauptaufgabe besteht darin, den menschlichen Geist von Vorurteilen und Voreingenommenheiten zu befreien. Philosophie will vorurteilsfreie Klärung und ist damit der Feind jeder Ideologie.
Das Erlebnis hat mit Besinnung zu tun, nicht mit Berechnung.
Wir müssen das Erlebnis immer wieder als Ereignis sehen, in dem jeder etwas Eigenes findet, das durch den Einzelnen einmalig ist. Das Erlebnis ist keine vermarktbare Sensation, keine bloße »Turnübung«.

6. Erlebnispädagogik als Lebensphilosophie ist ein tätiges Aufgehen in der Schönheit der Welt. Als sinnendes Betrachten unserer menschlichen Existenz stellt sie eine Alternative und einen Ausgleich dar zum rechnenden Denken der zivilisatorisch und technizistisch durchstrukturierten Lebensvollzüge, wohl wissend, dass ihre Handlungsorientiertheit als ein notwendiger Kompromiss zu einer fruchtbaren Synthese von beiden führen muss: Natürliche und künstliche Welt müssen durch den Menschen, der sie nutzt, versöhnt werden. Die Balance zwischen Aktion und Kontemplation beruht auf Gelassenheit. Die Gelassenheit verhindert einen irrationalen Aktionismus der handlungsorientierten Erlebnispädagogik.

7. Erlebnispädagogik ist »Aufbruch ins Offene«:
Wir brechen auf, wohl wissend, dass wir scheitern werden, dass unser Schiff Schiffbruch erleiden wird. Wollen wir dieses »Sein zum Tode« dennoch mit Sinn erfüllen, bleibt nur eines: das Leben als ästhetisches Gesamtkunstwerk zu betrachten mit dem Tod als Vollendung und der Liebe, der Schönheit und dem Glück als erfüllende Lebensinhalte. Erlebnispädagogik meint unsere Existenz und ihre Erfüllung, sie weist gleichzeitig über die uns bemessene Lebenszeit weit hinaus. Erlebnispädagogik steht zu einer generationsübergreifenden Verantwortung, zu der Politiker offenbar nicht fähig sind.
Ulf Händel nannte das so: »Aufbruch ist praktizierter Optimismus!«
Der Tod ist nichts, er berührt – nach der Zen-Lehre – nicht das Erlebnis.

8. Erlebnispädagogik will
   - anreichern, wo der pädagogische Humus ausgelaugt erscheint;
   - ergänzen, wo Defizite unübersehbar sind;
   - helfen, wo die eigenen Kräfte erlahmen;
   - auffangen und abfedern, wo »das Kind in den Brunnen« zu fallen droht oder gar schon Verletzungen davontrug;
   - versuchen, Antworten zu geben, wo Fragen gestellt und Probleme offenbar werden, die mit tradierten Denk- und Handlungsschemata nicht mehr befriedigend gelöst werden können;
   - also bei dem Versuch mitwirken, Vorurteile abzubauen, Grenzen zu überwinden und Lösungen zu finden.

9. Dem ganzheitlichen Ansatz muss bei erlebnispädagogisch definierten beziehungsweise begleiteten Maßnahmen und Programmen besondere Aufmerksamkeit geschenkt werden (siehe Kurzzusammenfassung im Programm):
»Herz, Hand und Verstand« gehören zusammen und machen die Ganzheitlichkeit menschlichen Lebens und sozialer Bezüge aus, wobei das »Herz« für Leben und Lieben, die »Hand« für Tun und Leisten, der »Verstand« für Lernen, Verstehen, Erkennen, Lenken und Leiten stehen; nur im Verbund von »Herz, Hand und Verstand« kann der Welt Sinn, dem einzelnen Menschen Bewusstsein gegeben werden und allen wird der Weg zu Freiheit, Mündigkeit und Emanzipation geebnet.

Unmittelbares Lernen mit Herz, Hand und Verstand in ernsten Situationen und mit kreativen Problemlösungsansätzen und sozialem Aufforderungscharakter bilden den Anspruchsrahmen erzieherisch definierter, verantwortbarer und auf eine praktische Umsetzung ausgerichteter Überlegungen, die auf individuelle und gruppenbezogene Veränderungen von Haltungen und Wertmaßstäben ausgerichtet sind und durch sie veranlasst und begründet werden.

10. Wo liegt die Bedeutsamkeit der Erlebnispädagogik?
Bedeutsam wurde die Erlebnispädagogik in jüngerer Zeit insbesondere auch deshalb,
- weil sich Erziehungskonzepte grundlegend gewandelt haben: weg von Konzepten der unreflektierten Machtausübung, der Stärke, Strenge und Härte ihrer Repräsentanten hin zu neuen Formen, deren professionelle Konsequenzen sich eher vom jeweiligen Grad der Akzeptanz, des Verstehens, des Vertrauens und des individuellen Aushandelns von differenzierten Regeln zwischen Erzieher und Zögling ableiten lassen. Ziel ist es gegenwärtig also, eine Lebensweltorientierung zu ermöglichen, die als Basis für subjektive Selbstverwirklichung und individuelle Zufriedenheit gleichermaßen dienen kann.
- weil sich tradierte Erziehungsformen zunehmend als hilflos gegenüber den aktuellen Herausforderungen der Zeit erwiesen und die Sozialpädagogik vor bestimmten Zielgruppen regelrecht kapitulierte (zum Beispiel vor sozial ausgegrenzten, degradierten, dauerhaft benachteiligten, insbesondere risiko- und gewaltbereiten Jugendlichen),
- weil – trotz aller »Segnungen der Zivilisation« grundlegende und natürliche Bedürfnisse des Menschen nicht (mehr) gestillt werden. Erlebnisse »aus zweiter Hand« bestimmen die Angebotspalette und machen die primären Defizite nur umso deutlicher.

11. »Wo viel Licht ist, ist auch viel Schatten«, so lautet ein deutsches Sprichwort. Davon ist auch die Erlebnispädagogik betroffen.
Die breit gefächerte, praktisch und theoretisch legitimierte Berichterstattung über gelungene und erfolgreiche erlebnispädagogische Maßnahmen überwiegt eindeutig! Dennoch gibt es durchaus Probleme: Die-

se reichen von terminologischen Ungeheuerlichkeiten (so zum Beispiel wenn – in Analogie zum »finalen Rettungsschuss« der Polizei bei der Terrorismusbekämpfung – vom »finalen Rettungskonzept« der Erlebnispädagogik für die »Schwierigsten der Schwierigen« im Sinne eines Ersatzes für die überkommene »geschlossene Unterbringung« gesprochen wird) bis hin zu konzeptionell höchst fragwürdigen, zudem primär gewinnorientierten Auslandsprojekten, die sich fachlicher Überprüfung zu entziehen wissen, wie sie in jüngster Zeit immer wieder durch die Medien vorgeführt wurden. Solche einseitigen erlebnispädagogischen Absichten erhöhen die ohnehin bestehenden Vorurteile und stigmatisierenden Einengungen der öffentlichen Wahrnehmung. Die Erlebnispädagogik ist nicht zu isolieren als eine zentral bedeutsame Erziehungsmaßnahme für primär nach außen agierende Jugendliche, die die öffentliche Ordnung massiv stören und bedrohen und die man früher in geschlossenen Einrichtungen untergebracht und damit gesellschaftlich ausgegrenzt hätte. Nur zu leicht wird durch diese Vereinseitigung beziehungsweise Verengung des Blickwinkels die ursprüngliche Intention verdeckt, die der Erlebnispädagogik ihren entscheidenden Auftrieb verschaffte: Es geht um einen ganzheitlichen beziehungs- und fähigkeitsorientierten Begründungs- und Handlungsansatz, der auf die Bedürfnisse des Einzelfalls bezogen ist und die Möglichkeiten des Gemeinwesens auszuschöpfen versucht.

Es geht um die Erweiterung von Lern- und Erfahrungsräumen für jene, die durch besondere Aufmerksamkeit und Zuwendung von sensiblen Erziehern die entscheidende Hilfe zur eigenen Persönlichkeitsstabilisierung erhalten.

Es geht um Erprobung und Gewinn von neuen Haltungen und Verhaltensweisen, die soziale Integration unter veränderten Vorzeichen ermöglichen.

Wenn also dem »Erlebnis« besondere Bedeutung im erzieherischen Kontinuum aller auszuschöpfenden Möglichkeiten von Bildung und Ausbildung in unserer Gesellschaft beigemessen wird, dann geht es primär um die Befriedigung vitaler Interessen von Kindern und Jugendlichen:

- um die Fähigkeit, sich selbst zu spüren und gleichzeitig auch ein Gespür für andere zu entwickeln,

- um die Erfahrung, ernst genommen zu werden und damit das soziale Umfeld ernst zu nehmen,
- schließlich um die Einsicht, dass sich das Leben lohnt – individuell und sozial –, womit die eigene Wirksamkeit und Einwirkungsmöglichkeit als positive Kraft erlebt und erprobt werden kann und soll.

12. Erlebnispädagogik ist eine junge Wissenschaftsdisziplin, die die persönliche Stellungnahme – quasi als Resonanzboden – benötigt:
    Ich muss wissen,
    - wer ich bin,
    - was ich will und
    - wie ich es erreichen möchte.

    Und ich muss innerlich für mich klären, wie ich mit Erfolgen und Misserfolgen umgehen werde.
    Dies ist also ein Weg vom Ich zum Du, der da skizziert wird. Wer in der Erlebnispädagogik Verantwortung übernehmen und tragen will, sollte diesen Weg sehr ernst nehmen!

Hoffnung

Möge dieser individuelle Klärungsprozess, dem in diesem Beitrag Stimme gegeben wird, durch das, was in diesem Sammelband aus unterschiedlicher Perspektive zusammengetragen wurde, für die Leserinnen und Leser ingang gesetzt oder fortgesetzt werden. Gerade aber der jungen Generation, die in Zukunft die Last der Verantwortung in der Gesellschaft tragen wird, gilt dieses Plädoyer: Die Jugend ist in jedem Land und auf der ganzen Welt Hoffnungsträger. Nie sollte sie sich täuschen lassen, dann wird sie auch die ältere Generation nicht enttäuschen. Mit beidem ist das Leben zu meistern: mit Ernsthaftigkeit und mit Leichtigkeit gleichermaßen. Die Erlebnispädagogik erfährt erst durch sie ihre volle Entfaltung.

Selbstorganisation und Selbstmanagement

Prof. Dr. Ingelore Welpe

Ein Wilderness-Experience-Training beginnt für die Teilnehmer mit der Überraschung, dass weder Trainer noch der Seminardienstleister den üblichen Service bei der Vorbereitung und der Durchführung des Trainings liefern. Das ist ein besonderes Merkmal des Wilderness-Experience-Konzepts. Stattdessen verlangt das Training von den Teilnehmern von Anfang an die persönliche Auseinandersetzung mit den Zielen und dem Erfolg des Trainings. Mit dieser ungewöhnlichen Forderung wird eine wesentliche Botschaft der Trainer an die Teilnehmer gegeben. Wer lernen und sich verändern will, kann das nur selbst bewirken. Trainer sind nach dem Wilderness-Experience-Konzept Anstifter für die Selbstlernprozesse der Teilnehmer. Was ist selbst zu machen? Jeder Teilnehmer muss sich auf das Training ganz persönlich vorbereiten. Jeder muss sich körperlich fit machen für die Übernachtungen, das Trekking, das Leben in der Natur. Jeder hat sich mental auseinander zu setzen mit den Anforderungen, das Lernen und Leiden in der Gruppe, die über viele Tage 24 Stunden zusammen ist. Jeder wird sich psychisch beschäftigen mit seinen Selbstzweifeln über die eigene Leistungsfähigkeit, wie man wohl im Vergleich zu den anderen abschneiden wird und eigene Zielsetzungen definieren! Selbst machen, das wird entscheidend sein.

Nach dieser Erkenntnis der Teilnehmer, dass das Prinzip Selbstmanagement und Selbstorganisation im Wilderness-Experience-Training tatsächlich ernst gemeint ist, beginnen die Teilnehmer unaufgefordert – so zeigen es die Beobachtungen mit den operativen Vorkehrungen. Die Auswahl der Ausrüstung und Bekleidung gehört dazu. Das Erlernen von vermeintlich erforderlichen Kompetenzen wie Kartelesen und Kompassführung beginnt selbstinitiiert. Konditionstrainings werden begonnen, man setzt sich mit Ernährungsfragen unter Stress auseinander, frischt seine Kenntnisse über Pflanzen, Tiere und Wetter auf. Selbstorganisiert beginnen Informationsaustausch, Kommunikation und Koordination in der Teilnehmergruppe. Noch vor Beginn des Trainings ist das Selbstmanagement als Lernprinzip akzeptiert und ohne pädagogisches Bemühen der Trainer entstanden.

Das Wilderness-Experience-Training lebt aus der Idee der Selbstorganisation des Menschen und hat damit ein Prinzip, das sich in der Zukunft der Unternehmen und in der Entwicklung seines Humankapitals als Erfolgsfaktor erweisen wird.

Das Prinzip der Selbstorganisation und des daraus abgeleiteten praktischen Selbstmanagements wird erfahren, erlebt, reflektiert und begriffen als wesentliche Erkenntnis für die eigene Lebensführung und die Führung im Unternehmen.

Man kann die Theorie der Selbstorganisation mit einigem Recht als dritte große wissenschaftliche Revolution dieses Jahrhunderts nach der Formulierung der Relativitätstheorie und der Quantentheorie bezeichnen; man kann sie aber auch als einzige theoretische Großinnovation seit der »kopernikanischen Wende« ansehen ...

Die Organisation im Umbruch

Als in den 80er-Jahren des vergangenen Jahrhunderts die Unwirtschaftlichkeit vieler Unternehmen offenkundig wurde, entdeckten sie die Ideen des Profitzentrums und der Hierarchieverflachung und taten damit die ersten Schritte zum Unternehmen der Zukunft, dessen wesentliche Eigenschaft Organisations- und Verhaltensflexibilität ist.

Unter dem Würgegriff der Unwirtschaftlichkeit haben sich bis heute Hunderte von Firmen in profitorientierte Einheiten und Dienstleister aufgespalten, die sich

- selbst organisieren,
- selbst steuern,
- selbst erhalten und
- legitimieren
- und die Leistungsfähigkeit der Mitarbeiter herausfordern sollen.

Selbstorganisation im Unternehmen ermöglicht innovative und aktivierende Vorgänge, die eine Neugestaltung bewirken.

Hier entstehen nun viele Fragen im Unternehmen:

1. Was ist Selbstorganisation?
2. Anwendungsbereiche der Selbstorganisation
3. Wie gelingt es den Mitarbeitern, sich im Denken und Handeln selbst zu organisieren?
4. Wo fängt das persönliche Selbstmanagement an?
5. Was bedeuten Zeitwahrnehmung und Zukunftswahrnehmung für die Selbstorganisation?

1. Was ist Selbstorganisation?

»Selbstorganisation beschreibt den Funktionsmechanismus der Entwicklung. Es geht um das grundlegende Steuerungsprinzip, das hinter den Prozessen des ›Konstruierens‹ und ›Lernens‹ steht.«

Selbstorganisation ist ein Denkmodell, das eine Unternehmung als lebendigen Organismus betrachtet und damit eine »neue Theorie der Firma« ermöglicht, die mehr Licht in die »Black-Box-Unternehmen« bringt. Für das Management einer Organisation ist es eine zentrale Frage, wie Ordnung im Unternehmen entsteht, sich aufrechterhält und entwickelt. Von den gesetzten Ordnungen im Unternehmen weichen in aller Regel die Mitarbeiter mehr oder weniger ab und verhalten sich stattdesssen selbstorganisiert. Derartige selbstorganisierenden Prozesse sind immer wiederkehrend. Sie treten dann auf, wenn ein Unternehmen in eine offene Zukunft treibt. Eine offene Zukunft hat einen außerordentlich hohen Komplexitätsgrad. Das ist der Grund, weshalb alte Strukturen und Ordnungen versagen und stattdessen spontane Selbstorganisation entsteht. Die Selbstorganisation wird sich als Konzept mehr und mehr mit Ausnahmen derjenigen betriebswirtschaftlichen Bereiche, in denen Planung, Kostenrechnung oder Fertigungstechnologien definierbare Anforderungen haben, in der Managementpraxis durchsetzen. Ein Anwendungsschwerpunkt wird die Entwicklung von Intrapreneurship sein. Das Management wird mit den Möglichkeiten der Selbstorganisation Wege eröffnen, um individuelles und kollektives Innovationspotenzial zu finden, um unternehmerisches Verhalten als ökonomisches Ergebnis zu realisieren und zu materialisieren.

Wird das Konzept der Selbstorganisation auf konkrete Unternehmen angewandt, so müssen folgende Annahmen über das Unternehmen getroffen werden:

- Das Unternehmen ist offen. Es tauscht sich mit seiner Umwelt aus, zum Beispiel hinsichtlich Informationen, Materialien und Produkten.
- Das Unternehmen ist interdependent. Es bestehen kommunikative und rückgekoppelte Wechselwirkungen zwischen raumzeitlich verbundenen Teilen des Unternehmens.
- Das Unternehmen ist instabil. Es besteht Ungleichgewicht bezüglich wesentlicher Parameter, zum Beispiel für Ziele, Interessen und Informationen.
- Im Unternehmen gibt es Redundanz. Fähigkeiten, Informationen und Kompetenzen sind mehrfach vorhanden und über das ganze Unternehmen verteilt.
- Das Unternehmen ist selbstreferenziell. Jede Aktivität hat Auswirkungen auf das Unternehmen. Alle Aktivitäten wirken aufeinander.

2. Anwendungsbereiche der Selbstorganisation

Das Konzept Selbstorganisation wird inzwischen für sehr verschiedene Fragestellungen in Unternehmen angewandt. Über den anfänglichen An-

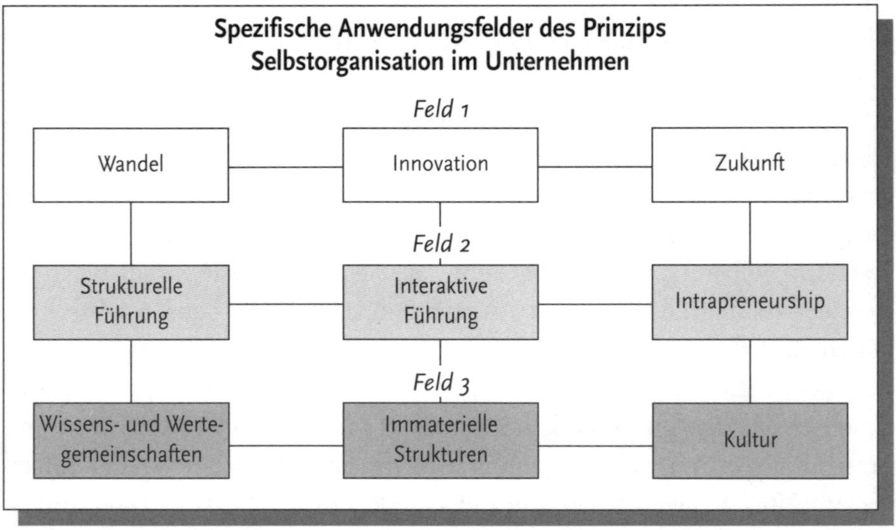

Abbildung 1: Spezifische Anwendungsbereiche des Prinzips Selbstorganisation im Unternehmen

wendungsbereich der Kleingruppenforschung hinaus wird es heute ganzheitlich für Lernprozesse und damit richtig auf das ganze komplexe System Unternehmen angewandt. Mitte der 80er-Jahre und zu Beginn der 90er-Jahre wurde die Selbstorganisation konzeptionell und als Instrument für Führungskräfte verwendet sowie in der Praxis des Schnittstellenmanagements zwischen teilautonomen Gruppen und Produktions-, Absatz- und Entwicklungsbereichen eingesetzt, aber auch als strategischer Synergiefaktor in Konzernen. Seit damals und heute liegt der Schwerpunkt weit mehr in der Managementpraxis.

Selbstorganisation als Denk- und Handlungsmodell eignet sich für alle fortschrittsrelevanten Anwendungsbereiche, die mit hierarchischer Organisation wenig beherrschbar sind.

Die Merkmale der nachindustriellen Zeit sind Komplexität, Multikontextualität, Kommunikation und denzentralisierte Vernetzung. Daher sind die spezifischen Anwendungsbereiche für Selbstorganisation im Unternehmen:

- die Gestaltung der Zukunft,
- die Kultur des Unternehmens,
- die Entwicklung von Innovation.

3. Wie gelingt es den Mitarbeitern, sich im Denken und Handeln selbst zu organisieren?

Der Prozess der Selbstorganisation ist lang und beschwerlich; denn Selbstorganisation bedeutet für die Mitarbeiter, dass sie ihre eigene Ordnung finden, ihre Lern- und Entwicklungsprozesse optimieren, sich ihre Zukunft selbst gestalten und den Spielregeln der Selbstorganisation ungestört durch das Management folgen können.

Regel 1:

Generell gilt, dass jede Organisationseinheit oder Abteilung eine antibürokratische Selbstorganisation betreibt und es daher verschiedene Arten der Selbstorganisationen in einem Unternehmen geben wird.

Jede Organisationseinheit bildet ihren eigenen Stil heraus, die eigene Ordnung, die eigene Lenkung. Variabilität in den Organisationseinheiten ist notwendig.

Regel 2:
Für jede Organisationseinheit gelten in erster Linie zwei Gebote:

- das Gebot der Innovation und
- das Gebot der Schnelligkeit.

Innovation und Schnelligkeit bestimmen den Prozess und die Form der Selbstorganisation.

Regel 3:
Mitarbeiter, die ihre Organisationseinheit innovativ und schnell machen wollen, müssen ihre Selbstorganisation bewusst gestalten. Die Vorstellungen bei Mitarbeitern und Management über das, was persönliche Selbstorganisation ist und wie man sie erfolgreich betreibt, sind in aller Regel jedoch diffus. Der oft gewährten und gewählten Freiheit durch das Management stehen sie oft ambivalent und unwissend gegenüber.

Die traditionelle Personalentwicklung ist nicht hilfreich bei der Entwicklung der Selbstorganisation, weil konservative Personalentwickler weder das Konzept kennen noch als Personen genug Antrieb besitzen, um eine innovative Personalentwicklung wollen zu können.

Das Konzept der Selbstorganisation delegiert das Wesentliche der persönlichen und beruflichen Weiterentwicklung auf die Mitarbeiter, in dem die möglichen Selbstlernprozesse und Selbstmanagementprozesse gefordert werden.

Die Erfahrung zeigt, dass Menschen nur sehr sehr schwer und häufig ganz offensichtlich überhaupt nicht von außen steuerbar sind – leidvolle Erkenntnis von Pädagogen, Eltern, Führungskräften. Dies ist auch ein Beleg dafür, dass Menschen selbst organisierend und damit ihre eigenen Produkte sind.

Die Vorstellung, dass Menschen weitgehend von ihrer Umwelt determiniert seien, wird seit langem von der entwicklungspsychologischen Forschung zurückgewiesen. Richtig ist, dass Menschen in der Hauptsache durch den eigenen Selbstorganisationsprozess das werden, was sie sind, und dass jeder Mensch – jeder Mitarbeiter – sein eigener aktiver Gestalter ist, der seine Strukturen, Eigenschaften, Prozesse selbst bestimmt.

Wenn Mitarbeiter erst einmal wissen, welche Entwicklungspotenziale sie überhaupt haben, dann werden sie sich vor der Selbstorganisation nicht mehr fürchten, sondern sie betreiben wollen.

Mitarbeiter werden dann anfangen, sich

- selbst zu beobachten,
- selbst zu erkennen,
- selbst zu bewerten,
- selbst zu korrigieren,
- selbst zu belohnen und zu bestrafen,
- selbst zu managen auf der Basis der eigenen Erfahrung.

Diese Selbstorganisationsprozesse muss das Management erlauben und nutzen für die Umsetzung von Unternehmenszielen.

Regel 4:
In den neuen Strukturen entfällt die klassische Führung. Damit die Mitarbeiter sich selbst führen lernen, muss das Management die Freiheitsgrade im Unternehmen erhöhen.

Das Management eines Unternehmens, das die Selbstorganisation ermöglicht, hat folgende Handlungsmaximen für die Unternehmensführung.

- Erhalte und schaffe Möglichkeiten!
  Das Unternehmen soll klare Ziele geben, jedoch keine detaillierten Vorschriften.
- Erhöhe Autonomie und Integration!
  Das Management soll Autonomie und Integration gleichermaßen verfolgen und dadurch die Beziehungen im Unternehmen verstärken.
- Nutze und fördere Problemlösungspotenziale!
  Mitarbeiter lösen die Probleme, die in ihrer Verantwortung liegen, selbst. Das Management entscheidet dabei nicht für Mitarbeiter.
- Setze auf Zukunftsfähigkeit statt Überleben!
  Langfristig muss ein Unternehmen zukunftsfähig sein. Deshalb richtet sich Planen und Handeln an Werten der Zukunft aus.
- Entscheiden und Handeln auf den richtigen Zeitpunkt abgestimmt?
  Das Management sollte die Verbindungen und die Netzwerke, die zu Entscheidungen beitragen können, bewegen und die richtigen Zeitpunkte finden, zu denen die Mitarbeiter erfolgreichreich gehandelt werden können.

- Balanciere Extreme aus!
  Experimente und Innovation im Unternehmen sind mit Tradition und Stabilität auszubalancieren, damit sowohl der Erhalt als auch die Entwicklung des Unternehmens möglich sind.
- Setze auf Kooperation und Konkurrenz!
  Das Management muss identifizieren, in welchen Bereichen Kooperation und Konkurrenz im Unternehmen gelten. Dabei muss das Management wissen, dass Mitarbeiter möglichst viel für sich gewinnen wollen und das am besten erreichen, wenn sie andere nicht behindern und die Zusammenarbeit auf Gegenseitigkeit und nicht auf raffinierter Taktik beruht.

4. Wo fängt das persönliche Selbstmanagement an?

Für den Erfolg eines Selbstmanagementprogrammes ist eine persönliche Standortbestimmung über die selbst wahrgenommenen Stärken und Schwächen notwendig. Die eigene Persönlichkeit ist damit Gegenstand intensiver Reflexion. Für ein realistisches Urteil wird die Beurteilung anderer Menschen gebraucht, und zwar vor allem auch von Personen, die keinen Milde- oder Strengeeffekten bei ihren Beurteilungen unterliegen und die genügend persönliche Distanz und Unabhängigkeit haben. Bei der Standortbestimmung wird man mit intensiven Gefühlen konfrontiert. Die eigenen Gefühle zu verstehen, zu akzeptieren, wird zur Triebfeder des Selbstmanagements. Wenn man sie wahrnehmen, ihnen standhalten und schließlich sie verstehen und nutzen lernt, entwickelt sich die persönliche emotionale Intelligenz, welche die persönlichen Veränderungsprozesse bewirkt. Damit haben Personen sich die Voraussetzungen geschaffen, die sie brauchen, um die eigene Leistungsmotivation und die persönliche Erfolgsorientierung in ihrem beruflichen und privaten Leben zu erzeugen. Erst dann können auch die eigenen kognitiven Potenziale, wie die Problemlösefähigkeit, die Urteilsbildung oder strategisches Denken und Handeln, leicht genutzt und systematisch gemanagt werden. Das erst hält die Person mental, emotional und körperlich fit. Diese Fitness ist Voraussetzung für ein sozial aufmerksames und waches Leben, die Lernbereitschaft und Lernfähigkeit für sich selbst und mit anderen. Was gelernt werden soll, steht auf der persönlichen Lernagenda. Da ist man selbst Lehrer und Schüler zugleich. Am besten lernen Menschen, wenn sie experimentieren und aus den Erfahrungen, aus Versuch und Irrtum lernen können. Ein solcher Lernstil erfordert die Abweichung von alten Lernstilen und Denkstilen und persönliche Innovationen. Diese dürfen zunächst sehr klein ausfallen, denn zu große Vorhaben erzeugen Unsicherheit und können das Selbstmanagement gefährden.

Selbstmanagement ist also ein lebenslanger Verhaltensmodus, der die individuelle Person durch die »Stimme« der Berufswelt und der persönlichen Welt leitet und durch Wirrungen sicher führt. Selbstmanagement hört nicht auf, wenn eine Person eine Position wechselt, mehr Verantwortung übernimmt oder das aktive Berufsleben beendet. Selbst das Lebensende will selbst gemanagt werden.

5. *Was bedeuten Zeitwahrnehmung und Zukunftswahrnehmung für die Selbstorganisation?*

Was verändert sich eigentlich für die Mitarbeiter, wenn neue Unternehmensstrukturen eingeführt werden? Mit neuen Unternehmensstrukturen verbinden Mitarbeiter, dass

- es mehr Freiheit und mehr Freiraum gibt,
- es mehr Selbstverantwortung und mehr Selbstverpflichtung gibt,
- mehr Risiko und mehr Leistung gefordert sind,
- mehr Selbstmanagement und Selbstkompetenz erforderlich sind,
- mehr Selbstkontrolle und mehr Selbstbewertung nötig werden.

Und die Frage vieler Mitarbeiter ist zweifelsohne: »Und wo fange ich mit meinem Selbstmanagement an?«

Für ein zukunftsfähiges Unternehmen brauchen Mitarbeiter ein Verhalten, das sich durch

- Aktivität,
- emotionale Intelligenz,
- Lernfähigkeit und durch
- Zeitwahrnehmung und Zukunftsvorstellung

auszeichnet.

Die Fähigkeiten zur Zeitwahrnehmung und Zukunftsvorstellung eines selbstorganisierten Menschen sind entscheidend für seine persönliche Entwicklung und die Zukunftsfähigkeit seines Unternehmens.

Wenn man bestimmt, wie ein Mensch über die Zeit denkt, kann man das Ausmaß der Arbeitskapazität eines Menschen bestimmen:

- für welche Art der Arbeit der Mensch geeignet ist,
- welche Art der Entscheidungen zu treffen er fähig ist,
- wie hoch er bezahlt werden muss, damit er zufrieden ist.

Sieben Zeithorizonte hat der Brite Elliot Jacques in mehr als 30 Jahren Erforschung der Zeitwahrnehmung bei Mitarbeitern erkannt. Mit Zeithorizont meint Jacques die Strecke in die Zukunft, auf die sich ein Mensch verpflichten kann, die nach vorne gerichtete Zeitspanne, für die er Ziele formulieren und sie zum Abschluss führen kann. Diese Zeitspanne definiert das Engagement eines Menschen für die Zukunft.

Wenn der Zeithorizont eines Mitarbeiters drei Monate beträgt, bevorzugt er sehr konkrete eindimensionale Dinge, und er ist auf Regeln fixiert.

Ein Mitarbeiter mit einem Zeithorizont von einem Jahr

- akzeptiert eine gewisse Vielfalt der Dinge,
- wird aber von Informationen, die im Fluss sind, irritiert.

Ein Mitarbeiter mit einem Zeithorizont von zwei Jahren

- macht bewusst die Äußerung: Wir werden sehen,
- aber Dinge, die nicht ins Jetzt passen, werden ignoriert.

Erstreckt sich der Zeithorizont eines Menschen auf fünf Jahre, so kann sein Kopf mit erheblicher Unordnung fertig werden, weil er annimmt, dass im Chaos Strukturen erkennbar sind und zu einer Lösung gefunden werden muss.

Erstreckt sich der Zeithorizont auf zehn Jahre oder mehr, beginnt der Mensch über Regeln hinaus zu denken, eigene Kriterien aufzustellen, in Alternativen zu denken und dem Neuen und Unbekannten Bedeutung beizumessen. Dieser Mensch denkt frei und ist seiner Zeit voraus, so wie es von Führungskräften bestimmter Ebenen erwartet werden muss.

An der Zehnjahresmarke fangen das zirkuläre Denken und die bewusste Selbstorganisation an. Wenn der Zeithorizont so erweitert ist, dann ist Zukunftsvision möglich und dazu wird Verantwortung für die Entwicklung eigener und fremder Zukunft übernommen.

Die Zukunftsplanungen eines Unternehmens verlangen von den meisten Mitarbeitern einen Zeithorizont von fünf Jahren, für Mitarbeiter der Führungsebenen einen Zeithorizont von zehn Jahren.

Die mentale Selbstorganisation in einem Unternehmen beginnt mit neuen Zeithorizonten und dem Visionsaufbau für die Zukunft.

Es regnete nicht – und doch baute Noah die Arche, weil er glaubte, was ihm angekündigt worden war.

Jeder Augenblick ist der richtige Anfang für die Selbstorganisation.

Diese Erkenntnis gehört zu den wichtigsten Gewinnen aus einem Wilderness-Experience-Training: den eigenen Erfahrungen trauen, anderen Menschen glauben und den eigenen Beitrag zum Erfolg in Leben und Beruf leisten.

In der Wildnis werteorientiert führen lernen

Prof. Dr. Ingelore Welpe

Motto:
Stellt euch darauf ein, dass ihr euch auf nichts mehr einstellen könnt.

Wenn Manager aus der Wirtschaft wissen wollen, wie man seine Mitarbeiter führt, dann ist das weniger die rationale Frage nach Führungstechniken und Führungstheorien, sondern die emotionale Auseinandersetzung mit Wertefragen in der Zusammenarbeit und der Führung. Noch deutlicher gesagt: Manager suchen mit Fragen zu Zielen, Strategien und Handlungen im Führungsalltag die Auseinandersetzung mit eigenen Werten, über die sie weder genug Klarheit haben noch im Führungsalltag Klärung suchen.

Am liebsten reden unsere Manager vom Werteverfall ihrer Mitarbeiter, den sie bedauernd, aber unaufgeregt zur Kenntnis nehmen. In Gesprächen am Rande von Managerqualifikationsseminaren oder in der Beratung von Managern zu Führungsfragen erkennt man leicht, dass auch Manager schlaffe Zeitgenossen sind, wenn es um Offenlegung von persönlichen Werten oder gar um die Durchsetzung von Werten in der Mitarbeiterführung geht. Stattdessen zeigen sie:

- Ignoranz, die sie als Erfolgsstrategie bezeichnen;
- Irronationalität, die sie als Vernunft deklarieren;
- Stabilität von Weltbildern, mit denen sie systematisch Informationen ausblenden;
- Marketing- und Managementstrategien, die Emotionalität unbrauchbar erscheinen lassen;
- musterhafte Planungen, in denen Werte und Begeisterung nicht vorkommen.

Sie sind mutlos und orientierunglos, pessimistisch und skeptisch, postmodern und jung vergreist. Sie halten sich in einer Komfortzone auf, in der Risiko und Verantwortung, Moral und Innovation nicht vorkommen. Stattdessen leben sie unbewusst inkompetent mit der Angst vor der Wahrheit über sich selbst und der Qualität ihrer Führungsleistung.

In vielen klassischen Führungsseminaren in Luxushotels mit Managementgurus oder mit Trainern, die das Management-Buchwissen noch einmal auf verdauliche Brocken zerkleinern, wird geistig nur konsumiert und auch lukullisch genossen.

Ohne viel Effekt. Wenig ändert sich nach solchen Seminaren, die Führung ohne emotionale Auseinandersetzung mit Werten und ohne Motivation für eine werteorientierte Führung versehen. Führung ist eine ganz persönliche und werteorientierte Leistung eines Managers. Das zu verstehen und als Fundament für Führung nutzen zu können, ist Ziel eines Führungstrainings in der Wildnis.

Das werteorientierte Konzept des Wilderness-Experience-Seminars habe ich in der gedanklichen Auseinandersetzung mit den Werten unserer Gesellschaften entwickelt, als ich mich auf ein Training mit deutschen Managern in der Alashan-Wüste vorbereitete. Das Thema war die Werteevolution in der Globalisierung und die Angst von Managern vor Risiko und Verantwortung beim Übergang von der superindustriellen Zeit in die jetzige industrielle Phase. Die ehemals hierarchischen patriarchalen Führungsstrukturen sind in Unternehmen zwar verschwunden, die Hierarchiekonflikte sind aber anscheinend von gestern. Wie in unserer nachindustriellen Zeit, in der Führung in internationalen und interkulturellen Netzwerken sowohl unter Kooperation und Synergieanforderungen als auch unter Innovations- oder Umsetzungsdruck steht, Manager führen sollen, bleibt für alle jene, die nicht über natürliche Führungsqualitäten und eine zukunftsfähige Werteorientierung verfügen, oft lebenslang rätselhaft.

Die Lösung der Führungsrätsel und der Erwerb von Führungskompetenz gelingt über die Auseinandersetzung mit eigenen und fremden Werten. Mit der Reflexion über Werte beginnt jedes Führungstraining in der Wildnis. Im Ergebnis muss eine Auseinandersetzung der Teilnehmer mit den Ideen und Werten erfolgen. Dann müssen eigene Standpunkte entwickelt werden. Alle Gesellschaften haben bisher ihre eigenen, sehr verschiedenen Wertesysteme entworfen, um Verhaltensnormen und Entscheidungsvorschriften zu begründen und um Wegweisung für die Zukunft zu haben. Die bewusste Auseinandersetzung mit Werten hat in historischer Zeit mit Sokrates begonnen, der im philosophischen Diskurs dieselben Fragen erörtete, auf die unsere Zukunft Antworten verlangt.

- Welchen Wert haben die Dinge?
- Gibt es universale Werte?
- Was ist gut und was ist schlecht für uns?
- Gibt es absolute Werte?
- Was ist wertlos?

Wie viel ist die Idee der Demokratie wert oder die Entdeckung der Atomspaltung? Die Werte der modernen Welt sind Sachwerte, der Tausch- oder Marktwert einer Ware, den wir als Grundlage einer freien Wirtschaft betrachten, sowie Macht, Gewalt und Kontrolle.

Wir haben noch immer eine materialistische, patriarchale Werteorientierung. Die Grundlagen unserer Moral sind immer noch eine Mischung aus jüdisch-christlicher Religiosität, Fortschrittsgläubigkeit, natürlichen Menschenrechten, utilitaristischem Pragmatismus und Zweckrationalismus. Dieses Paradigma der »normalen Ökonomie« erzeugt bei vielen Menschen der westlichen Staaten mehr und mehr ein Gefühl der Bedeutungslosigkeit, der Krise, der Sinnlosigkeit und Verzweiflung.

Im Westen sind wir seit mindestens 200 Jahren, dem Zeitpunkt der großen europäischen Revolution, gewohnt, mit der persönlichen und demokratisch garantierten Freiheit eigene Werte selbstbestimmt und in freier Entscheidung zu formulieren. Der Westen ist charakterisiert durch Neugier, konstruktive Unzufriedenheit, durch revolutionäre Ideen und Traditionen, umstürzlerische Innovationslust und Freiheitsdrang, Gleichheit und Privatheit. Der Wille zum Sinn erfordert von uns die Evolution der Risikobereitschaft, der Verantwortung, der Integrität und der Verpflichtung auf dem Wege in die nachindustrielle Gesellschaft. Jeder muss für sich entscheiden, was richtig und was falsch ist, persönlich entsprechend handeln und ehrlich zu sich und anderen sein. Das waren und sind die »Core-Values« der westlichen Identität. Sie sind verschüttet in unserer reifen Kultur, die uns in einer Sicherheitszone wiegt, in der Produktivität, Anstrengung, Leistung und Moral nicht mehr obligatorisch sind. Die größte Angst haben wir nicht vor den anderen, am meisten fürchten wir uns vor uns selbst, vor der eigenen Stärke, unseren Möglichkeiten und den Chancen, die wir als bedrohliche Risiken wahrnehmen. Eine neue Wirtschaft und die Gesellschaft der Zukunft entstehen auf der Basis von Wissen und Bewusstsein, aber die kommen nicht einfach daher, wir müssen sie schaffen und gestalten. Unsere Verantwortung ist es, erneut eine bewusste Entscheidung für unsere Identität herbeizuführen und damit unseren spezifischen Beitrag zur Weltkultur zu leisten.

Die Geschichte der Menschheit ist eine Geschichte der Werte. Auf dem »vormenschlichen Schauplatz« gab es kein Mitleid, keine Gnade, keine Empathie. Die Menschwerdung war zunächst verbunden mit der Ausgestaltung eines rudimentären Wertesystems, in dem sozialer Zusammenhalt, Nahrungsteilung, Sprachentwicklung und Werkzeugherstellung erfolgte und erste Standards entwickelt wurden. Im biologischen Ursprung des Menschen liegt auch der Ursprung der Werte, den Wegweisern der kulturellen Evolution, die sich in den wissenschaftlichen, künstlerischen und politischen Entwicklungen ausdrückt. Die Menschen haben sich seit jeher um ihre Werte bemühen müssen und diese durch Denken und Urteilen erzeugt. Sie hatten dabei keine anderen Erfahrungen als ihre eigenen.

Und sicher haben wir von Anfang an immer eher das Richtige getan, ohne zu wissen, warum.

Auf dieser Basis formulieren wir
die Anforderungen an Führungskräfte und ihr Training in der Wildnis.

Die zukünftige gesellschaftliche und unternehmerische Umbruchssituation verlangt von Führungskräften mehr als das, was die bisherigen Anforderungs- und Qualifikationsprofile vorsehen. Bisher noch »ungeschriebene« persönliche und soziale Kompetenzen werden in Zukunft große Bedeutung haben.

1. Führungskräfte werden viel flexibler mit Normen und Rollen umgehen müssen, damit ihre Unternehmen anpassungsfähig bleiben.
2. Führungskräfte müssen zwischenmenschliches Vertrauen herstellen können, damit interne und externe Kreditspielräume zuverlässig aufgebaut werden.
3. Führungskräfte werden für sich und in ihren Unternehmen mehr moralische Qualitäten, mehr Verpflichtungsgefühl und mehr Verantwortungsbereitschaft entwickeln müssen.

4. Führungskräfte werden zukünftig entsprechend der gesellschaftlichen und unternehmerischen Evolution systemisch und integrativ wahrnehmen, denken und handeln müssen, um die schwierige Realität bewältigen zu können.

Erfolgreiche Unternehmensführung wird vom Ausmaß der Erlebens-, Denk- und Verhaltensvariabilität der Führung auf allen Unternehmensebenen abhängen. Die Entwicklungsgeschichte der betrieblichen Weiterbildung von Führungskräften seit den 50er-Jahren des vorigen Jahrhunderts zeigt, welche Fortschritte getan wurden: Nach direktiven frontalen Vortragsveranstaltungen und lernpsychologisch organisierten Seminaren kündigt sich heute schließlich eine unternehmerische Bildungszukunft mit Aktionslernen oder erlebnispädagogisch orientierten Wilderness-Experience-Seminaren an. Die Pfade klassischer Bildungsangebote in der Personalentwicklung werden weiter verlassen.

Die Weiterbildung von Führungskräften, die das Etikett »zukunftsorientiert« zu Recht tragen wollen,

hat in ihren Inhalten und Methoden
- ganzheitlich und integrativ,
- innovativ und perspektivisch,
- personenzentriert, selbstorganisiert und emanzipatorisch zu sein,

hat in neuen Denk- und Erlebnisräumen
- das Menschen-, Unternehmens- und Weltbild ihrer Führungskräfte zu entwickeln und
- system-, kultur- und unternehmensimmanente Wahrnehmungs-, Denk- und Handlungsgrenzen ihrer Führungskräfte zu überschreiten.

Dafür sind Wilderness-Experience-Seminare besonders geeignet, wie sie einzelne Unternehmen mit außerordentlich gutem Erfolg seit langem durchführen.

Zum Wert von Wilderness-Experience-Seminaren

Das wesentliche Element, das Wilderness-Experience-Seminare von konventionellen Seminaren unterscheidet, sind das Lernfeld »Natur« und die darin eingebundenen speziellen Projektaufgaben. Dieses Lernfeld bietet hauptsächlich zwei Erfahrungen an, die im heutigen betrieblichen und gesellschaftlichen Alltag weitgehend abhanden gekommen sind:

Die Erfahrung von Konsequenzen und Erfahrung von Risiko. Beide Erfahrungen sind uns in unserem kulturellen Lebensfeld weitgehend verwehrt. Sie wurden ersetzt durch Sicherheitsstreben und Sicherheitsdenken und die Entkopplung des Tuns von seinen Konsequenzen. Sicherheitsstreben anstelle von Risikoverhalten und Vermeidung von Konsequenzen anstelle ihrer Einlösung führen sowohl im persönlichen Leben wie in der unternehmerischen Existenz zur Reduktion der Problemlösefähigkeit: Damit aber verkommen unsere wesentlichen Überlebensstrategien.

Das Lernfeld Natur ermöglicht das Zusammenspiel von Intuition, Intellekt und Emotion. Logisches Denken und lineares Problemlösen kann sich in Auseinandersetzungen mit der Natur mit intuitiven Denkprozessen verbinden. Besonders für sehr spezialisierte Führungskräfte ist das Wilderness-Experience-Programm ein optimales Lernangebot für ganzheitliche Lösungen, die die Natur verlangt und ermöglicht. Das Lernfeld Natur fordert mehr als jedes Hotelseminar Neugier, Erkundungsverhalten und Experimentierlust der Teilnehmer heraus. Diese Einstellungen sind die Voraussetzungen für jedwede innovative Unternehmensführung. Die im Wilderness Experience gestellten technischen Projektaufgaben erzwingen Entscheidungen für Qualität und Ökonomie und erlauben direkte Fehlererkennung und Fehlerkorrektur. Hervorragende Leistungen sind auch im Unternehmen Ergebnis von Sachverstand, Verantwortungsbewusstsein und verarbeitender Erfahrung. Die sozialen Projekte im Wilderness Experience vermitteln, dass Unterstützung und Partnerschaft keine menschlichen Randereignisse sein können, sondern dass gegenseitige Hilfeleistung die Gruppenkohäsion verstärkt. Die Projektaufgaben »Notsituation« ermöglichen es Führungskräften, Diffusionseffekte der Hilfsbereitschaft zu beobachten und Diffusion von Verantwortung mit allen Auswirkungen zu erleben. Hier können die Führungskräfte ihre rollentypischen Grenzen überschreiten und Führung und Kooperation als Mittel zur Steigerung von Leistung und Qualität im Unternehmen nutzen.

Wilderness Experience ermöglicht es, die Unternehmensgrundsätze zum Leben zu erwecken, den Unsinn von taktischem Verhalten im eigenen Unternehmen, Tabuthemen, Unternehmensrituale und Fassaden zu reflektieren. Das persönliche und unternehmerische Wertgefüge kann in »neutraler« Umgebung erlebt, offen diskutiert und auf seine Auswirkungen geprüft und revidiert werden. Wilderness Experience findet in aller Regel außerhalb des angestammten Kultur- und Lebensraumes statt. Dies ist besonders wichtig für die angestrebten Qualifikationen der Teilnehmer. In einer Konsum- und Lebenswelt, in der Freizeitverhalten, Arbeitsstil und Informationsflüsse weitestgehend genormt und programmiert sind, ist der Aufenthalt in einem fremden Natur- und Kulturraum für die Entwicklung ursprünglicher Erlebens- und Denkräume führungspädagogisch besonders ergiebig. Der Aufenthalt in der »Fremde« und die Begegnung mit unkalkulierbaren Naturbedingungen und untypischen sozialen Verhaltensweisen ebnet Wege zur längst notwendigen multikulturellen Führungskompetenz und zum besseren Verständnis von fremden ökologischen, sozialen und wirtschaftlichen Systemen.

In der gesellschaftlich-wirtschaftlichen Entwicklung und im unternehmerischen Denken in Deutschland wird die bisherige Dimension »Mensch und Leistung« abgelöst durch das Konzept »Menschen in Systemen, Kulturen und in der Natur«. Aus der traditionellen Personalentwicklung wird damit zunehmend innovative Organisationsentwicklung. Diese führt zwangsläufig zu Wilderness-Experience-Seminaren, in denen Führungskräfte Grenzgänger in Natur, Kultur, im Unternehmen und in der eigenen Person werden können.

Wilderness-Experience-Seminare gehören zu den wenigen Fortbildungstypen, die das Etikett »zukunftsorientiert« zu Recht tragen und die nachweislich langfristige Verhaltensänderungen bewirken.

Von der Vision zur Umsetzung

Leadership und Teamkompetenz in Värmland – Teilnehmer Wilderness Experience 2001

Prof. Dr. Ingelore Welpe

Wilderness Experience verbindet Wissen mit Erleben, Erfahrung und Handeln, um die Teilnehmer in ihren Selbstlernprozessen zu unterstützen.

Vor einem Wilderness-Experience-Projekt wird das Wissen, das durch Erleben und Erfahrung in Verhalten umgesetzt werden soll, beschrieben. Das theoretische Wissen soll durch die Wilderness-Experience-Projekte in persönliches Know-how und praktisches How-to-do umwandelt werden. Die Methoden rund um die Projekte selbst sind das Gruppenerleben, körperliche und mentale Belastungen, Gruppenfeedbacks, Reflexionen, Selbstbeobachtung und Selbstmanagement.

Dieser Bericht einer Teilnehmergruppe dokumentiert die Umsetzung der Theorie in die Wilderness-Experience-Praxis.

Vorbereitungsseminar/Kick-off-Meeting am 23. März 2001

In dem Kick-off-Meeting am 23. März 2001 stellte uns Herr Henschel dar, was das Ziel von Wilderness Experience für Dräger und die Teilnehmer sei. Ein Rückblick auf die bisher durchgeführten Seminare ließ vorsichtig erahnen, was da auf uns zukam. Die professionelle, weltweite Durchführung solcher Seminare und die über Jahre gewachsene Erfahrung sorgten jedoch dafür, dass Schlagworte wie Entbehrungen, Anstrengungen und Stress nicht zu Angst und Unwohlsein ausarteten. Allerdings war die Neugier geweckt und dem einen oder anderen vielleicht auch ein bisschen mulmig zumute. Wir erhielten nützliche Tipps zur Ausrüstung und Verhaltensweise und die Bundeswehroffiziere Tim und Matthias stellten sich vor, die dieses Wilderness Experience im Rahmen ihrer Diplomarbeit begleiten sollten. Thema der Diplomarbeit war »Total Quality und Logistik im Bereich Wilderness Experience«. Durch diese Diplomarbeit wollte sich DrägerForum in diesem Bereich zertifizieren lassen. Die Teilnahme der beiden Soldaten wurde durch kurze Abstimmung der Gruppe deutlich mehrheitlich entschieden. Ein weiterer Teil des Vorbereitungsseminars war ein Vortrag der Werksärztin zum Thema Gesundheit und körperliche Fitness. Die grundsätzliche Eignung zu diesen beiden Punkten sollte durch eine ärztliche Untersuchung sichergestellt werden. Das Fehlen der Gesundheitserklärung und damit einer Tauglichkeitsuntersuchung am Abreisetag hätte einen Ausschluss vom Seminar bedeutet. Weiterhin wies sie auf grundsätzliche Dinge hin und erläuterte den Inhalt des Notfallpakets, das jeder Teilnehmer am Abreisetag für seine persönliche Ausrüstung bekommen sollte. Auch wenn sich die Risiken und Gefahren bei solchen Unterfangen in überschaubarem Rahmen bewegen, lässt sich ein echter Notfall nicht ausschließen. Aus diesem Grund wurde Arnd zum Notfallmanager bestimmt und damit betraut, ein Notfallkonzept in einem von ihm einberufenen Team zu erarbeiten. Dieses Notfallkonzept sollte am Abreisetag vorgestellt und durch Herrn Henschel genehmigt werden.

Vorbereitungsseminar Ernährung in Lübeck am 24. April 2001

Am 24. April 2001 wurden in einer zweistündigen Veranstaltung von der Ernährungsexpertin Frau Dr. Schnack wichtige Ernährungstipps gegeben und ein so genannter BCM/ECM-Test bei den Teilnehmern durchgeführt. Hierbei wird die Zusammensetzung des Körpers hinsichtlich des zellulär gebundenen Fettes, Wassers und der zellulären Muskelmasse ermittelt. Dazu wurde bei allen Anwesenden der Körperwiderstand an Hand und Fuß gemessen und in Verbindung mit dem gemessenen Körpergewicht per Computer ein individuelles Datenblatt berechnet. Hieraus konnten dann Hinweise zur Ernährung und der körperlichen Fitness gefolgert werden. Nach der Rückkehr aus Schweden sollte dieser Test dann wiederholt und vergleichend der ersten Messung gegenübergestellt werden. Zum Ernährungsmanager wurde Claus bestellt, der sich im Vorfeld dieser Veranstaltung schon näher mit diesem Thema beschäftigt hatte. Auf Basis der von der Ernährungswissenschaftlerin gemachten Randbedingungen stellte er die

Nahrungsmenge und -art zusammen: sehr kohlehydratreich, geringe Eiweißmengen und kaum Fett.

Vorbereitungsseminar erste Hilfe

Um in Notfällen für die erste Hilfe vorbereitet zu sein, erfolgte ein kurzer Erste-Hilfe-Kurs. Ein Rettungssanitäter der Johanniter Unfallhilfe erklärte die Grundbegriffe im Schienen von Brüchen, das Versorgen und Abbinden von Wunden sowie die Versorgung und das Verhalten bei Brandverletzungen, Hitzschlag, Kreislaufstörungen sowie Überlastung. Für diejenigen, die daran teilnahmen, war dies sicherlich eine gute und nützliche Gelegenheit, ihre Erste-Hilfe-Kenntnisse wieder aufzufrischen.

Vorbereitungstreffen Notfallmanagement

Zur Ausarbeitung des Notfallkonzepts trafen sich vier Teilnehmer. Als Grundlage wurde das Notfallkonzept einer früheren Tour benutzt. Alle Teilnehmer hatten dem Notfallmanager Fragen, Ideen und Hinweise zum Thema Notfallmanagement zugeschickt. Diese wurden in einer dreistündigen Sitzung in das bestehende Konzept eingearbeitet beziehungsweise miteinander abgeglichen. Am Ende konnten alle erdenklichen Situationen mit dem Konzept theoretisch gelöst werden. Auch die Hinweise aus dem Erste-Hilfe-Seminar fanden sich in dem entstehenden Hand-out wieder, das am Abreisetag jedem Teilnehmer ausgehändigt werden sollte.

Der Abreisetag: Donnerstag, 17. Mai 2001

Der Tag war da! Jeder von uns hatte schon eine Menge von der Schwedentour gehört. Wie herausfordernd würde diese Tour für uns? Wie würde das Wetter sein? Nachtfrost, Regen ...? Was erwartete uns tatsächlich? So richtig sicher war sich keiner von uns. Es gab reichlich Spekulationen. Die Informationen aus dem Internet zum Wetter in dieser Region reichten von Sonne bis Dauerregen.

Um neun Uhr trafen wir uns vor dem DrägerForum bei strahlendem Sonnenschein. Die Taschen für die Verpflegung standen bereit für jeden, vom Ernährungsmanager fertig gepackt: durchschnittlich 6,3 Kilogramm, die es in die bereits recht prall gefüllten Rucksäcke einzupacken galt. Einige von uns gaben aus Platzgründen schon nach dem Empfang Lebensmittel ab. Später sollte sich zeigen, dass wir viel zu viel dabei hatten. Das Zitat: »Wer keinen Hunger hat, kann überhaupt nichts leisten«, sollten wir erst im Nachhinein richtig verstehen.

Zunächst wurde die Frage gestellt, welchen Beitrag wir zur Human-Ressources-Strategie beitragen würden. In einer Einzelarbeit wurden verschiedene Vorhaben und Ziele definiert. Diese konnte dann jeder kurz der Gruppe vortragen.

Etwas verspätet traf Klaus aus Stuttgart zu dieser Veranstaltung ein. Er war auf der Autobahn in einen Stau geraten. Klaus sollte noch länger etwas von seiner Verspätung haben. Jetzt zeigte sich erstmals unser Wilderness-Experience-Experte Preben Mortensen. Dieser gab uns einen kurzen Exkurs zum Thema »Verhalten, wenn man sich verläuft«. Gleichzeitig nahm er Bezug auf das Thema Pünktlichkeit und hatte dabei offensichtlich einen Teilnehmer im Visier ... Im Anschluss daran stellte der Notfallmanager Ansgar sein Konzept, überraschenderweise in englischer Sprache, vor. Daraufhin wurden jedem Teilnehmer ein Hand-out sowie eine Trillerpfeife von Herrn Henschel für den Notfall überreicht. Anschließend gab es die »Henkersmahlzeit«: ein großes rustikales Brot, von dem sich jeder etwas abbrechen sollte.

Doch endlich ging es los. Ziel: Oslo. Um etwa 12.30 Uhr erreichte unser Bus Kiel. Hier wurden wir von Frau Prof. Welpe begrüßt. Den meisten war die Psychologin von einigen Veranstaltungen im Hause Dräger bereits bekannt.

Die Fahrkarten wurden verteilt und das Schiff der Color Line bestiegen. Wir bezogen unsere Vierer-Innenkabinen und nutzten den Moment, um noch einmal die Verpflegung zu sichten. Über zu wenig mussten wir uns jedenfalls keine Sorgen machen! So wurde dann auch von einigen Teilnehmern eine Vorauswahl der offensichtlich zu üppigen Outdoorverpflegung getroffen. An vielen Stellen fiel dieser Vorauswahl das Trockenobst zum Opfer, was einige Teilnehmer, nachdem sie mit durchschlagendem Erfolg ihre Liebe zu den Trockenpflaumen entdeckt hatten, sicherlich noch heute bedauern.

Das Vorbereitungsseminar auf der Fähre

Direkt nach dem Ablegen haben wir uns dann im Tagungsraum Helsinki zur Vorbereitung auf das Wilderness Experience getroffen. Nach einer kurzen Schnupperrunde ging es dann ans Eingemachte. In den nächsten Stunden durchlebten wir ein recht strammes Programm, bei dem die Informationen nur so auf uns einprasselten:

- Gruppendynamische Spiele zum Kennenlernen
- Abfragen der körperlichen und mentalen Stärke eines jeden Einzelnen (Selbsteinschätzung)
- Defizite in den sozialen, persönlichen Kompetenzen und dem unternehmerischen Denken wurden mit dem gewählten jeweiligen »Lernpartner« zusammengestellt.
- Die Spielregeln des Seminars würden lauten:
  1. Don't touch my fire.*
  2. 3 o'clock gilt als Standardwort, wenn keine Informationen weitergereicht werden sollen.
  3. Be honest: Ehrlichkeit als grundlegendes Gesetz.
  4. Lösungsorientierung wird erwartet, das heißt, handeln, nicht (nur) reden.
- Die Spielregeln innerhalb der Teams wurden festgelegt:
  1. Der Gruppenführer hat das Sagen.
  2. Einwände äußern und ernst nehmen.
  3. Voller Einsatz für 100 Prozent Zielerreichung.
  4. Ziele sind verbindlich.
  5. Einhalten von Gesprächsregeln.
  6. Sonderregel: Blamiere dich täglich.
- Ernennen des 1. Tagesmanagers Ingo.
- Preben präsentierte seine Bilderrätsel und verwies auf Situationen, in denen wir uns dieses Bilderrätsel ansehen sollten.
- Die Gruppen für den nächsten Tag wurden festgelegt. Hierbei wurde differenziert in 100-Prozent-, 80-Prozent-, 70-Prozent- und 60-Prozent- (mental und psychische) Leistungsgruppen. Für die erste Etappe des nächsten Tages hatte die 100-Prozent-Gruppe den mit Abstand schwersten Weg zu meistern, die 60-Prozent-Gruppe zwar den leichtesten Weg, aber dafür noch 25 Kilogramm zusätzliches Gepäck für das erste Projekt mit zu tragen.
- Es wurde vereinbart, dass die gesamte Gruppe während des Seminars insgesamt 4500 (!) Liegestützen macht.

* Die so genannte »Chefregel« – was dieser sagte, würde nicht infrage gestellt werden.

Abschließend wurden noch die Skills der einzelnen Teilnehmer ausgearbeitet.

Nach langer Theorie und den ersten 15 Liegestützen pro Teilnehmer, um etwa 23 Uhr, ließen wir den Abend dann in der Bar bei Live-Klaviermusik und einem Glas Bier ausklingen. Dies schien dann auch ein ordentlicher Rahmen zu sein, um in Tims Geburtstag hineinzufeiern.

Der erste Tag: Freitag, 18. Mai 2001

Das Frühstücksbuffet eröffnete um etwa 7.30 Uhr. Ein kurzer Blick auf Deck vor dem Frühstück dämpfte zunächst aber mal die Stimmung. Es war trübe, regnerisch und kalt. Nach einem anständigen (und bis auf weiteres letzten) Frühstück verstauten wir ein letztes Mal die Ausrüstung »sinnvoll« im Rucksack und reduzierten abermals die Verpflegung. Um 9.30 Uhr legte die Fähre dann in Oslo an. Nach der Ankunft stiegen wir in den gelben Bus für den Transfer in den »schwedischen Urwald« um. Während der Fahrt wurde die Tagesplanung mit dem Tagesmanager besprochen und die weiteren mitzunehmenden Ausrüstungsgegenstände vereinbart. Wie verabredet, erreichten wir nach ungefähr zwei Stunden Busfahrt das Zielgebiet. Das gesamte Gepäck wurde an einem im Wald gelegenen Platz aus dem Bus geladen. Preben nutzte die Gelegenheit, uns die Bunkeranlage aus dem Zweiten Weltkrieg, die in diesem Bereich steht, zu erklären.

Das »Zivilgepäck« wurde in nummerierte weiße Leinensäcke eingepackt. Uhren, Handys, Ausweise, Geld und Wertgegenstände konnten in einem portablen Safe deponiert werden. All dies sollten wir erst nach der Tour wieder sehen. Die auf dem Schiff eingeteilten Gruppen starteten jetzt mit vollem Gepäck von den jeweiligen Ausgangspunkten.

Auf unterschiedlichen Routen marschierten die vier Gruppen auf das Ziel zu: dem berüchtigten »Water of silence«. Dort sollte Projektleiter Stefan-Peter eine Überquerungsmöglichkeit schaffen. Die 60-Prozent- und die 70-Prozent-Truppe erreichten relativ schnell das Ziel. Doch wie jetzt eine Brücke bauen? Letztendlich schwamm Hartmut mit dem Seil ans andere Ufer. Nach einigen Versuchen, das Seil zu spannen und in der richtigen Höhe an einem tragfähigen Baum anzubringen, musste Jack auch noch ins kalte Wasser. Erst zu zweit gelang es ihnen dann, eine tragfähige Seilbrücke zu konstruieren. Eile war geboten, denn wir hatten nur bis 24 Uhr Zeit, die weiteren Ausrüstungsgegenstände von einem Fahrzeug, das zirka 800 Meter entfernt vom Lagerplatz stand, abzuholen. Ein Überschreiten des Zeitlimits hätte zur Folge gehabt, dass wir keine weiteren Ausrüstungsgegenstände wie Schlafsack, Plane, Kocher etc. bekommen hätten.

Da sich die 100-Prozent-Truppe verlaufen hatte und den Treffpunkt erst gegen 20 Uhr erreichte, verzögerte sich das Übersetzen ein wenig. Aber wir gelangten doch noch rechtzeitig und trockenen Fußes auf die andere Flussseite. Allerdings wurde nicht nur eine Person, wie vorgegeben, nass, da ja sowohl Hartmut als auch Jack schwimmend das andere Ufer erreichen mussten. Um das Lagerfeuer kümmerte sich, wie auch in den kommenden Tagen, Feuermanager Jack. Nach einer kurzen Orientierungsphase ging es dann weiter im Programm. Ausrüstungsmanager Christian B. und eine (große) Abordnung der gesamten Gruppen gingen mit Preben zum Fahrzeug und holten die restliche Ausrüstung. Nach Auswahl des Zeltplatzes und Aufbau der Zelte gab es dann die erste abendliche Feedback-/Reflexionsrunde. Nach dieser Runde wurden die Gruppen für die Nacht- und Feuerwache eingeteilt. Eine Gruppe bestand dabei immer aus den Teilnehmern, die auch eine Lernpartnerschaft gebildet hatten. Damit wurde der Lernpartnerschaft eine Möglichkeit gegeben, die Ereignisse des Tages noch einmal in etwas vertraulicherem Rahmen durchzusprechen. Vor der verdienten Nachtruhe musste aber noch einmal, trotz der bereits eingetretenen Dämmerung, Holz für das Lagerfeuer eingeholt werden. Eine größere Gruppe kam dann – nach recht kurzer Zeit – ebenfalls triumphierend mit dem ersten »selbst erlegten«, morschen Baum wieder zurück.

Der zweite Tag: Samstag, 19. Mai 2001

Nach unserem ersten eher ungewohnten Frühstück waren Seminar und Feedback zu den Aktionen des Vortags angesagt. Zum neuen Tagesmanager wurde Jack auserkoren und die Gruppen wurden neu gemischt. Wir erhielten Funkgerät und Kompass und starteten einen zwölf Kilometer langen Marsch zu einem Felsen, der den Namen »Pillar of Wisdom« trägt. Auf dem Weg zum Felsen entdeckten wir eine von einem Wolfsrudel gerissene Elchgruppe: zwei erwachsene Tiere und zwei Kälber. Es waren nur noch die Skelette sichtbar.

Über Stock und Stein geht es weiter. Kleinere Hürden wie Pfützen im Seenformat, Geröll- und Steinhänge werden quasi spielerisch gemeistert. Die erste Erkenntnis wird auch nach sehr kurzer Zeit gezogen. Die mathematisch erklärbare Tatsache, dass eine Verbindung zwischen zwei Punkten immer eine Gerade ist, muss in Schweden erweitert werden. In Schweden ist die direkte Verbindung zwischen zwei Punkten immer eine *nasse* Gerade. So viel zum Thema feuchte Wiesen, Moor und plötzlich nachgebendem Boden. Am Felsen legten wir eine kurze Mittagspause ein. Eine vorhandene Feuerstelle konnte genutzt und die Aussicht von dem hoch gelegenen Punkt genossen werden. Nach der Pause erwartete uns die nächste Aufgabe. Vorgelagert vor dem Felsplateau, etwa in zwei Meter Entfernung, stand eine Felssäule, die durch eine zirka 20 Meter tiefe Felsspalte von uns getrennt war. Die Kuppe der Säule war nicht unbedingt eben und lediglich drei mal zwei Meter groß. Aufgabenstellung: Jeder springt da einmal rüber! Schnell wurde deutlich, dass einige davon gar nicht begeistert waren. Auch dass Preben uns sicherte, führte nicht zu den erhofften Begeisterungsrufen. Also bettete Preben das Ganze in ein Spiel ein. Wenn ich auf den Felsen springe, dann springst du auch.

Zwei Teilnehmer hatten sehr großen Respekt vor dieser Höhe und dem subjektiven Risiko. Die Motivation von einigen Gruppenmitgliedern verhalf aber auch ihnen zum großen Sprung. Diese Leistung wurde einheitlich von der gesamten Gruppe gelobt. Eine wirklich reife Leistung! Höhenangst ist schließlich kein »piece of cake«. Aber eigentlich war dies ja nur die Ouvertüre für den nächsten Tag. Das war uns nur nicht so richtig bewusst.

Endstation für heute war eine kleine »Insel« in einem sehr schönen Tal neben einem über 40 Meter hohen Felsen. Da Ingo Schmerzen im Knie plagten, wurde seine Ausrüstung von den anderen Teilnehmern abwechselnd getragen. Es galt, zwei Zeltkonstruktionen aus den vorhandenen Zeltplanen zu erstellen, damit alle Teilnehmer darin schlafen konnten. Der Bau der Zelte war in zwei Projekte unterteilt: Es sollte ein rundes und ein eckiges Zelt werden. Bedingt durch die Geometrie der Zeltplanen wurde das eckige Zelt relativ schnell fertig und auch im ersten Anlauf von Preben abgenommen (nicht beachtet hat er dabei allerdings, dass das Zelt auf einem Untergrund erbaut wurde, der Steilhangcharakter hatte. Die Nacht war deswegen geprägt von ständigen raupenartigen Bewegungen im Schlafsack, um der schiefen

Ebene entgegenzuwirken). Der Bau des runden Zeltes gestaltete sich komplizierter und wurde erst im zweiten Anlauf abgenommen. In dieser zweiten Nacht unter freiem Himmel beschlossen wir: Das eckige Zelt ist für Schnarcher, das runde für die Nichtschnarcher. Diese Unterscheidung zwischen »Gut und Böse« wurde bis zum Ende beibehalten. Die nicht am Zeltbau Beteiligten kümmerten sich um das Lagerfeuer und die Verpflegung (Spaghetti ohne Sauce).

Nach dem allabendlichen Feedback krochen wir müde in unsere Schlafsäcke.

Der dritte Tag: Sonntag, 20. Mai 2001

Nach dem Frühstück wurde ein kurzes Seminar einberufen und Tagesmanager Martin gab kurz die Ziele bekannt. An diesem Tag ernannten wir auch einen Materialmanager, weil die Logistik unserer Hilfsmittel (Beile, Sägen, Töpfe etc.) immer wieder zu Diskussionen führte. Diese Entscheidung erwies sich in den nächsten Tagen als durchaus sinnvoll.

Als erste Übung des Tages würden wir uns von dem benachbarten Felsen abseilen müssen. In vorher festgelegten Gruppen kletterten wir hinauf. Anzumerken sei hier, dass die kurze Strecke die These der *nassen* Verbindung zwischen zwei Punkten in Schweden eindrucksvoll untermauerte. Der Rest nutzte die Gelegenheit, das Frühstück zu beenden und die bergsteigerischen Fähigkeiten der anderen zu beobachten, die sich todesmutig aus 44 Metern Höhe abseilten.

Die Sicherung und Ausführung der Abseilübung wurde von Matthias und seinem Kollegen betreut und durchgeführt. Seine Erfahrung und sein psychologisches Talent machten das Abseilen für jeden »erträglich« und sogar sehr interessant. Den Abseilakt überstanden, ging es dann sofort in Gruppen weiter zu dem Marsch durch das Bibertal, der angeblich die größte körperliche Herausforderung während unseres Seminars darstellen sollte. Wichtig war es hierbei, sich dicht am Flussufer zu halten, um nicht die Richtung zu verlieren. Zum Teil undurchdringliches Buschwerk direkt am Bach erschwerte die Orientierung jedoch erheblich.

Der Tagesmanager führte mit seiner Gruppe das Feld an und erreichte recht zügig den anvisierten Lagerplatz. Die zweite Gruppe erreichte etwa 30 Minuten später den Lagerplatz. Und dort warteten noch einige andere

Projekte auf uns. Martin hatte alle Hände voll damit zu tun, die einzelnen Projekte zu organisieren, zumal die beiden letzten Gruppen erst relativ spät von ihrer Kletterübung loskamen und die erhofften Kapazitäten damit erst verspätet am Lagerplatz eintrafen. Folgende Projekte galt es bis 20 Uhr abgeschlossen zu haben:

Projekt 1: Bau eines Tipis
Projekt 2: Bau eines Erdofens für das Garen der tiefgefrorenen Lachse
Projekt 3: Errichten einer Feuerstelle für das Aufwärmen der Steine für Erdofen und die Sauna
Projekt 4: Saunabau für mindestens fünf Personen
Projekt 5: Bau von Zweimannzelten aus den Ponchos
Projekt 6: Zubereiten des Essens: Brot backen, Gemüse vorbereiten, Lachs entschuppen

Als nach längerer Wartezeit die Gruppen 3 und 4 noch nicht eingetroffen waren, wurden die Aufgaben neu verteilt. Alles wurde, bis auf den Zeltbau, rechtzeitig fertig. Exemplarisch wurden zwei Versionen der Zweimannzelte als Anschauungsmuster aufgebaut.

Der Saunabau gestaltete sich folgendermaßen: Das am Lagerplatz vorhandene Metallgestell konnte als »Gerippe« der Sauna genutzt werden. Mit Pfählen wurde das Gestell ausgerichtet und versteift. Die Form dieser Sauna entsprach einer Pultdachkonstruktion. PE-Planen, die am Rand mit Ösen versehen waren, dienten als Dach- und Wandbereich. Alle Folien wurden mit Schnüren über dem Gestell verspannt. Durch das doppellagige Auflegen der Folien erreichten wir eine zusätzliche Isolation, die sich später auch hinsichtlich des geringeren Wärmeverlusts auszeichnete. Über eine kleine Öffnung im hinteren flachen Teil wurden später mit einem Spaten die im Lagerfeuer aufgeheizten Steine in die Sauna gebracht und in der Mitte aufgestapelt. Die Tür bildete an der Stirnseite den kleinen (wegen des Wärmeverlusts) beweglichen Teil der Frontfolie. Hartmut und seine Skills (Knotentechnik, handwerklich begabt) kamen uns dabei eher gelegen. Ansgar als Projektleiter konnte sich voll auf das Bauteam verlassen; die Gruppe war selbstorganisiert.

Mittlerweile trafen dann auch die Gruppen 3 und 4 ein. Einige der Gruppenmitglieder wurden in die laufenden Tätigkeiten eingebunden. Eine Gruppe befasste sich mit dem Essen, das heißt Möhren und Kartoffeln schälen und klein schneiden sowie Lauch putzen und in Scheiben schneiden. Brotfladenteig wurde aus Mehl und Öl hergestellt. Das Garen erfolgte in einer Pfanne.

Das Saunieren war, wie auch die anschließende Körperpflege und das Baden im See, eine Wonne. Die Temperaturen in der Sauna erreichten sogar um die 50 Grad. Die Sauna fasste sieben Personen.

Zum Bau des Erdofens wurde ein Erdloch ausgehoben (ca. 60 x 60 cm) und heiße Steine bodendeckend hineingelegt. Die in Alufolie zusammen mit dem Gemüse eingewickelten Lachse wurden darauf gelegt und wiederum mit einer Schicht heißer Steine bedeckt. Anschließend wurde die Stelle mit Sand zugeschüttet und der Lachs samt Gemüse eine Stunde gegart. Die Zeiten wurden wie immer mit dem Kompass kontrolliert. Der Lachs und das Brot waren köstlich. Die vier Liter sehr süßen Weißweins, die Preben dazu reichte, stießen teilweise auf etwas geringere Begeisterung.

Der Bau des Tipis funktionierte relativ gut. Das notwendige Material in Form von Holzstangen und Planen sowie Rentierfellen war vorhanden. Zuerst wurden die Stangen, allen voran ein tragendes Dreibein, aufgestellt und anschließend die Planen, die an Stangen bereits vorgespannt waren, um das Gestell aus Stangen gewickelt. Der innere Bereich wurde mit Rentierfellen ausgelegt, sodass man ausgesprochen bequem darin sitzen konnte.

Nach dem Abendessen fand in dem Tipi die Reflexionsrunde statt. Im Anschluss daran gab es noch eine besondere Aufgabe. Die Gruppe sollte jedem Mitglied ein persönliches Feedback zu bestimmten Eigenschaften und Kompetenzen geben. Dies sollte auf einer Flipchart festgehalten werden. Jede Kompetenz sollte mit –, 0 und + gewertet werden. Nach einem etwas holprigen Start wurde das Abfragen sehr zügig durchgeführt, doch je weiter der Abend fortschritt, desto einheitlicher fielen die Bewertungen aus. Als Ursache wurde unter anderem die fortgeschrittene Zeit und die Erschöpfung vermutet.

Insgesamt schien uns dieses Verfahren grundsätzlich sehr nützlich, um die eigene Einschätzung zu bestätigen beziehungsweise zu widerlegen. Bei Unklarheiten direkt nach der Beurteilung einer Person hatte diese auch die Möglichkeit, gegebenenfalls andere Teilnehmer direkt zu der Bewertung anzusprechen, zum Beispiel, wenn eine Bewertung grundsätzlich sehr gut, einer aber komplett anderer Meinung war. Diese Option wurde allerdings selten genutzt. Vermutlich wurde dies dann an der einen oder anderen Stelle am nächsten Tag nachgeholt. Nach dieser Diskussionsrunde gingen wir müde und teilweise auch missgelaunt sehr spät in unsere Zweimannzelte.

Der vierte Tag: Montag, 21. Mai 2001

Nach einer sehr kalten Nacht, in der die Temperaturen sogar unter den Nullpunkt gefallen waren, begann der Tag mit dem obligatorischen Frühstück, gefolgt von einem Projektreview und einem Exkurs zum Thema »erfolgreiche Unternehmenskulturen«.

Die Schulstunden an diesem Vormittag konnten wir bei herrlichstem Sonnenschein im Freien durchführen, was die Motivation enorm anhob. Von der gesamten Gruppe wurden anhand der bis dahin durchgeführten Projekte Veränderungen in der Gruppe während der ersten drei Tage diskutiert. Außerdem wurden Tendenzen in den einzelnen Disziplinen festgestellt und an den entsprechenden Stellen die Änderungsbereitschaft eingefordert. Im Einzelnen ging es um:

- Gruppenprozesse
- Teambildung
- Teamentwicklung
- Führung/Management von Gruppen
- Effizienz/Effektivität
- Stile (Denken/Problemlösung/Planen)
- Kompetenzen: Kommunikation, strategisches Denken und Handeln, Erfolgsorientierung, Veränderungsbereitschaft, Stressresistenz
- Vergleichsprozesse ich/andere

Ziel des Reviews war es, eine Standortbestimmung durchzuführen. Hierbei wurde jeder Punkt für sich in der Gruppe diskutiert. Die Äußerungen der einzelnen Teammitglieder boten sehr häufig die Möglichkeit, Vergleiche zu dem beruflichen Umfeld bei Dräger anzustellen, wodurch ein Transport der Erfahrungen in das Berufsleben initiiert wurde.

Die Ergebnisse zeigten teilweise eine stark differierende Einschätzung, zum Teil jedoch auch eine sehr homogene Meinung. Bewertet wurden die einzelnen Fragepunkte auf einer Skala zwischen 0 und 100. 0 bedeutete, dass die Gruppe sich noch verbessern musste, 100, dass das Maximum erreicht und keine weitere Verbesserung mehr nötig/möglich war. Die Selbsteinschätzung der Gruppe ergab folgendes Bild:

Effizienz	30 ... 80
Strukturierung	35 ... 60
Potenzialnutzung	30
Teamarbeit	60
Bequemlichkeit	10
Selbstmitleid	–
Konfliktlust	20
Grenzen überschreiten	–

Ein weiterer Programmpunkt dieses Vormittags war der Exkurs zu erfolgreichen Unternehmenskulturen. Einstimmend zu der Diskussion, in der auch stark auf unser Unternehmen reflektiert wurde, stellte Ingelore die vier verschiedenen Kulturen vor:

- Innovationskultur
- Leistungskultur
- Umsetzungskultur
- Marktkultur

In der Diskussion ergaben sich zum Teil doch relativ unterschiedliche Ansichten zu den einzelnen Kulturen und ihrer Ausprägung im Unternehmen Dräger. Entscheidend ist bei diesem Thema – und dies war auch letzten Endes das Schlusswort dieser Teildiskussion –, dass nur, wenn in allen Bereichen alle vier Kulturen mit gleicher Ausprägung gelebt werden, ein Unternehmen erfolgreich am Markt bestehen kann. Eine Polarisierung einzelner Kulturen in Spezialbereiche (zum Beispiel »die Konstruktion muss besonders innovativ sein«) schmälert das Erfolgspotenzial in Summe. Nur bei einer gesunden Mischung aller Kulturen in allen Bereichen ist eine effektive Kommunikation und partnerschaftliche Zusammenarbeit mit dem anvisierten Erfolg möglich.

Im Anschluss an das Review beziehungsweise die Schulstunde zeigte uns Preben wichtige Dinge zum Überleben in der Natur: eine kleine Pflanzenkunde, gefolgt von Techniken zum Entzünden eines Feuers mit einem Magnesiumstab und Messer. Zum Entfachen eines Feuers empfahl er uns, immer etwas trockenes Gras in der Tasche zu haben. Diesen Rat beherzigten auch die meisten umgehend und stopften sich die Taschen voll. Dass dies später hilfreich sein sollte, konnte jetzt noch niemand ahnen. Die Unterstützung des Feuers mit »Teufelsholz« (sehr harzhaltigem Kiefern-, Fichtenholz) wurde genauso erwähnt wie die Möglichkeit, zähflüssiges Harz als Kaugummi zu verwenden (auch gegen Skorbut). Vitamin-C-haltige Blüten vom Porsch-Strauch lobte er als Teeblätter, da dessen ätherische Öle beruhigend wirkten. Junge Birkenblätter (Mäuseohren) empfahl er als sehr Vitamin-C-reich und zuckerhaltig. Junge Kieferntriebe (kleiner als 3 cm) sollten wegen ihres ebenfalls sehr hohen Vitamin-C-Gehalts für Salate verwendet werden. Wasser ist in Schweden nun wahrlich keine Mangelware, allerdings warnte er uns davor, es aus Bachläufen zu schöpfen, da man nie wisse, ob ein Stück weiter oben ein Tier verendet sei und das Wasser eventuell Krankheitserreger enthielte. Auch in der Nähe von durch Biber abgenagten Bäumen sollte man, insbesondere aus stehenden Gewässern, nie Wasser trinken. Dies kann das so genannte Biberfieber auslösen. Hätte er uns das nicht ein bisschen eher sagen können? Nach einer kurzen Demonstration im Axtwerfen ging es dann wieder zurück zum Lager. Am Nachmittag folgte eine Einweisung in die Kunst des Kanufahrens (Verhaltensweisen mit den Aluminiumkanus, 0,9 mm dicke Aluhaut, die leicht an Steinen etc. beschädigt werden kann). Danach wurde die Mannschaft durch den Tagesmanager in drei Gruppen eingeteilt und die Gruppenführer wurden bestimmt. Aufgabe war es, mit den Kanus die Tetzlaff-Insel zu erreichen. Allerdings bekamen wir dafür nur eine Karte. Der Streckenverlauf musste von der Originalkarte abgezeichnet werden, um jede Gruppe ausreichend versorgt zu wissen. Dann ging es auf eine sehr schöne Kanutour durch See- und Flussbereiche. Dies war das erste Mal, dass man wirklich Gelegenheit hatte, die Natur in ihrer vollen Schönheit zu bewundern, da man nicht wie sonst aufpassen musste, dass man nicht in eine Pfütze trat. Um der Tagesaufgabe einen etwas sportlichen Charakter zu verleihen, wurde folgende Spielregel festgelegt: Alle Gruppen mussten innerhalb einer vorgegebenen Zeit die Insel erreicht haben. Sollte eine Gruppe zu spät kommen, so musste diese ihre komplette Verpflegung an die nachfolgende abgeben usw. Im schlimmsten Falle wäre also die komplette Verpflegung weggewesen. Zwar betonte Preben, dass eine Schulklasse diese Strecke in fünf Stunden zurücklegte, aber wer glaubt schon einem Mann, der da behauptet, der Marsch durch das Bibertal wäre ein »walk in the park« beziehungsweise »a piece of cake«?! Also galt es mächtig Gas zu geben, um die vier Stunden Maximum einzuhalten. Nichtsdestotrotz gab es Momente bei dieser Kanutour, in denen man das Dahingleiten der Kanus, insbesondere in den leicht strömenden und treibenden Flussverläufen, einfach nur genoss.

Einige Bereiche waren durch »Stromschnellen« beziehungsweise Brücken etc. nicht befahrbar, sodass die Boote getragen beziehungsweise auf den mitgeführten Wagen transportiert werden mussten. Getrieben von der Drohung, die Verpflegung abgeben zu müssen, erreichten dann auch alle Gruppen rechtzeitig das Ziel. Nach dem Vorbereiten des Lagers und anschließendem Abendessen folgte das allabendliche Feedback am Lagerfeuer. Viele von uns schliefen zum ersten Mal unter dem Kanu und nicht unter einer Zeltplane.

Der fünfte und sechste Tag: Dienstag, 22. Mai 2001 und Mittwoch, 23. Mai 2001

Dieser Tag begann wie alle anderen auch mit einem Frühstück. Dass dieses Frühstück für wirklich sehr lange Zeit unser letztes sein sollte, konnte in diesem Moment niemand erahnen. Nach einer Kanutour über den sehr großen See nach Snubbauden, einer Landzunge, gab es eine kurze Unterrichtsstunde von Ingelore zum Thema »emotionale Intelligenz«.

Danach teilte uns Preben überraschenderweise mit, dass alle Teilnehmer sofort alle Nahrungsmittel abzugeben hätten. Direkt danach wurden wir für die nächsten, wie sich später herausstellte, 33 Stunden uns selbst überlassen, jeder für sich. Wir wurden auf Inseln beziehungsweise Randzonen des Sees verteilt, sodass keiner mit dem unter Umständen in der Nähe abgesetzten Kollegen kommunizieren konnte. Das Signal zur Rückkehr sollte ein Böllerschuss sein, nachdem man eine Stunde Zeit hatte, den Lagerplatz auf Snubbauden mit den Kanus wieder anzulaufen. Eine zweite Aufgabe nach der Rückkehr von dem Inselsolo sollte dann sein, innerhalb einer Minute mit dem »Feuerstab« ein Feuer zu entfachen. Genau jetzt machte sich das sorgsam in der Hosentasche getrocknete Gras bezahlt.

Um die Zeit dieses Inselsolos sinnvoll anzureichern, gab es noch folgende Aufgabenstellungen:

1. Man sollte ein kritisches Ereignis aus dem privaten oder beruflichen Bereich mit emotionaler Intelligenz lösen.
2. Man sollte sich Gedanken darüber machen, wem man ein Give-away-Geschenk machen wollte.

Um die erste Aufgabe zur emotionalen Intelligenz strukturiert zu beschreiben und auch lösen zu können, gab Ingelore folgende Fragen zur Abarbeitung vor:

1. Was ist los?
2. Warum ist dies kritisch?
3. Wer ist beteiligt?
4. Seit wann ist dies so?
5. Welche Gefühle bewegen oder hemmen dich?
6. Welche bisherigen Lösungsversuche gab es?
7. Warum ist die Lösung bisher gescheitert?
8. Was fehlte mir bisher zur Lösung?
9. Was fehlte anderen zur Lösung?
10. Was passiert, wenn nichts passiert?
11. Was wäre die Wunschlösung?
12. Was muss ich tun, um zur Wunschlösung zu kommen?
13. Was ist der erste Schritt?
14. Woran erkenne ich, dass ich das Problem gelöst habe?

Zur weiteren Organisation des Inselsolos holte der Tagesmanager den Notfallmanager und zwei weitere Experten zu sich. Die Aufteilung aller auf die entsprechenden Standorte wurde unter Einbezug eines Notfallplans vorgenommen. Gegen 14 Uhr erfolgte der Aufbruch zu den vereinbarten Plätzen. 33 Stunden verbrachten wir allein an den Standorten mit Sinnieren, Schlafen, Denken und »listen to the silence« (eine völlig ungewohnte Stille, die teilweise durch den Lärm einer entfernt liegenden Straße beziehungsweise Gewehrschüsse und Hundegekläff unterbrochen wurde). Irritiert durch einen anderen Schuss brach Stefan mit seinem Kanupartner schon vor dem eigentlichen Böllerschuss auf. Preben wies beide zurück. Am frühen Abend folgte dann der echte Böllerschuss mit Leuchtraketen und es begann der Aufbruch zum Lagerplatz nach Snubbauden. Teilweise hatten einige bereits wieder ihr Schlaflager aufgebaut und sich zum Schlafen in den Schlafsack gelegt. Auf Snubbauden wurden wir herzlich durch Umarmung von Ingelore begrüßt. Sollte das der Hinweis sein, Körperkontakt nicht zu scheuen? Nach dem Eintreffen aller Boote hatte jeder die »Feuermachübung« zu bestehen (schnellster war Jack, der Feuermanager, mit 0,5 Sekunden). Selbst Preben nickte anerkennend. Rekordzeit. Ins Wasser musste keiner, alle blieben bei der Feuerprobe unter einer Minute.

Danach teilte Preben uns mit, dass das Essen »weggelaufen war«, weil ein Boot irrtümlich zu früh losgefahren war. Einzig ein grüner Beutel mit Essen und Bier hing in zirka fünf Metern Höhe an einem Seil. Ohne Hilfsmittel musste dieser heruntergeholt werden. Eine Pflichtübung war dies nicht. Trotzdem errichteten wir innerhalb kürzester Zeit eine Personenpyramide mit zwölf kräftigen Personen unten, vier Personen in der zweiten Ebene und Jack als denjenigen, der (angeblich als Leichtester) diesen Sack und die Tüte herunterholen musste. Die Beute dieser Anstrengung war erwartungsgemäß dürftig, der Nahrungsmittelinhalt nur gering, eine Bierdose für alle! Kaum jemand wollte essen. Nur einige gönnten sich ein Knäckebrot beziehungsweise Backobst. Das Bier kreiste in der Runde. Ein kurzer Rückblick über das 33 Stunden Inselsolo beendete den Tag, jedoch nicht bevor Klaus verkündete: Wir haben 4500 Liegestützen voll! Fast jeder von uns hatte die Gelegenheit genutzt und überdurchschnittlich viele Liegestützen auf der Insel gemacht. Der Rekord lag jenseits der 200! Allerdings rächte sich dieser Übereifer bei einigen am nächsten Tag auch durch einen gewissen Muskelkater.

Der siebte Tag: Donnerstag, 24. Mai 2001

Um sieben Uhr bereits brachen wir, ohne zu essen, mit den Kanus von Snubbauden in südliche Richtung nach Dammen auf. Dort sollten wir bis spätestens um acht Uhr mit den Kanus eintreffen, was auch relativ unproblematisch gelang. Kurz nach unserer Ankunft trafen drei Autos ein. Die Kanus, Ausrüstungsgegenstände und Rucksäcke der Teilnehmer wurden aufgeladen und es ging mit Autos (!) ungefähr 30 Kilometer weiter. Die Fahrt im Auto, die ja sonst für jedermann alltäglich und normal ist, wurde nach sechs Tagen in der Natur zu einem Erlebnis. Am Ziel gab es zwei große Behälter mit einem kohlehydratreichen Getränk, aus denen sich jeder, so viel er wollte, bedienen konnte. Eine Wohltat. Reinhard hatte zu diesem Zeitpunkt große Probleme mit seinen Augen, die sehr stark tränten, Vermutung: Bindehautentzündung. Nachdem sich jeder ausreichend gestärkt hatte, erfolgte eine Aufteilung in Zweiergruppen, die, jede für sich, ein Tangram zu lösen hatte. Sobald die Aufgabe erfüllt war, mussten wir einzeln entlang der »Uferregion« losgehen, bis nach etwa fünf Kilometern ein großes langes Kanu am Ufer liegen sollte. Zirka 50 Meter davon entfernt war dann das Basecamp. Nachdem die Ersten eingetroffen waren, begannen wir die Boote zu reinigen, die Zelte zu sortieren und zusammenzulegen und das Kochgeschirr zu spülen. Dann gab es eine kräftige, reichlich mit Fleisch bestückte Gemüsesuppe und für jeden ein Käsebrötchen. Das erste Essen nach langer Zeit, das allerdings vorsichtig zu sich genommen werden sollte.

Endlich erhielten wir auch unsere »Zivilgegenstände«, unsere Uhren und Wertgegenstände zurück. Anschließend erfolgte für Interessierte eine Übung an einer Kletterwand, bei der fast alle mitmachten. Danach versuchten wir uns an einer »Selbstkletterübung« mit Bierkisten. Der Rekord lag bei 16 Stück. Jetzt musste eine Gruppe das Tipi auf einem vorgegebenen Platz aufbauen und vorbereiten. Die zweite Gruppe durfte sich in einer Blockbohlensauna, die mit heißen Steinen geheizt wurde, erholen. Nach der Sauna musste jeder in den See springen und zehn Steine ans Ufer werfen (brrrr ...).

Mit dem großen warmen Zuber konnte man sich sehr schön aufwärmen. Er enthielt eine kleine Flasche mit Elchblut (ein Preiselbeerschnaps) und eine Dose mit schwedischem Starkbier sowie deftige Elchwurst. Alles eine Wohltat, die noch verstärkt wurde durch das wunderschöne Wetter und die herrliche Lage am See. Der Wechsel der beiden Gruppen erfolgte nach ungefähr einer Stunde. Das noch nicht vollständig geschmückte und hergerichtete Tipi wurde von der anderen Gruppe fertig gestellt. Nachdem beide Gruppen mit dem Saunieren fertig waren und das Tipi stand, begann dann ein hervorragendes Mahl: Lachspastete mit Polarknäcke, danach ein Kräuterschnaps zur Verdauung und Leichtbier zum »Spülen«. Die Give-away-Party bildete den krönenden Abschluss.

Der achte Tag: Freitag, 25. Mai 2001

Nach dem Aufstehen hieß es, die persönlichen Sachen zu sortieren. Die Zivilkleidung wurde wieder angelegt, die Wilderness-Experience-Bekleidung im Rucksack verstaut. Nach dem Abgeben der Isomatten und Schlafsäcke folgte ein ausgesprochen leckeres Frühstück im Gemeinschaftsraum, das keine Wünsche offen ließ. Nach dieser Stärkung folgte das Abschlussseminar, in dem in kleineren Gruppen auf ausgewählte Projekte Stellung zu bestimmten Punkten bezogen werden sollte:

Gruppenprozesse, Teambildung, Teamentwicklung, Führung von Gruppen, Management, Effizienz/Effektivität, Stile (Denken/Problemlösung), Kompetenzen: Kommunikation, strategisches Denken und Handeln, Erfolgsorientierung, Veränderungsbereitschaft und Stressresistenz, Vergleichsprozesse ich und andere.

Die Bewertung durch die Teilnehmer zu den einzelnen Projekten sah wie folgt aus:

Projekt: Orientierungsmarsch und Brückenbau

Gruppenprozesse: Es gab noch keine Disziplin, starke Einzelcharaktere dominierten.

Teambildung: ist grundsätzlich abhängig von der Anforderung/Verfassung der Teilnehmer; geschieht schneller bei höheren Anforderungen; wird durch ein gemeinsames Ziel stark gefördert.

Teamentwicklung: gut geeignet zum Erkennen von individuellen Fähigkeiten.

Führung von Gruppen/Management: Unterforderung führt zu Verwirrung; klare Kommunikation ist erforderlich.

Effizienz/Effektivität: Bequemlichkeit ist erfolgshemmend; wenn der Zeitdruck fehlt, sinkt die Effizienz.

Stile (Denken/Problemlösung): Um ein Problem schneller lösen zu können, ist es gegebenenfalls erforderlich, eine Planung zu verändern und an die Aufgabe anzupassen.

Kompetenzen: –

Kommunikation: Zu viel Kommunikation, speziell Wiederholungen, wirken sich negativ aus.

Strategisches Denken und Handeln: war bei dem Bau der Brücke besonders gefragt.

Erfolgsorientierung: »Wollen ist wichtig!«

Veränderungsbereitschaft: absolut erforderlich; Bequemlichkeit wirkt kontraproduktiv.
Stressresistenz: –
Vergleichsprozesse ich und andere: –

Projekt: Sprung

Gruppenprozesse: Entscheidung ist die Stärkung der »Unsicheren«; alle »Unsicheren« bilden eine Gruppe. Interessant die von den »Mutigen« geleistete Überzeugungsarbeit. Ergebnis hierdurch: Alle sind gesprungen.
Teambildung: grundsätzlich nein, da jeder alleine springen musste. Nachher geringfügig, durch die Anerkennung der gesamten Gruppe untereinander.
Teamentwicklung: s. Teambildung
Führung von Gruppen: –
Management: –
Effizienz/Effektivität: –
Stile (Denken/Problemlösung): Gefragt war das Einfühlungsvermögen; Problemlösung durch Feinfühligkeit: Wie bringe ich jemanden mit einer Hemmschwelle zum Sprung?
Kompetenzen: –
Kommunikation: Überzeugen durch Reden.
Strategisches Denken und Handeln: –
Erfolgsorientierung: wurde für die, die erst nicht springen wollten, die Anerkennung durch die Gruppe.
Veränderungsbereitschaft: der Wille, Grenzen zu überschreiten.
Stressresistenz: Stress durch Angst.
Vergleichsprozesse ich und andere: Hier wurde ein sehr schöner Transfer auf das reale Leben möglich. Es gilt zu motivieren, Ängste zu definieren, Sicherheit zu bieten und zuzuhören. Die Aufgabe einer Führungsperson besteht darin, Erfolgsorientierung der Gruppe vorzugeben: Alle müssen rübergehen. In kritischen Situationen Ruhe und Geduld bewahren. Schwierige Aufgaben sind »freiwillig«, wir erwarten jedoch, dass du es tust.

Projekt: Abseilen

Gruppenprozesse: Es gab gegenseitige Motivation, aber auch Gruppendruck/-zwang.

Teambildung: Stärkung des »Wirgefühls« – alle haben es geschafft.
Teamentwicklung: gemeinsames Erlebnis.
Führung von Gruppen: –
Management: –
Effizienz/Effektivität: war relativ hoch. Durch das Risiko wurde effektiv zugehört. Alle müssen es können. Es wurde nur einmal erklärt.
Stile (Denken/Problemlösung): –
Kompetenzen: –
Kommunikation: Klarheit, Offenheit (»Ich habe Höhenangst«) sind unverzichtbar.
Strategisches Denken und Handeln: –
Erfolgsorientierung: ja
Veränderungsbereitschaft: war sehr hoch. Die wenigsten hatten so etwas schon mal gemacht. Alle haben mitgezogen.
Stressresistenz: sehr hoch.
Vergleichsprozesse ich und andere: –

Projekt Bibertal

Gruppenprozesse: Startmentalität war höher als bei anderen Projekten, wahrscheinlich weil die Anforderungen gleich höher dargestellt wurden. Die Teambildung war stärker als bei anderen Projekten. Es kam zur Strategieentwicklung über die Vorgehensweise unter Beachtung der verschiedenen körperlichen und mentalen Zustände.
Teambildung: Wichtig ist es, starke und schwache Typen in einem Team zusammenzufassen, sodass das Leistungsniveau sich in der Mittel einpegelt (die Starken ziehen die Schwachen). Voraussetzung hierzu ist eine offene Kommunikation über Stärken und Schwächen.
Teamentwicklung: Es kam bei diesem Projekt zum Teil sehr deutlich spürbar zu Leistungssteigerungen durch gegenseitige Motivation und positive Beispiele.
Führung von Gruppen/Management: Führung war sehr gut durch ziel- und zeitorientierten Tagesmanager. Die Delegation von Aufgaben führt zur Zielerreichung.
Effizienz/Effektivität: wird erreicht durch Zielvorgaben, die nicht zu locker sein dürfen.

Stile (Denken/Problemlösung): Schwierige Situationen sollten eher autoritär/bestimmend geführt werden, leichte bis mittlere eher kooperativ.
Kompetenzen: –
Kommunikation: klar und deutlich.
Strategisches Denken und Handeln: –
Erfolgsorientierung: war bei allen Gruppen bis zum Schluss sehr hoch.
Veränderungsbereitschaft: Neues wurde ausprobiert.
Stressresistenz: insgesamt hoch.
Vergleichsprozesse ich und andere: –

Projekt: Inselsolo

Gruppenprozesse: –
Teambildung: kam erst hinterher durch gemeinsam Erlebtes.
Teamentwicklung: s. Teambildung
Führung von Gruppen: –
Management: –
Effizienz/Effektivität: –
Stile (Denken/Problemlösung): denken, Reflexion, Entspannung, warten, schlafen, nachdenken, Probleme lösen, analysieren.
Kompetenzen: Ausdauer, aushalten, Zeitmanagement.
Kommunikation: die Stille hören!
Strategisches Denken und Handeln: –
Erfolgsorientierung: Spielregeln einhalten, sonst drohen Sanktionen/Konsequenzen.
Veränderungsbereitschaft: sehr hoch. Für jeden war dies das erste Mal in so einer Situation.
Stressresistenz: hohe Unsicherheit, Ungewissheit, Informationsdefizit, Konstruktion, Halluzination.
Vergleichsprozesse ich und andere: –

Projekt: Pyramidenbau

Gruppenprozesse: Die Lösung wurde sehr schnell von der Gruppe gefunden. Der Tagesmanager spielte hierbei eine untergeordnete Rolle. Die Gruppe war selbstorganisiert und selbstgesteuert.

Teambildung: Das Projekt war für die Teambildung von großer Relevanz. Das Team stellte sich sehr schnell zielorientiert zusammen.

Teamentwicklung: Projekt war ein Meilenstein für die Teamentwicklung. Es war auch deswegen wichtig, weil das Projekt unter großen körperlichen Anstrengungen bewältigt und schnell gelöst wurde. Alle haben mitgezogen. Es gab keine Bequemlichkeit!

Führung von Gruppen/Management: war relativ einfach, da die Gruppe selbstgesteuert und zielorientiert gehandelt hat. Ein Eingreifen war nicht erforderlich.

Effizienz/Effektivität: Die Lösung des Problems war effektiv und effizient. Ursache hierfür war die insgesamt hohe Motivation.

Stile (Denken/Problemlösung): Die Aktion war spontan, aber trotzdem durchdacht.

Kompetenzen: –

Kommunikation: Gruppenkommunikation.

Strategisches Denken und Handeln: –

Erfolgsorientierung: –

Veränderungsbereitschaft: –

Stressresistenz: –

Vergleichsprozesse ich und andere: –

Die einzelnen Ergebnisse der Gruppenarbeiten wurden vorgestellt und in der gesamten Runde diskutiert mit dem Ergebnis, dass die Gruppenergebnisse der kleinen Gruppe auch in der großen Gruppe Zustimmung fanden. Als Bonbon für alle wurde unter neugierigen Blicken die große Aluminiumkiste geöffnet, die Herr Henschel uns am ersten Tag anvertraut hatte. Zum Vorschein kamen ein Sweatshirt für jeden mit dem aufgestickten Logo (drei Wildgänse) von Wilderness Experience sowie dem Jahr der Teilnahme. Ein Großteil ließ es sich dann auch nicht nehmen, sich damit zu uniformieren.

Nun war Preben an der Reihe. Er gab der Gruppe ein Feedback, das ausgesprochen gut ausfiel. Er stufte uns nach nun mittlerweile 20 Jahren Erfahrung mit solchen Gruppen auf Platz zwei ein!

Viel Zeit blieb danach nicht mehr zu weiteren Reflexionen. Der Bus rollte an. Die Fahrt nach Göteborg gestaltete sich ruhig. Die meisten genossen die Landschaft, die an ihnen vorüberzog, und sammelten weitere optische Eindrücke aus Schweden. Der Bus wurde in der Nähe des Zentrums geparkt und die gesamt Gruppe machte sich auf zu einer Stadtbesichtigung. Insbesondere die Menschenmengen und das Gedränge in den Einkaufspassagen waren nach einer Woche der Ruhe in der Natur relativ ungewohnt. Später auf der Fähre hat es sich wahrscheinlich kein Teilnehmer entgehen lassen, eine ordentliche Dusche zu nehmen. Die Stimmung am Abend war hervorragend. Alle waren wohl auch mit dem Gefühl unterwegs: Wir haben es geschafft. Danach teilte sich die Gruppe.

Der neunte Tag: Samstag, 26. Mai 2001

Der nächste Morgen verlief relativ undramatisch. Gutes Wetter ermöglichte es, nach dem Frühstück das Einlaufen in den Kieler Hafen vom Oberdeck aus zu genießen. In Lübeck angekommen, wurde die große Aluminiumkiste noch ordnungsgemäß abgeliefert und nach einer herzlichen Verabschiedung löste sich die Gruppe auf.

Schwedische Wildnis als Trainingsraum für Motivation

Stefan Mühleisen

Wie sich Führung, Kooperation und Motivation im Team nachhaltig entwickeln lässt, zeigt eine Veranstaltung mit 15 Führungskräften in der Wald- und Seenlandschaft Skandinaviens. Ein atemloser Praxisbericht.

Februar 2002. Innerhalb von Sekunden erkennt mich der Mann am Telefon. Dabei haben wir uns vor über fünf Jahren das letzte Mal gesehen. Friedrich Wendt, heute Geschäftsführer der Top-Mehrwert-Logistik in Hamburg, war damals einer der 15 Teilnehmer beim Wilderness Experience in der schwedischen Waldlandschaft Värmlands.

Ja, es sei ein wunderbar in die Erinnerung eingebranntes Erlebnis gewesen – unsere fünf Tage in der Wildnis. Das dort Gelernte sei Friedrich zur Selbstverständlichkeit geworden: wie sich Teams am besten nach geforderten Ressourcen zusammensetzen lassen. Wie ein gemeinsames Ziel vor Augen zu sinnvollen Kooperationen motiviert. Und wie sich beim Abseilen an einer senkrechten Felswand persönliche Ängste überwinden lassen.

Friedrich Wendt erzählt mir, dass er kurze Zeit nach Rückkehr aus der Wildnis mit einer neuen Geschäftsidee wie ein Pionier in der Wildnis an den europäischen Markt ging. Aus den Anfängen vor fünf Jahren ist mittlerweile eine 300 Mitarbeiter starke Organisation erwachsen. Wie Friedrich Wendt sagt, wolle er seinen leitenden Mitarbeitern schon längst eine Lernerfahrung in der Natur ermöglichen, wie er sie erlebt habe.

September 1996. Seit zwölf Stunden sitze ich mutterseelenallein auf einer kleinen Insel mitten im Stora Bör. Der See im waldreichen Värmland zeigt mir seine tausend Gesichter. Auf die Uferfelsen gekauert, beobachte ich, wie

Wasserkäfer im spiegelglatten Wasser rasante Kurven ziehen. Meine Augen wandern die Baumstämme auf und ab, studieren die Strukturen im Holz. In Sichtweite streckt eine winzige Felsinsel ihren Rücken aus dem Wasser. Wolfgang, der mich hier ausgesetzt hat, liegt dort und mit ihm das Kanu. Die ohrenbetäubende Stille, das Alleinsein und die wunderschöne, entspannende Natur der Seen und Wälder geben mir viel Zeit zum Nachdenken. Was war die letzten vier Tage passiert?

Da war die Überraschung am Flughafen Hamburg in der Check-in-Halle. Vor dem Schalter steht ein indianisches Zelt, im Halbkreis davor vier als Indianerinnen verkleidete Frauen. »Es wird für euch ein hartes Leben und ihr werdet den Speck des Winters verlieren, um dann bei der Rückkehr in die Wigwams die Wärme eurer Squaws zu suchen«, sagt die Vertreterin vom Stamme der Sioux. Indianermusik begleitet ihre Worte, Fluggäste bleiben stehen und schauen auf den Kreis von 15 Männern und einer Frau, die in Bergstiefeln und Outdoorhosen allesamt gekleidet einem großartigen Lernerlebnis entgegensehen. Sie haben sich für ihre persönliche und berufliche Weiterentwicklung den Schulungsraum Natur ausgesucht: Führungskräfte der deutschen Wirtschaft – darunter Friedrich Wendt aus Hamburg.

Unter der Obhut von DrägerForum wollen sie ihre emotionalen und fachlichen Fähigkeiten zum Führen und Kooperieren unter Beweis stellen, ihre eigenen Werte prüfen und dabei das »Richtige richtig und aufrichtig tun«. Mit von der Partie: Henning Henschel, Geschäftsführer der DrägerForum GmbH und Moderator des Wilderness Experience sowie der bärenstarke Kurt Bendlin, Ex-Olympia-Zehnkämpfer und leidenschaftlicher Outdoortrainer.

Ein gemischtes Gefühl – teils befreiend, teils beängstigend – entsteht, als Zeitplaner, Uhren, Kreditkarten, Bargeld und Handys unwiderruflich in einer Plastiktonne verschwinden. Im Austausch erhält jeder ein Paket, auf dem mit dicken Buchstaben »Notfall« steht. Vielleicht ist das eine bessere Währung für den Aufenthalt in der Wildnis.

Selbstorganisation als Teamaufgabe sehen

Als die Gruppe in Oslo aus dem Flugzeug stolpert, weiß sie nur eines: Der Zielort trägt den hübschen Namen »Kalleboda«. Die Skandinavienkarte im Maßstab 1:800.000 trägt wenig zur Zielfindung bei. Reinhard ist mit einer detaillierten Karte besser vorbereitet und hilft damit allen. Ohne die Bereitschaft zur Kooperation bliebe das Team bereits am Anfang auf der Strecke. Das bekomme ich hier hautnah zu spüren. Noch vor Mitternacht stöbern wir das Etappenziel, eine Hütte im Naturreservat Glaskogens, auf. Hinter uns liegen drei Stunden Busfahrt und ein zweistündiger Marsch durch waldreiches Gelände. Zum Glück scheint die Mitternachtssonne und wir können größtenteils sehen, wohin wir treten.

Die Motivation im Team ist durch die eindeutige Zielvorgabe, »den Sammelpunkt noch vor ein Uhr nachts zu erreichen«, gewaltig gesteigert. Vor einer Holzhütte mitten im Wald aufgetürmt warten die Ressourcen für die nächsten Tage: Schlafsäcke, Isomatten, Kochgeschirr, Planen, Kompass, Säge, Streichhölzer. Jeder darf sich vier Teile nehmen. Zelte gibt es nicht. Silvia aus Hamburg bekommt den Auftrag, die Ausrüstung zu verteilen. Christoph, Unternehmensberater bei Kienbaum Management Consultants und auf der Stelle zum Verpflegungsmanager ernannt, sieht sich einem Chaos gegenüber. Keiner weiß, welche Lebensmittel für das Überleben notwendig sind. Futterneid greift bei der Nahrungsmittelvergabe um sich. Wie so oft in der Wirtschaft, fällt die Entscheidung mit einem Defizit an Informationen. Wir packen ein, was da ist: geräucherten Schweinespeck, Brotmehl, Reis, Linsen, Hirse. Todmüde sinke ich ins Dickicht des Tannenwaldes. Müde vom Organisieren, Konsensfinden, Kontrollieren und Diskutieren. Hennings Worte in den Ohren und die Schweinehälften vor dem geistigen Auge, schlafe ich ein: »Wir kämpfen um Dinge, mit denen wir nicht umgehen können.« Kioskmentalität. Nehmen, was da ist, ohne zu überlegen.

Geweckt vom Röhren eines Elchs und beschleunigt von den Stichen kleiner Mücken, taumeln wir in die nächste Herausforderung. Ein Armeelaster Marke Tatra setzt Reinhard, Jürgen, Christoph und mich am Ende einer Erdstraße aus. Nichts als Wald und Moor liegt vor uns. Unendlich weit weg der gewohnte Schonraum mit Kühlschrank, warmem Bett und Kreditkarte. Exoffizier und Wildnisexperte Preben Mortensen, schwedischer Partner von DrägerForum, erläutert seine bewährte STOP-Formel für das Überleben in der Wildnis: »Stay, think, organize and prioritate«. Das heißt: Im Notfall erst einmal anhalten, nicht blind umherrennen, denken, »denn das kostet nichts«, die Gruppe organisieren und in der richtigen Reihenfolge handeln. Schon vor der Anreise sollten wir ein schriftliches Notfallkonzept verfassen. Stephan, vom Projektmanager zum Notfallmanager avanciert, hat zwar unsere Schriftstücke eingesammelt, aber noch nicht mit uns darüber diskutiert. »Er hat seine Aufgabe nicht konsequent verfolgt«, wird es später heißen.

Führungskompetenzen und Schlüsselqualifikationen unter Beweis stellen

Mit Karte und Kompass ausgestattet, steuern wir unser Ziel, ein Camp zwischen zwei Seen, an. »Die Natur spricht immer Klartext«, hallen Prebens Worte hinterher. Objektiv gehen wir kein Risiko ein, doch subjektiv ringt uns der unbekannte Weg einigen Schweiß ab. Wir lernen mit unvorhergesehenen Situationen umzugehen. Das ist im Übrigen eine im beruflichen Alltag geforderte Schlüsselqualifikation. Von Gestrüpp, Moor, quer liegenden Baumstämmen im Fichtenwald und sumpfigen Bachbetten lassen wir uns nicht vom Ziel abbringen. »Erfolg erfolgt mental gesteuert« – diesen Glaubenssatz hat uns Henning mitgegeben. Wir treffen Entscheidungen, sprechen uns ab, achten auf Jürgen, weil er immer langsamer wird. Wie war das doch? »Nicht der Schwächste bestimmt das Tempo, sondern der Stärkste mit all seinen Kompetenzen«, steht im Erfolgsprogramm. Hier verliert der Satz seine Bedeutung. Meine Gruppe beweist ihre Kompetenz und Schlüsselqualifikation, findet nach zwei Stunden den Zielort und die zwei anderen Teams. Alle strecken sich erschöpft, aber zufrieden am Boden aus. Mir fällt auf, dass ich seit 24 Stunden nichts mehr gegessen habe und dass Wasser aus den Seen das einzig vorhandene Getränk ist. Doch wieder ist keine Zeit zum Ausruhen. Vor uns liegt eine harte Aufgabe: Mitten auf unserer Route liegt ein kleiner See, den es zu überqueren gilt. Jürgen, der heute Tagesmanager ist, gibt die Aufgabe ab: »Keine Ahnung.« Dirk, im Nu splitternackt, wirft die Handlungsmaxime »warm, satt, trocken« über den Haufen, springt ins sumpfige Gewässer, über dem sich Libellen paaren. »Wir können schwimmen«, schreit er. Doch was geschieht mit Gepäck und Kleidung? Zuerst stehen alle nur untätig herum, dann entsteht die Idee für ein Gepäckfloß. In unaufgeforderter Selbstorganisation legen die Geschickteren Hand an. Sie verschnüren Hölzer und Isomatten, auf denen wir sonst schlafen, zu einem Floß von der Größe einer Luftmatratze. Dahinter schwimmt jeder und bringt sein Gepäck trocken ans andere Ufer. Mit einem

Seil holen die Nachfolgenden das Gefährt zurück. Dann endlich: Zeit für die erste Mahlzeit. Jens und Jürgen entpuppen sich als Meisterköche: Risotto mit Schweineschwarten. Wasser trinke ich direkt aus den Seen. »Drei bis fünf Liter Wasser pro Tag, sonst kippt ihr um«, hat uns Preben eingebläut.

Ein neuer Tag, neue Aufgaben. Ausschau nach Nahrungsmitteln. Während ich mit Christoph, Reinhard und Jens zum Angeln gehe, wir kleine Fische sehen, aber nichts fangen, schleppen die anderen einen Riesentopf Blaubeeren und einen Becher roter Moosbeeren an. »Die Natur ist ein gedeckter Tisch«, so die einhellige Meinung. Um allerdings genügend Kohlenhydrate für das Überleben aufzunehmen, müsste ich 500 Kalorien pro Tag zu mir nehmen, das entspricht 15 Kilo Blaubeeren. Abgesehen vom mangelnden Sammeleifer setzt da der Verdauungstrakt deutliche Grenzen. »Schilfwurzeln und Knollen liefern reichlich Kohlenhydrate«, verrät Outdoorspezialist Preben. Ganze Schilfwälder säumen die Ränder der stillen Seen. Dass wir, statt von den süßen Früchten unter Wasser zu naschen, die fischlosen Gewässer zum Angeln nutzten, wird uns vorgehalten: »Ihr macht etwas unter dem Deckmantel der Produktivität – Nahrung habt ihr keine besorgt.« Stimmt.

Sich selbst führen lernen

Nächstes »situatives Lernarrangement«: Abseilen von einer senkrechten Felswand, die rot in der Mittagssonne glüht. Vertrauen, Stressbewältigung, Überwindung, der Mut, »Ja oder Nein zu sagen« – diese Eigenschaften werden hier abgeklopft. Ich stehe oben, 30 Meter Tiefe im Rücken, noch das verkrampfte, weiß angelaufene Gesicht von Reinhard vor mir, der am Seil ein ganz anderer Mensch wurde. Tapsig versuche ich meine ersten Schritte an der Felswand. Schließlich hänge ich ohne Felskontakt am Seil und bestimme die Abseilgeschwindigkeit selbst. Kurz vorher waren wir alle noch unten gestanden. Jeder hat gesagt, was er sieht, was er dabei fühlt und was er machen wird. Aufrichtige Aussagen kommen über die Lippen: »Bauchkribbeln«, »Heidenrespekt«, »Aufregung«, »Höllenangst«. Doch positiver Stress motiviert. Bis auf Silvia, die mit einem konsequenten »Nein« reagiert, entscheidet sich die gesammelte Mannschaft dafür, loszulassen und den Boden unter den Füßen zu verlieren. »Wer keine Angst hat, lebt gefährlich«, so das Fazit der Einzelübung. Doch wie viel Angst drückt uns im Job: Angst vor Statusverlust, Angst zu versagen, Angst zu scheitern. »Es hilft euch, direkt auf die Angst zuzugehen«, sagt Kurt Bendlin, mittlerweile leicht stoppelbärtig. Der ehemalige Weltrekordler erinnert sich daran, wie er im Laufe der Jahre beim Stabhochsprung 13 Stäbe sowie einige Wirbel und Knochen gebrochen hat. »Ich habe nach jedem Scheitern gleich wieder angefangen zu springen«, skizzierte er seinen Weg aus der Angst.

Aufgaben gemeinsam verteilen

Die Angst muss vom Bauch in den Kopf gelangen, geistig bewältigt werden und als »emotionale Erkenntnis« in den Bauch zurückkehren. Ängstliche Menschen lassen sich von morgens bis abends irritieren. »Angst ist ein guter Aktivator, allerdings ein schlechter Motivator«, sagt Karsten. In manchen Unternehmen gehöre das Verbreiten von Angst zum Führungskonzept. Die Unsicherheit lässt sich nicht abschütteln, als wir vor dem Eingang des Bibertals stehen. Umgestürzte Baumstämme, gefällt von scharfen Biberzähnen bei der Nahrungssuche nach grünem Blattwerk, scheinen das Durchkommen unmöglich zu machen. »Konzentriert euch auf die Möglichkeiten, nicht auf die Probleme«, motiviert Gruppenmanager Holger. Jeder der drei Gruppen nimmt einen anderen Weg. Erich, Wolfgang, Christoph, Dirk und ich kommen als Erste an, obwohl wir als Letzte losgegangen sind. Ich muss an Peter Druckers Zitat denken: »Effizienz heißt, die Dinge richtig zu tun. Effektivität heißt, die richtigen Dinge zu tun.« Preben sagt den erschöpften Wanderern die Wahrheit ins Gesicht: »Ihr seid 5600 Meter gegangen – ein Spaziergang.« Wieder keine Zeit zur Rast. Der Lagerplatz muss hergerichtet werden. Zwei indianische Zelte, so genannte Tipis, entstehen aus langen dünnen Baumstämmen, »eines für Schnarcher, das andere für Nichtschnarcher«. »Was soll der blinde Aktionismus?«, meckert Karsten, als ich versuche, Ordnung in das Durcheinander von Stangen und Tüchern zu bringen. Wieder ist Organisation und Planung gefragt, sinnvolle Aufgabenteilung. Zuerst Nachdenken, dann Handeln. Am nächsten Morgen großer Showdown für Preben Mortensen. Er zeigt uns, wie man Feuer macht: mit Feuerstein und Birkenpilz, so wie die Wikinger früher. »Das Feuer ist euer Hotel in der Wildnis, es strahlt Überlebensenergie aus und war schon immer ein heiliger Platz.« Der bärtige Schwede, stets in olivgrün gemusterten Armeehosen gekleidet, Taschenlampe und Messer am Gürtel hängend, kennt 20 verschiedene Arten, Feuer zu machen. Wir lernen, das Harz aus Baumstämmen zu pulen, aus einer winzigen Flamme einer abgeschabten Birkenrinde und winzigen Reisighölzchen Feuer zu machen – auch bei Nässe. Die Grundausstattung zum Überleben heißt: Zündhölzer, ein scharfes Messer, Karte und Kompass. »Und hinterlasst stets eine Nachricht, wohin ihr aufgebrochen seid!«, ermahnt uns Preben aus 30 Jahren Erfahrung mit Notfällen in der Wildnis.

Ein Team zu Entscheidungen führen

Unser Erfolgsprogramm auf dem Weg durch die abgelegenen Fichten- und Kiefernwälder setzt sich auf dem Wasser fort. »Mach bloß keinen Scheiß«, raunzt mich Teamkollege Wolfgang an, als ich mit einem beherzten Satz in das Indianerkanu springe und es fast zum Umkippen bringe. Vom Bürostuhl verwöhnt, müssen wir uns neue Fähigkeiten aneignen. Ich lerne das Gleichgewicht zu halten und richtig mit den Stechpaddeln umzugehen. Kraftvoll gleitet der Konvoi aus sieben Kanus über den spiegelglatten See. An Bord fährt das komplette Gepäck mit. Passagen, kleine Kanälchen und holprige Landwege verbinden die Riesenpfützen miteinander. Kanu raus, Kanu rein. 50 Kilogramm Aluminium schleppen, das nervt. Jedes Gramm Gepäck drückt. Durch Zeitdruck, Stress, körperliche Belastung wachsen die Anforderungen. Wieder eine Passage am Ende eines Schilfgürtels. Schwerfällig schrammen wir das Kanu über Felsbrocken. Gerade überfällt mich ein Hungerschub, da stellt Projektleiter Henning eine neue Aufgabe. »Wir brauchen in einer Stunde zehn Kilo Kartoffeln, in drei Stunden drei Brote und in fünf Stunden drei Lachse.« Auch wenn wir den Sinn der Aufgabe nicht verstehen und uns wie bei den Bundesjugendspielen fühlen, sind wir uns einig: Es geht um die Wurst, denn wir werden an unseren Ergebnissen gemessen. Trotzdem steht die Gruppe herum, diskutiert und tut nichts. »So geht die deutsche Wirtschaft zugrunde«, kommentiert Henning. Doch einzig Aktivität bringt Erfolg. Ein beherztes Dreiergespann, bestehend aus Reinhard, Silvia und Holger, marschiert los. Sie treffen auf ein rot gestrichenes Holzhaus. Einheimische helfen ihnen mit Fisch und Kartoffeln. Karsten versetzt Hefe mit warmem Wasser und fängt damit an, Brot zu backen. »Wilderness Experience setzt Impulse, um handlungsfähig und entscheidungsfreudig zu bleiben«, glaubt Henning Henschel.

Geschlossen gleiten die Kanus durch Streifen aus Schilfgras. In Kanälchen mit Seerosen und purpurrotem Seegras strömt das glasklare Wasser zum Stor Bör. Stephan, der Tagesmanager, verzweifelt schier bei der Aufgabe, die Kanuinsassen auf kleine Inselchen zu verteilen. Ich schalte mich in die Planung ein, mache Vorschläge. Erst gemeinsam bekommt die Gruppe geregelt, wer wo nächtigen soll. Ein starkes Team besteht aus autonomen Mitgliedern. Zur Reflexion und zum bewussten Kontrast zwischen Gruppendynamik und Alleinsein schreibt das Drehbuch eine »Single-Nacht« auf einer der Inseln vor. Überhaupt leisten die Betreuer den entscheidenden Part der Moderation, Steuerung und wiederkehrenden Reflexion zum Transfer der Lernerlebnisse im beruflichen Alltag. Sonst könnte ich ja gleich einen Abenteuerurlaub buchen. »Wilderness Experience bedeutet weder Incentivetour noch Konsumreise, sondern ist eine ganzheitliche Ressourcenentwicklung für Menschen, die führen und kooperieren wollen.« So steht es im Prospekt.

Selbstmanagement als Voraussetzung für Teamfähigkeit erkennen

So, nun sitze ich hier, denke nach über Werte, Ziele und wie alles gelaufen ist. Prima schmeckt der Linseneintopf aus dem Notfallpaket, ebenso die Haselnüsse und die getrockneten Aprikosen. Mein Geschmacksinn hat sich verändert, seit Tannenzweigspitzen – »Tannin enthält Vitamin C« –, am Feuer gebackene Brotfladen und Beeren über die Zunge gewandert sind. Selbstvertrauen erwächst aus dem Erfolgserlebnis, die selbst gestellten Aufgaben und Anforderungen erfüllt zu haben. Überschrittene Grenzen der letzten Tage zeigen die meist unterschätzte Belastungsfähigkeit auf. Meine Wahrnehmung der Umgebung gegenüber ist achtsamer geworden. Unter Anleitung der Lehrmeisterin Natur ist mein Glauben an Teamarbeit wieder gestiegen. Mit den Mitteln der Natur lerne ich Selbstmotivation und Selbstmanagement zu verbessern.

Wie abgemacht holt mich Wolfgang ab, als die Sonne im Zenit steht – unsere Uhren haben wir ja zurückgelassen. Das große Wiedersehen mit den Kollegen wird auf einer Halbinsel inszeniert. Unter dem Dach mächtiger Kiefern steigt Feuerrauch auf. Lachse garen in einem Naturbackofen unter der Erde. Henning tritt in Jackett und Trapperhut auf: »Die Zivilisation wird euch bald wiederbekommen.« Wir beschenken uns mit vor der Reise gekauften Give-aways und sitzen bis spät nach Mitternacht in regem Austausch am Feuer. Alle sind wir ein wenig andere Menschen geworden: teamorientierter, aufrichtiger, erfahrener, kooperativer. Und fortan verbindet uns ein Erlebnis, das nicht jeder hat.

Projektleiterqualifizierung: ein Fall für die Wildnis

Dr. Rainer Wilms

Projektmanagement als Organisationsform zukunftsorientierter Unternehmen

In vielen Branchen der Wirtschaft wird Projektarbeit als diejenige Form der Arbeit angesehen, die mit dem Wachstum der globalen Märkte mit ihren immer neueren Technologien und immer komplexeren Themenstellungen überhaupt Schritt halten kann. Ist Projektmanagement die generelle, allgemein gültige Organisationsform neben der klassischen Linienhierarchie?

Ja, weil die meisten Unternehmen sich darum bemühen, die organisatorischen Rahmenbedingungen für die Projektarbeit zu legen: Sie stellen Regeln in Form von Projektmanagement-Handbüchern auf, legen das Rollenverständnis von Auftraggeber und Auftragnehmer fest und versuchen die Prozesse eindeutig zu beschreiben, nach denen jeder ein Projekt bearbeiten können müsste.

Aber: Das gewisse »Fingerspitzengefühl« ist nicht in Projektmanagementregeln zu formulieren, die Zusammenarbeit im Projektteam kann nicht »verordnet« werden und Führung und Repräsentation eines Projekts hängen sehr von den beteiligten Personen ab – all diese Dinge also, die Projektarbeit zum Erfolg führen.

Bezeichnend ist die Weise, wie ein Mitarbeiter zum Projektleiter ernannt wird. Oftmals ist eine Reputation ausschlaggebend, die ein Mitarbeiter durch ein gelungenes Projekt aufgebaut hat, sodass ihm eine andere Aufgabe als neues Projekt anvertraut wird. Vereinzelt findet man Unternehmen, die eine Projektleiterlaufbahn festgelegt haben und aus einem Pool von potenziellen Kandidaten die Auswahl treffen. Neben dieser geplanten Projektleiterauswahl gibt es die Ernennung »zwischen Tür und Angel«. Dabei wird wenig darauf geachtet, ob die ausgewählte Person dieser Aufgabe überhaupt gewachsen ist. Ein Projektleiter lernt das Schwimmen im kalten Wasser mit dem hohen Preis, dass viele »Debütprojekte« scheitern.

Was macht einen Projektleiter aus?

Beschreibt man die Eigenschaften eines »guten« Projektleiters, so wird dessen ambivalente Funktion deutlich. Ein Projektleiter sollte auf mehreren Ebenen aktiv sein: Einerseits ist die Sache, das heißt das Projekt an sich, im Griff zu halten, andererseits wird die Projektarbeit maßgeblich von den involvierten Menschen geprägt, die sowohl als individuelle Persönlichkeiten als auch als Gruppe angesprochen werden sollten. Überdies erfordert ein erfolgreiches Projektmanagement unbedingt die Einbeziehung des unternehmerischen Umfelds. Aus diesen verschiedenen Ansprechebenen leiten sich folgende Funktionen des Projektleiters ab:

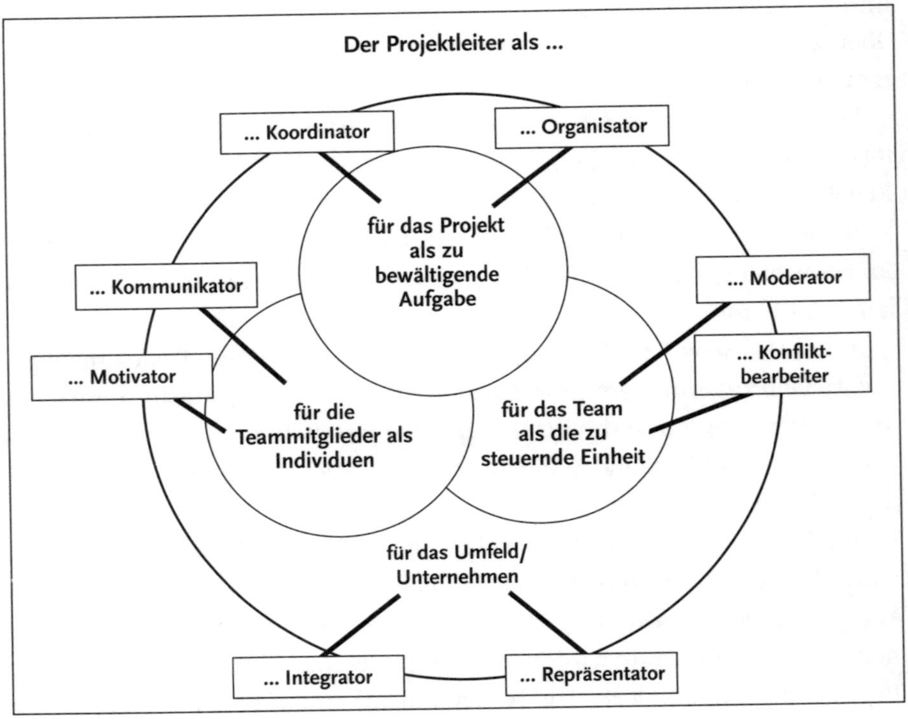

Abbildung 1: Wirkungsfeld eines Projektleiters

Ein Projekt im Griff zu halten erfordert vom Projektleiter organisatorisches Geschick. Das setzt ein profundes Wissen über die Methoden des Projektmanagements voraus, wenn es um Planung und Steuerung des Projekts geht, wie auch über die richtige Anwendungstiefe dieser Instrumente. Das Projekt benötigt den Projektleiter außerdem als Koordinator, der die richtige Person an die richtige Stelle im Projekt platziert. Die Voraussetzung dafür ist, dass er seine Personalressourcen in Bezug auf deren Einsatzfähigkeit einschätzen kann.

Für die einzelnen Teammitglieder als Individuen ist der Projektleiter als Schaltstelle der Kommunikation im Projekt unentbehrlich. Er hat die Informationen angemessen aufzubereiten und zu verteilen, um so die vielen »Inselbaustellen« miteinander zu vernetzen. Immer wieder wird ein Projekt in schwierige Situationen geraten. Die Teammitglieder benötigen dann einen motivierenden Projektleiter, der Wege und Perspektiven aufzeigt und der alle Projektbeteiligten für das weitere Vorgehen begeistern kann.

Im Projektteam lassen sich Teamgeist und Wirgefühl nicht »verordnen«, sondern müssen sich entwickeln. Es ist die Aufgabe des Projektleiters, verschiedene Meinungen zu hören und diese handlungs- und zielorientiert im Sinne der Gruppe zu bearbeiten. Diese Mittlerrolle ist für einen Projektleiter besonders schwierig, weil er aufgrund der Gesamtprojektverantwortung zumeist ein hohes Eigeninteresse hat. Da immer wieder unterschiedliche Interessen aufeinander prallen, ist seine Fähigkeit, Besprechungen zu moderieren und Konflikte zur bearbeiten, ohne diese zu verdrängen und damit verbundene Entscheidungen zu delegieren, in der Projektarbeit besonders wichtig.

Ein Projekt ist meist nicht isoliert zu betrachten, sondern immer Bestandteil einer existierenden Unternehmenslandschaft mit klaren Vorstellungen und Strategien. Immer wichtiger wird daher die Person des Projektleiters als Integrator und Repräsentator. Nur dann erreicht er beim Management die nötige Aufmerksamkeit für das Projekt und intern ein geeignetes Projektmarketing. Ein Projektleiter sollte sich bewusst sein, in welchem Kontext sein Projekt im Unternehmen und zu anderen Projekten steht, und bereit sein, sich entsprechend dafür einzusetzen.

Die konventionelle Projektleiterqualifizierung

Der Bedarf an Qualifizierungsmaßnahmen für Projektleiter ist in vielen Unternehmen groß, ebenso die Zahl der Seminaranbieter. Die Trainings und Seminare finden meist als »Inhouse«-Veranstaltungen statt, um unternehmensspezifischen Anforderungen gerecht zu werden. Der Trend geht inzwischen weg vom Standardtraining und immer mehr hin zum »maßgeschneiderten« Training, das auf das Unternehmen zugeschnitten ist.

Die konventionellen Trainings decken meist nur einen Teil der Themen ab, die ein Projektleiter für seine besondere Führungsaufgabe benötigt. Sie umfassen die Vermittlung von Projektmanagementmethodik, die sich an Fallbeispielen oder besser noch an praktischen Projekten aus dem Unternehmen anwenden lassen. Nur wenige Trainings befassen sich mit der Führungsproblematik im Projekt. Meist werden dazu allgemeine Führungstrainings angeboten, aus denen sich die Projektleiter die ihrem Bildungsbedarf entsprechende Maßnahme auswählen. Diese Trainings sind meist nicht auf die Arbeit im Projekt zugeschnitten. Es fehlen ihnen wichtige Inhalte wie beispielsweise die Bildung und Entwicklung von Teams »auf Zeit« oder die Moderation als Projektleiter mit einem massiven Eigeninteresse in den Sitzungen.

Die zunehmende Bedeutung von Projektmanagement in vielen Unternehmen fordert ein geeignetes Qualifizierungsprogramm für Projektleiter, das dieses Thema ganzheitlich betrachtet. Die Frage ist dann oft: »Wie kann ein solches Programm aussehen?«

Das Training in der Wildnis: Alternative oder Ergänzung zum konventionellen Projektmanagementtraining?

Wenn wir uns das Anforderungsprofil eines Projektleiters noch einmal vor Augen halten, so wird deutlich, dass er lernen muss, im richtigen Augenblick die richtigen Schwerpunkte zu legen. Dieser Umgang mit oftmals widersprüchlichen Situationen macht den Transfer einer »normalen« Lernsituation in die Praxis schwierig.

Die konventionellen Seminare (Indoorseminare) haben meist eine andere Ausrichtung als Trainings in der Wildnis (Outdoortrainings):

Kriterium	**Indoorseminar**	**Outdoortraining**
Zielsetzung	Vermittlung von Wissen (kognitiver Ansatz)	Lernen aus der Umsetzung von Inhalten (erlebnisorientierter Ansatz)
Inhalte	Methoden oder Verhalten	Ganzheitliche Betrachtung von Anwendung von Instrumenten, Führung und Selbstmanagement
Vorgehen	• Vortrag mit Diskussionen • Fallbeispiele • Methodenanwendung in Gruppenarbeiten • Reflexion der Methoden	• Auftragserteilung • Planung • Durchführung • Abschluss • Reflexion zum Ergebnis und Prozess
Einbezogenheit des Einzelnen und Offenheit der Teilnehmer	gering, da meist nur die Sachebene angesprochen ist und Distanz gewahrt bleibt	stark, da die Sach- und Beziehungsebene angesprochen sind und ein sehr persönliches, zwischenmenschlich nahes Umfeld vorhanden ist
Soziales und Führungsverhalten	theoretisch oder in einer Laboratmosphäre darstellbar, nur bedingt reflektierbar	authentisch, da ein Verstellen nicht möglich ist, im Feedback reflektierbar

Abbildung 2: Schwerpunkte vom Indoor- und Outdoortrainings im Projektmanagement

Eine ganzheitliche Betrachtung des Projektmanagements, in der Wissen vermittelt, angewandt und reflektiert wird, ist bei der Qualifizierung von Projektleitern eminent wichtig. Diese Chance bieten Outdoorprojekte, da der Projektlebenszyklus von der Projektentstehung, der Definition und Planung über die Durchführung bis hin zum Abschluss im Zeitraffer erlebt wird.

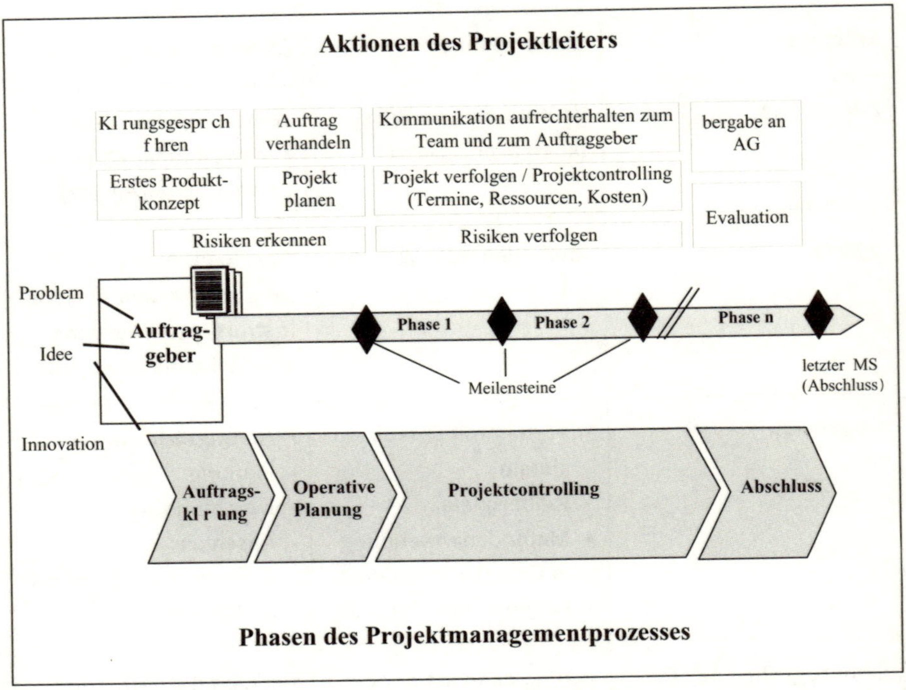

Abbildung 3: Phasen des Projektablaufs (Projektlebenszyklus)

Alle Phasen in diesem Zyklus stellen besondere Ansprüche an den Projektleiter und sein Team. Ist es in der Phase der Auftragsklärung das Verhandlungsgeschick mit dem Auftraggeber, so verändert sich der Schwerpunkt in der Projektplanung. In dieser Phase sind Strukturierungsvermögen und Kreativität gefragt, um die Lösungswege und Risikofaktoren zu erkennen und mögliche Alternativen zu erarbeiten. In der Projektdurchführung ist das Gespür für die jeweilige Situation entscheidend. Fragen wie zum Beispiel: »Was entscheide ich alleine?«, »Wo brauche ich Unterstützung?«, »Wann informiere ich den Auftraggeber?« etc. rücken in den Vordergrund. Der Projektabschluss ist geprägt von der Beurteilung des Ergebnisses und der Verbindlichkeit zum Auftraggeber.

In allen Phasen des Projekts sind das Selbstmanagement und die Führungsqualität des Projektleiters entscheidend. In jeder Situation werden von ihm das richtige Augenmaß und die richtigen Entscheidungen verlangt. In der Wildnis werden anders als im beruflichen Alltag die Konsequenzen getroffener Entscheidungen meist sofort und unmittelbar sichtbar. Und der

Projektleiter muss mit diesen Konsequenzen – egal welcher Art – umzugehen lernen.

Ansätze eines ganzheitlichen Projektmanagementtrainings

Der Ansatz eines ganzheitlichen Trainings gestaltet sich exemplarisch in mehreren Modulen, in denen sich die Vorzüge von Indoor- und Outdooranteilen ergänzen. Das Projektmanagementwissen wird den Projektleitern zuerst in klassischen Indoorseminaren vermittelt. Die Problemstellungen der unternehmensinternen Projekte werden besprochen und bearbeitet. Der Trainer hat dann die Möglichkeit, die spezifischen Anforderungen der Zielgruppe in den folgenden Outdoorteil einfließen zu lassen.

Die Outdoor-Projektmanagementtrainings haben keinen aufgesetzten »Planspiel«-Charakter, sondern einen hohen Grad an Ernsthaftigkeit und Realitätsnähe. Ein Training ist nur dann erfolgreich, wenn es den Bezug zur Unternehmenspraxis widerspiegelt, insbesondere die schwierigen Situationen im Projekt:

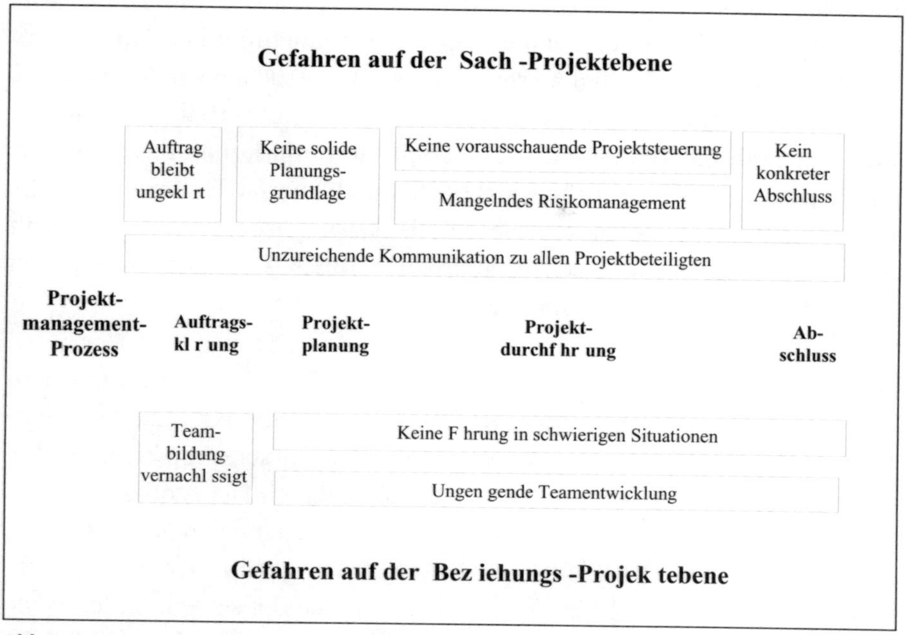

Abb. 4: Kritische Situationen im Projektverlauf

Klärung des Auftrags: In vielen Unternehmen wird ein Projekt meist ungeklärt begonnen, das heißt, die Anforderungen der Auftraggeber oder Kunden an das Projekt werden nicht konkretisiert oder auf Durchführbarkeit abgeklopft. In ähnlicher Manier werden die Projekte in der Wildnis zu Beginn des Trainings angefangen. Das böse Erwachen kommt dann am Ende des Projekts. Die vordergründig erfolgreiche Ankunft im ersten Camp schlägt zum Misserfolg um: Denn die geforderte Zeit wurde nicht eingehalten und die Ressourcen zum Teil sinnlos vergeudet. In diesem Fall wurden die Maßstäbe für den Projekterfolg nicht durch einen verbindlichen Projektauftrag vereinbart. Erfolg oder Scheitern werden dann zur Ermessenssache des Auftraggebers. Die Teilnehmer werden darauf sensibilisiert, diese Folgen abzuschwächen: Schon im ersten Klärungsgespräch vom Projektleiter mit Auftraggeber werden die Rahmenbedingungen geklärt und die Möglichkeit eingeräumt, den Auftrag nach der Erarbeitung der Projektplanung endgültig zu verhandeln. Danach ist der Projektauftrag für beide Seiten verbindlich.

Einfluss auf Teambildung: Jedes Projekt steht und fällt mit den beteiligten Personen. Ein entscheidender Part in der Projektarbeit ist daher die Rekrutierung der Projektteammitglieder. In den Outdoorprojekten wird immer wieder beobachtet, dass in den ersten Tagen alle Teilnehmer bemüht sind, an der Projektplanung beteiligt zu sein. Unliebsame Arbeiten wie Räumen des Camps, Vorbereiten der Kanus etc. sind nur auf wenige verteilt. Im Laufe der Zeit erkennen die Teilnehmer ihre Fähigkeiten und lernen diese entsprechend einzusetzen, so zum Beispiel besseren »Planern« das Mandat für die Projektplanung zu überlassen. Diese Rollenklärung ist ein wichtiger Schritt in der Projektarbeit und schafft Klarheit darüber, wer in den Projekten »Häuptling« und wer »Indianer« ist.

Angemessene Projektplanung: Die Grundlage für die Abstimmung mit dem Auftraggeber und der Steuerung des Projekts stellt die Planung dar. Diese Planungsphase ist ein zentraler Punkt in den Outdoorprojekten. In den ersten Projekten sind die Aufgaben vordergründig einfach, sodass die Teilnehmer auf eine differenzierte Planung verzichten. Und genau daran scheitern diese Projekte. Die Risiken werden nicht wahrgenommen, da sich Teilnehmer nicht kritisch mit ihren Aufgaben auseinander setzen. Andererseits schlägt diese Erkenntnis in den folgenden Tagen oft in das Gegenteil um: Es wird zu intensiv geplant, aber nicht bedacht, welche Dinge zu dem jeweiligen Zeitraum noch nicht planbar sind. Wenn die Risikogröße zum Beispiel die unbekannte Breite einer Schlucht ist, sollte diese lediglich »nach bestem Wissen und Gewissen« berücksichtigt werden. Endgültig kann dieses »Risiko« erst nach der Sichtung vor Ort in die weitere Projektplanung einfließen. In ähnlicher Weise sollte in den betrieblichen Projekten gearbeitet werden: Erkennen der Risiken, Aufnahme in die Planung und endgültige Überarbeitung der Planung zum erforderlichen Zeitpunkt. Diese wichtigen Entscheidungspunkte, die zur Neuplanung führen können, sind Meilensteine im Projekt, an denen im Sinne eines Risikomanagements ein Zusammentreffen mit dem Auftraggeber vorab »geplant« werden sollte. Diese Qualität der Planung stellt in der Wildnis wie in der betrieblichen Praxis die Grundvoraussetzung für ein gesundes Auftraggeber-Auftragnehmer-Verhältnis dar.

Konsequente Projektsteuerung und geeignete Kommunikation im Projekt: Ein Projektplan ist für das Projekt einer der ersten Schritte und Basis für eine effektive Projektsteuerung. Diese klassische Projektleiteraufgabe kommt in den Unternehmen oft zu kurz. Die Projektsteuerung erfordert vorausschauendes Denken und Handeln. Auch hier findet sich eine Parallele zum beruflichen Alltag wieder: Oft sind die Projektleiter in den Outdoorprojekten tief in praktischen Tätigkeiten verstrickt, beispielsweise im Knüpfen von komplizierten Knoten. In dieser Lage gelingt es ihnen meist nicht, den Überblick über das Projekt zu behalten. Sie sind nicht mehr der Mittelpunkt einer funktionierenden Projektorganisation, sondern einer unter vielen Ausführenden. Darunter leidet zwangsläufig die Kommunikation im Projekt, die nicht mehr zielgerichtet erfolgt, sondern spontan und diffus. Diese Erkenntnis ist häufig eine der wichtigsten, die die Teilnehmer machen: Bei schwierigen Projekten muss sich ein Projektleiter auf seine Leitungs- und Führungsrolle konzentrieren und dem »arbeitenden« Team die nötigen Impulse geben, sodass deren Arbeit zielgerichtet weitergehen kann. Die Kommunikation mit dem Auftraggeber darf nicht darunter leiden, dafür ist der Projektleiter ebenfalls verantwortlich.

Umgang mit schwierigen Situationen: Viele Projekte sind dadurch geprägt, dass vieles anders kommt als geplant. Die Störgrößen, die diese Veränderungen hervorrufen, sind oftmals gravierend und zudem nicht steuerbar, das macht eine grundlegende Kurskorrektur des Projekts notwendig. Mit derartigen Störgrößen werden die Teilnehmer in der Wildnis ebenfalls konfrontiert. Dabei sind es einerseits »inszenierte« Störungen des Projekts wie Ressourcenentzug aus dem laufenden Projekt oder Verschiebung der Prioritäten. Andererseits ist mit gruppendynamisch geprägten Konfliktsituationen oder mit Motivationsverlust des Teams, zum Beispiel durch schlechtes Wetter, zu rechnen. Besonders in diesen Situationen sind die Führungsqualitäten des Projektleiters gefragt. Gilt es doch zuweilen, unpopuläre Entscheidungen zu fällen und diese in das Team zu tragen, wie beispielsweise der Entschluss, noch eine weitere Stunde im Regen bis zu einem guten Lagerplatz zu wandern, anstatt auf einem ungeeigneten Platz zu bleiben. Da die Konsequenzen, die sich aus dieser Steuerung ergeben, sehr schnell und deutlich zu spüren sind, sollte die Entscheidungsfindung für den Auftraggeber und die Teammitglieder vorbereitet werden.

Diese und ähnliche Situationen sind oftmals für die Teilnehmer die prägendsten: Die Bilder werden in den Köpfen abgespeichert und bei ähnlichen Gelegenheiten im beruflichen Alltag wieder präsent. Solche Ereignisse sind wichtige Feedbackpunkte, deren Aufarbeitung besonderes Fingerspitzengefühl erfordern.

Konsequenter Projektabschluss: Viele Projekte haben den Charakter einer »never ending story«. Der Abschluss fällt oftmals schwer, da einige Anforderungen noch nicht erfüllt sind. Oder ein Projekt »franst« regelrecht aus, das heißt, die Projektmitarbeiter widmen sich schon anderen Tätigkeiten und ungeliebte Restarbeiten bleiben unerledigt. Dieser unvollständige Projektabschluss ist ebenfalls in den Outdoorprojekten zu beobachten und ein gutes Lernfeld für die Teilnehmer: Beim Abschluss des Projekts sind noch einmal alle Kräfte zu mobilisieren und das Projekt inklusive der Übergabe erfolgs- und zielorientiert zu Ende zu bringen. Zu einem Projektabschuss gehört die kritische Betrachtung der Ergebnisse und eine Prozessbetrachtung durch das Feedback, das eine zentrale Rolle in den Outdoortrainings spielt.

Bilanzierung und Fazit

Die Projektleiterqualifizierung wird abgeschlossen mit einer Nachbereitung im Unternehmen, um die gewonnenen Erkenntnisse und Erfahrungen festzuhalten und in der weiteren Projektarbeit umzusetzen. Die Teilnehmer erkennen unternehmensweite Defizite in der Projektarbeit, die es zu beheben gilt, und profitieren individuell aus dem Erlebten: Die Outdoortrainings im Projektmanagement geben jedem Teilnehmer die Gelegenheit, sein Führungs- und Teamverhalten durch ein offenes und ehrliches Feedback zu überprüfen. Dies ist deshalb möglich, weil die außergewöhnliche Situation die persönliche Nähe und Verbundenheit sowie die Offenheit untereinander fördert.

In einem mehrtägigen Training ist der Teamentwicklungsprozess mit allen Phasen deutlich erkennbar. Bis zu den Projekten am Ende des Trainings entwickelt sich oft eine Eigendynamik. Das Projektteam steuert sich mit den erkannten Qualitäten und Fähigkeiten des Einzelnen selbst. Ein Projektleiter hat dann viel weniger Mühe, das Projektteam zu führen, als in den ersten Tagen des Trainings.

Ein weiterer Effekt ergibt sich bei allen Trainings: Es bildet sich ein unternehmensweites, bereichsübergreifendes Netzwerk aus Projektleitern, in dem der Erfahrungsaustausch weiterhin stattfindet.

Diese Art des Trainings ist nicht nur sinnvoll zur Qualifizierung von Projektleitern. Eine Outdoorsequenz kann dazu beitragen, Projektteams auf Zeit zusammenzuschweißen. Die Führungsattribute des Projektleiters und das Teamverhalten der Projektmitarbeiter werden deutlich. Dies ist eine gute Grundlage für das sachlich-methodische Vorgehen und das menschliche Miteinander in der anstehenden Projektarbeit.

Literatur

Buchner, Dietrich: Outdoor-Training. Wie Manager und Teams über Grenzen gehen. Wiesbaden 1996.

Elbeik, Sam; Thomas, Mark: Project Skills. Oxford u.a. 1998.

Francis, Dave; Young, Don: Mehr Erfolg im Team. Hamburg 1998.

Hansel, Jürgen; Lomnitz, Gero: Projektleiter-Praxis. Erfolgreiche Projektabwicklung durch verbesserte Kommunikation und Kooperation. Berlin, Heidelberg 2000.

Haug, Christoph V.: Erfolgreich im Team. Praxisnahe Anregungen und Hilfestellungen für effiziente Zusammenarbeit, München 1998.

Kellner, Hedwig: Die Kunst, DV-Projekte zum Erfolg zu führen. Budgets, Termine, Qualität. München, Wien 1994.

Kraus, Georg; Westermann, Reinhold: Projektmanagement mit System. Wiesbaden 1998.
Mayrshofer, Daniela; Kröger, Hubertus A.: Prozesskompetenz in der Projektarbeit. Hamburg 1999.
Rationalisierungskuratorium der Deutschen Wirtschaft (RKW) (Hrsg.): Projektmanagement-Fachmann Band 1 und 2. Eschborn, 1998.

Anmerkung

Im Artikel wurde zugunsten der besseren Lesbarkeit ausschließlich die männliche Form des Projektleiters genannt. Selbstverständlich schließe ich die Projektleiterinnen mit ein.

Fremdheitserfahrungen in China – Herausforderung und Kooperation

Prof. Dr. Yong Liang

Regeln des Umgangs mit Fremdheit

Die Unternehmensführung stellt in einem globalen Kontext neue und zum Teil völlig andere Anforderungen an die damit betrauten Manager als in einer eher national oder regional orientierten Wirtschaft. Dabei spielen neben den sich weltweit immer stärker angleichenden »harten« Wettbewerbsfaktoren »weiche« Faktoren eine zunehmend wichtigere Rolle (vgl. u. a. Mohr 1997). Unter diesen »soft facts« gebührt vor allem der Bereitschaft und Fähigkeit, mit der kulturellen Fremdheit und mit fremdkulturellen Partnern erfolgreich zu kommunizieren, ein prominenter Platz.

Die Dimension des Fremden steht in ihrer Wahrnehmung und Interpretation stets in engem Zusammenhang mit der des Eigenen. Kulturelle Fremdheit ist in aller Regel ein »Interpretament der Andersheit« (vgl. Weinrich 1985); sie wird oft entweder als Attraktion oder als Gefahr wahrgenommen, da sie von den in der eigenen Kultur anerkannten Normen und Regeln abweicht. Das Fremde ist also, wie Boesch (1996) konstatiert, zwiespältig, es kann sowohl bedrohen wie verlocken. Es lockt mit Abwechslung, mit Kompensation der heimischen Einschränkungen und verspricht Aufregendes und Überraschendes. Aber es bedroht zugleich auch in jener besonderen, oft undurchsichtigen Art, die von Unbekanntem ausgeht. Die Bedrohung kann nun wiederum als beängstigend oder als Herausforderung erlebt werden, der sich zu stellen einen besonderen Reiz hat.

Solche Erfahrungen im Spannungsfeld zwischen Fremdem und Eigenem konnten während einer Gobireise, die im Rahmen eines Wilderness-Experience-Projekts stattfand, genau beobachtet werden.

Die Reise »durch das Land ohne Wasser« war für die meisten Teilnehmer/-innen wohl in erster Linie deshalb verlockend, weil sie viel Fremdes versprach: Hitze, Sandsturm und Wassermangel, aber auch die Schönheit einer unberührten Natur. Wir waren zu Fuß in der Wüste unterwegs, jeden Tag ungefähr 25 Kilometer. Jeder von uns hatte nur zwei Liter Wasser pro Tag zur Verfügung. Die Temperatur lag tagsüber bei über 30 Grad und fiel nach dem Sonnenuntergang schnell unter null. Und wir mussten im Freien übernachten. So wurde die Auseinandersetzung mit der fremden Umwelt stets auch von einer körperlichen Herausforderung begleitet. Wir entdeckten neue Handlungsmöglichkeiten, aber auch die eigenen Handlungsgrenzen.

Wir suchten durch das Fremde also die Herausforderung, mit der wir uns zugleich weitere Erfüllungen erhofften, etwa, wie es im Einladungstext formuliert war: »... die Neugier, den Geheimnissen des Lebens und Überlebens nachzuspüren, und die Suche nach Wegen, wie wir unsere Werte und Handlungsmaximen in einer Überlebensstrategie bündeln können.«

Alleine in einem Tal, von gigantischen Sandbergen umgeben, wurde einem nicht nur bewusst, wie klein das eigene Selbst ist, sondern man entdeckte auch die Gunst stillen Beobachtens und Denkens. Da freute man sich auch über jeden seltenen Keimling, der aus dem Sandboden emporragte, und bestaunte jedes winzige Insekt, das vorbeirennend auf der goldenen Sandfläche schöne Musterspuren hinterließ. Man bewunderte die Kraft des Überlebens und fragte nach deren Quelle. Diese Freiheit des Innehaltens und Nachdenkens ist vielen Managern heute im pausenlos auf hohes Tempo drückenden Geschäftsleben längst verloren gegangen, trotz oder wegen klimatisierter Büros oder großräumiger Dienstwagen.

Auf der Tour durch die Wüste musste jede/r auf seine eigene Weise und nach eigenem Können das Laufpensum bewältigen. Man versuchte, nicht an die Zielgerade zu denken, sondern sich stattdessen auf jeden konkreten Schritt zu konzentrieren. So feierte man auch entsprechend enthusiastisch jede Strecke, die man zurückgelegt hatte, als Sieg über die Natur, aber vor allem als Sieg über sich selbst.

Wenn für uns – zum Großteil mit fast allen denkbaren Markenprodukten der westlichen Outdoorwelt ausgerüstet – jeder Schritt beim Besteigen der Sandberge unendlich mühsam war, mussten wir fast beschämt zuschauen, wie unsere mongolischen Reisebegleiter mit ihren einfachen Stoffschuhen so flink und leicht die Wüste durchquerten, als wären sie bei einem Stadtspaziergang. So wurde jedem schnell klar, dass das, was von uns als Unbekanntes, Aufregendes, Bedrohliches, kurzum als Fremdes wahrgenommen wurde, für die Einheimischen etwas völlig Alltägliches ist.

In der ungewohnten Umwelt bildeten sich bald auch neue Umgangsformen in der Gruppe heraus. Gemeinsame Aufgaben (Vorbereitung des Frühstücks, Müllbeseitigung, Sammeln von Brennholz für das Lagerfeuer etc.) wurden kollegial, das heißt ohne Berücksichtigung des Status der beteiligten Personen, verteilt. Gegenseitige Hilfeleistungen waren so normal. Und der Teamgeist, der im heutigen Management so oft gepriesen wird, wurde eine Selbstverständlichkeit.

So schienen sich unser Verhalten und unsere Einstellung zu uns selbst wie zur Umwelt zu verändern. Die Ängste, die anfangs bestanden, und der Gedanke, die Reise frühzeitig abzubrechen und schnell wieder nach Hause zurückzukehren, wurden langsam abgebaut: durch die nach und nach vertraut gewordene Umwelt, durch die Gruppendynamik, vor allem aber durch den Willen, das eigene Handlungsvermögen unter den überaus schwierigen Bedingungen zu beweisen. Schließlich haben alle Teilnehmer/-innen diese Herausforderung überstanden. Als wir wieder in einem Luxushotel in Beijing waren, waren alle sich einig, dass dies die schönste und lehrreichste Reise war, die wir je gemacht hatten.

In der Fremdheit der Natur haben wir Erfahrungen gesammelt, die uns helfen können, auch die kulturelle Fremdheit zu verstehen und zu bewältigen, der wir in der internationalisierten Wirtschaft begegnen. Die Begegnung mit der kulturellen Fremdheit ist allerdings komplexer und subtiler als die Begegnung mit der Fremdheit in der Natur. Das kulturell Fremde erscheint als etwas anderes, je nachdem, ob wir uns ihm freiwillig aussetzen oder ob es uns aufgezwungen wird.

Aus den individuellen Erfahrungen mit der kulturellen Fremdheit und den Fremdheitserwartungen vor einer neu auftretenden Situation, etwa in der internationalen Wirtschaftskooperation, ergeben sich Regeln des Umgangs, an denen sich der Handelnde orientiert. Im Allgemeinen kann eine realistische, sachgerechte und flexible Bewertung und Antizipation fremden Verhaltens und Handelns nur dann erreicht werden, wenn die Fremdheit sowohl ihre Bedrohlichkeit als auch ihre stereotypisierte und vorurteilsbehaftete Vertrautheit verliert. Auch nur dann kann sie Lernprozesse in Gang setzen und damit verhaltensändernd wirksam werden (vgl. Thomas 1993).

China als Phänomen westlicher Wahrnehmung

Für jeden ist ein Aufenthalt in einem fremden Land, das Bemühen um eine Anpassung an fremde Lebens- und Arbeitsverhältnisse, eine Sonder- und Grenzsituation. Der berufsbedingte Auslandseinsatz ist sicher in vielen Fällen für die persönliche Weiterentwicklung von außerordentlichem Vorteil. Andererseits kann die Bewährung in einer unvertrauten kulturellen Umwelt und die Bewältigung der dadurch entstehenden Anforderungen als extrem belastend und gar schockierend erlebt werden (vgl. Thomas & Hagemann 1992). Das gilt umso mehr für das Leben und Arbeiten in einem Land wie China, weil sich die Begegnung mit der kulturellen Fremdheit dort oft als besonders stressvoll darstellt.

»China ist anstrengend«, so hört man oft von den europäischen Managern vor Ort. Ein Reisebericht wusste auch die Begründung hierfür zu liefern. Dort hieß es: »China ist anstrengend, weil es China ist: zu quirlig, zu laut, zu groß. Zu anders und zu unverstanden. Vor allem aber ist es anstrengend, weil es niemals so ist, wie man es erwartet hat.« Für den Autor eines *Wirtschaftswoche*-Artikels bedeutet das Engagement im »Reich der Mitte« vor allem eins, die »Frusterlebnisse im tückischen Alltag des Chinageschäfts zu bewältigen«. Auch für zwei Wirtschaftsexperten, die für das *Handelsblatt* schreiben, sind die Anforderungen für ausländische Manager in China »überwältigend und extrem anstrengend«.

China wurde schon seit Marco Polos Tagen als eine Art Gegenwelt zu Europa dargestellt, völlig anders, ausgeprägt fremd. Dabei bleiben die Bilder vom kulturell Fremden Chinas selten lange konstant, sondern schwanken durch die Geschichte hindurch (vgl. Pohl 1999). So gilt China einmal als ein Schlaraffenland mit der Aura des Märchenhaft-Fremden, einmal wiederum als das Reich des Bösen, das die ganze Welt zu bedrohen scheint. Auch in unserer Zeit ist dies nicht anders. Mit China sind einerseits traumhafte Visionen eines beispiellosen Wachstumsmarkts verbunden, andererseits wird China im kollektiven Gedächtnis des Westens zum Teil immer noch als Synonym für Armut und technische Rückständigkeit angesehen, und die Chinesen gelten gemeinhin als die letzten Kommunisten und Urheber von Menschenrechtsverletzungen. Die meisten westlichen Ausländer, die zum ersten Mal nach Shanghai, Guangdong oder in die Sonderwirtschaftszonen in den ost- und südchinesischen Küstengebieten reisen, sind hingegen von

Afrikanisches Lebensgefühl – Stärke durch Gemeinsamkeit in Warmbath

Expertise aufbauen – Wissen erwerben und Wissen teilen mit anderen (Schweden)

Eiskalt erwischt – Husky-Tour in Grönland

Auf dem Dach der Welt – die Freude ist groß

Eine Vision wird wahr – die Wüste Gobi

Auf dem Pferderücken durch die Weite Patagoniens

Risikobereitschaft ist ein Zeichen des Fortschritts – Abseilen am Point 44

der Modernität und Dynamik der Wirtschaftszentren fasziniert und von der Weltoffenheit der jungen Generation überrascht. Letzteres kann die Besucher leicht zu der Ansicht verführen: Die Chinesen sind doch genau wie wir. Man kann mit ihnen deshalb genauso kooperieren, wie man es anderswo auch tut.

Bei solchen Beurteilungen herrscht in aller Regel eine Sichtweise, bei der die Andersheit Chinas nur in ihrer Abweichung vom Eigenen gesehen und erfasst wird. Übersehen werden die soziokulturelle Identität der Menschen, ihre durch die jahrtausendealte Kulturtradition geprägten Wertvorstellungen, Denkweisen und Verhaltensmuster, ihre Lebens- und Arbeitsbedingungen sowie aktuelle Probleme sozialer und politischer Art. Selten ernsthaft zur Kenntnis genommen werden auch die Veränderungen in der heutigen chinesischen Gesellschaft, die durch die Wirtschaftsreformen und die gesellschaftliche Neustrukturierung ausgelöst wurden.

Anforderungen der Wirtschaftskooperation mit China

Die binnenwirtschaftlichen Reformen in China seit Ende der 1970er-Jahre sind eng mit einer vor allem außenwirtschaftlich geprägten Öffnungspolitik verknüpft, die in erster Linie darauf zielt, mithilfe ausländischer Direktinvestitionen und Kooperationen das jahrzehntelang von der Außenwelt völlig abgeschottene Land wirtschaftlich zu modernisieren. Seither hat China nicht nur eine in seiner Geschichte bis dahin nie da gewesene rasante wirtschaftliche Entwicklung erfahren, sondern ist auch außenwirtschaftlich eines der Zentren weltweiter Direktinvestitionen geworden. Laut einer Staktistik des chinesischen Außenhandelsministeriums MOFTEC umfassten die Auslandsinvestitionen alleine in den 90er-Jahren insgesamt 319.286 Kooperationsprojekte mit einer Investitionssumme von 290 Milliarden US-Dollar. Nach Angabe der Außenhandelskammer zum Engagement der deutschen Wirtschaft in China sind aktuell rund 1500 deutsche Unternehmen mit Repräsentanz oder Kapitalbeteiligung in China vertreten.

Für ausländische Investoren ist der Hauptgrund für ein Chinaengagement wohl der Zugang zu einem der größten Wachstumsmärkte der Welt. Kaum ein Unternehmen, das den Anspruch erhebt, auf den wichtigsten Märkten der Welt präsent zu sein, kann es sich leisten, China zu übergehen. Der WTO-Beitritt des Landes war für ausländische Unternehmen ein zusätzlicher Anreiz, sich auf dem chinesischen Markt zu engagieren.

Chinas Wachstumspotenzial ist enorm. Andererseits gilt der chinesische Markt aus der Sicht europäischer Unternehmen im Allgemeinen nach wie vor als schwierig. So häufen sich seit einigen Jahren in westlichen Unternehmen wie in den Medien Berichte über die Schwierigkeiten im Chinageschäft. Laut einer Studie, die Anfang 1999 unter 2000 europäischen Unternehmen durchgeführt wurde, hat jedes zweite europäische Unternehmen, das in China tätig ist, seine Umsatz- und Gewinnziele deutlich verfehlt.

Für fehlgeschlagene Projekte wurde vielerorts nach Gründen gesucht. In Bezug auf die chinesische Seite wurden in den einschlägigen Studien folgende Gründe am häufigsten genannt: bürokratische Hemmnisse, Rechtsunsicherheit, Korruption, mangelnde Transparenz und nicht zuletzt die Schwierigkeit, eine befriedigende Partnerbeziehung zu chinesischen Unternehmen aufzubauen und zu pflegen; auf der eigenen Seite unter anderem: falsche Markteinschätzung, falsche oder zu teure Produkte, fehlende Strategien, schlechte Vorbereitung und mangelndes Verständnis aus dem Stammhaus für die Manager vor Ort. All diese Faktoren sollen schließlich dazu geführt haben, dass sich viele der im Traum von 1,3 Milliarden Konsumenten übereifrig hochgezogenen Gemeinschaftsunternehmen als nicht überlebensfähig erwiesen (Liang 2000).

Bei solchen Diagnosen fällt auf, dass die Gründe für Misserfolge immer nur auf der einen oder der anderen Seite gesucht werden, selten aber zwischen den beiden Seiten, obwohl der Erfolg oder Misserfolg eines Gemeinschaftsunternehmens sich oft nur durch die Interaktionen zwischen den beteiligten Partnern erklären lässt. Außerdem wird oft versäumt, sich mit den Werten und Wertsystemen in der eigenen wie in der fremden Kultur des Partners auseinander zu setzen, die das Entscheiden, Handeln und Verhalten der Mitglieder eines Unternehmens prägen und steuern.

Wenn sicherlich nicht alle Probleme, die in internationalen Wirtschaftsaktivitäten auftreten, notwendigerweise kulturell beziehungsweise interkulturell bedingt sind, so gilt doch die kulturelle Distanz, wie mehrere Chinastudien aus den 90er-Jahren belegen können (u. a. Reinhold 1992; Trommsdorf et al. 1995; Chen 1995; Stucken 1996), nach wie vor als bedeutendes Hindernis für das Chinaengagement europäischer Unternehmen. Diese Erkenntnis setzt sich inzwischen auch in Wirtschaft und Verwaltung in den europäischen Ländern langsam durch. In der Praxis glauben viele Führungskräfte allerdings bis heute, dass ein Gemeinschaftsunternehmen, wenn es nur mit viel technischem und rechnerischem Aufwand und viel medienwirksamer Öffentlichkeitsarbeit auf den Weg gebracht wird, genauso läuft wie ein national oder regional orientiertes Unternehmen.

Oft wird übersehen, dass es bei internationalen Kooperationen nicht nur um technische, ökonomische und organisatorische Fragen geht, sondern auch und vor allem um Menschen. Durch Auslandsinvestitionen in China trifft nun eine große Zahl von Menschen mit ihren unterschiedlichen Wertvorstellungen, Denkweisen und Handlungsmustern aufeinander. Nicht nur für europäische Fach- und Führungskräfte, die nach China gehen und in einer ihnen zunächst fremden kulturellen Umwelt leben und arbeiten, ist das eine große Herausforderung. Auch für Chinesen bedeutet die wirtschaftliche Modernisierung nach westlichem Muster zugleich eine nicht immer freiwillige Begegnung mit fremdkulturellen Konzepten, Methoden und Wertvorstellungen.

Internationale Wirtschaftskommunikation und interkulturelles Handeln

Der richtige Umgang mit der kulturellen Fremdheit ist ein wichtiger Teil dessen, was heute gerne als interkulturelle Handlungskompetenz bezeichnet wird. Es ist wohl unumstritten, dass der Erfolg einer internationalen Wirtschaftskooperation im Wesentlichen davon abhängt, ob die Kommunikation zwischen den kulturdifferenten Partnern gelingt.

Fach- und Führungskräfte im Auslandseinsatz werden mit zum Teil sehr komplexen und vielfältigen Kommunikationsaufgaben konfrontiert. Sie müssen in einem Joint-Venture zum Beispiel nicht nur unternehmensintern mit dem Stammhaus im Heimatland und mit den Kooperationspartnern sowie Mitarbeitern am Standort im Ausland kommunizieren, sondern sie stehen auch unternehmensextern mit einheimischen Lieferanten (Beschaffung), Kunden (Marketing), Kreditinstitutionen, Behörden, einheimischen und ausländischen Wettbewerbern in Interaktionsbeziehungen (vgl. Dülfer 1992).

Die grenzüberschreitende Wirtschaftskommunikation ist in der Regel mehr gefährdet und andersartigen Schwierigkeiten ausgesetzt als andere interkulturelle Situationen, die etwa Touristen oder Austauschstudenten erleben oder in Städtepartnerschaften entstehen: Während bei Letzteren die Möglichkeit besteht, in fremden Kulturen Erfahrungen zu sammeln und sich gegebenenfalls aus dem Kommunikationsprozess zurückzuziehen, stehen die Fach- und Führungskräfte eines Unternehmens, die im Ausland tätig sind, unter einem Handlungs- und Kooperationsdruck; sie müssen Kontakte knüpfen, Ergebnisse erzielen und vor allem Erfolge vorweisen. Gleichzeitig ist jedoch die Bereitschaft oft sehr eingeschränkt, gerade bei übernational identischen oder sehr ähnlichen Verhandlungsgegenständen, -kontexten und -prozeduren Kulturunterschiede des Wahrnehmens, Bewertens und Handelns zu erkennen (vgl. Müller 1991).

Die Missachtung interkultureller Differenzen hängt vermutlich auch mit einem Verständnis beziehungsweise Missverständnis von »Kommunikation« zusammen, solange diese nur als reine »Datenübertragung« aufgefasst wird. Gerade in wirtschaftlichen Handlungszusammenhängen wird die etymologische Doppelbedeutung des Begriffs »Kommunikation«, worauf Bolten (2000) hinweist, gerne unterschlagen: Wie das lateinische Ursprungswort »communicare« nicht nur mit »mitteilen«, sondern auch mit »etwas gemeinschaftlich machen« zu übersetzen ist, so darf auch die Bedeutung von »Kommunikation« nicht allein unter dem Aspekt der Informationsübermittlung betrachtet werden. »Kommunikation« erschöpft sich eben nicht nur in der Übermittlung einer Information von einem Sender A zu einem Empfänger B und umgekehrt; »Kommunikation« bezeichnet vielmehr Prozesse gemeinschaftlichen Handelns. In diesem Sinne hat Watzlawick (1990) Kommunikation zu Recht als wechselseitiges Zusammenspiel von Inhalts- und Beziehungsaspekten beschrieben.

Die Betonung beider Aspekte scheint mir insbesondere für die Kommunikation in interkulturellem Kontext von elementarer Bedeutung zu sein. Denn interkulturelles Handeln vollzieht sich in der Regel unter Kommunikationsbedingungen, die sich nicht mehr nur auf eine, sondern auf zwei oder mehrere Landes- und Unternehmenskulturen beziehen. Bei einer Interaktion, in der Kooperationspartner kulturdifferenter Herkunft und Sozialisation aufeinander treffen, überschneiden sich die eigenen und fremdkulturellen Verhaltens- und Handlungsregeln. Bei einer solchen kulturellen

Überschneidungssituation handelt es sich nicht bloß um kontextunabhängiges kulturdifferentes Kommunikationsverhalten, sondern auch um dessen wechselseitige Wirkung auf die Kooperationspartner und um dessen Einfluss auf die Gesamtgestaltung des Kommunikationsprozesses, in dem die kulturellen Differenzen und Gemeinsamkeiten interaktiv konstruiert und ausgehandelt werden.

Das Problem sind in der internationalen Kooperation deshalb nicht in erster Linie die sachlichen oder kulturellen Differenzen selbst. Bei deutsch-chinesischen Gemeinschaftsunternehmen kann man zum Beispiel grundsätzlich davon ausgehen, dass die Partner unterschiedliche unternehmerische Ziele verfolgen. Wichtig ist nur, ob und wie die Partner über sachliche Differenzen und kulturelle Distanz kommunizieren und trotz bestehender Unterschiede ein gemeinschaftliches Handeln im Sinne eines »Win-win«-Ergebnisses entwickeln können. Ansonsten reden und handeln die Partner aneinander vorbei, oder, wie ein chinesisches Sprichwort besagt, die Partner teilen zwar ein Bett, träumen jedoch unterschiedliche Träume *(tong chuang yi meng)*.

Kommunikation ist soziales Handeln und damit nicht kultur- und wertfrei. Wenn ein Partner in einer kulturellen Überschneidungssituation die Handlungsregeln und die ihnen zugrunde liegenden Wertvorstellungen nicht kennt und daher nur auf die eigenkulturellen Regeln zurückgreift, ist es nicht überraschend, wenn Kommunikationsstörungen auftreten, die schließlich die Aufgabenbewältigung beeinträchtigen. So erweist sich die Kommunikation mit chinesischen Partnern oft als besonders befremdlich und stressvoll. Einige von Europäern am häufigsten genannten Kommunikationserfahrungen in China sind folgende:

- Die Intention der chinesischen Partner bleibt in ihrem Verhalten und Handeln oft verborgen.
- Vertraute Signale, Worte und Verhaltensweisen werden in China mit anderen Bedeutungen verknüpft.
- Reaktionen der chinesischen Partner sind oft anders als erwartet und deshalb kaum vorhersehbar, auch kaum integrierbar in den eigenen Handlungsplan.
- Zur Bewältigung von Aufgaben und Situationen werden auf chinesischer Seite andere Handlungsstrategien aktiviert.

- Die in der eigenen Kultur gelernten und bisher bewährten Verhaltensnormen versagen oder erweisen sich in der neuen Umgebung als unzureichend.
- Der Spielraum zwischen dem in China erwünschten und unerwünschten Verhalten kann nicht klar abgegrenzt werden.
- In Großstädten und Wirtschaftszentren verhalten sich vor allem junge chinesische Manager in einer »normalen« Interaktionssituation zwar fast so wie im Westen. Sobald sie sich aber in einer »kritischen Situation« finden, schalten sie schnell wieder auf die genannten »undurchsichtigen« Handlungsmuster um.

Das soll natürlich nicht heißen, dass man mit chinesischen Partnern nicht erfolgreich kommunizieren kann. Wenn sich aber die Kommunikationsregeln und das Verhalten in China in vielerlei Hinsicht tatsächlich so auffallend von denen in Europa unterscheiden (vgl. dazu Liang 1996; 1998), dann ist hier ein interkulturell motiviertes Miteinander der kulturdifferenten Partner umso wichtiger.

Angesichts der fortschreitenden Globalisierung der Weltwirtschaft wird die interkulturelle Kompetenz eine der Schlüsselqualifikationen sein, die von international tätigen Fach- und Führungskräften verlangt werden. Zur interkultuellen Kompetenz gehören »Einsicht in die Kulturabhängigkeit unseres Denkens, Wertens und Verhaltens und speziell auch unseres kommunikativen Handelns« (vgl. Knapp & Knapp-Potthoff 1990), ebenso die Bereitschaft und Fähigkeit, »schnell und effektiv Neues, Unbekanntes und Fremdes aufzunehmen, auf produktive Verwertung hin zu überprüfen und in das eigene Denk- und Verhaltensrepertoire zu übernehmen«. Wichtig ist hier aber nicht die einfache Anpassung, also die Übernahme fremdkultureller Formen und Methoden, sondern ein »Wechseltausch« kulturdifferenter Perspektiven. »Interkulturelles Lernen« bedeutet in diesem Sinne, dass man zum einen die Verhältnisse mit den Augen des anderen zu sehen lernen soll und sich dabei in andere Handlungsmuster (und die hinter ihnen stehenden historischen, gesellschaftlichen und kulturellen Bezüge) der Partner hineinzudenken versucht. Zum anderen muss man aber auch das eigene kulturelle Gedächtnis aufpolieren, um nicht den Boden unter den Füßen zu verlieren (vgl. Wierlacher & Wiedenmann 1996). Zur Grundanforderung einer interkulturellen Handlungskompetenz gehört deshalb auch die »Fähigkeit, eigenkulturelle Werte, Überzeugungen und Konzepte zu vertreten und zu klären«.

Aus einer interkulturellen Kommunikation, wenn diese über Grenzen und Barrieren hinweg gelingen soll, kommt in der Regel für beide Seiten nicht mehr das heraus, was man schlicht als das Fremde und das Eigene bezeichnen könnte. Das gilt für die Alltagskommunikation ebenso wie für die Wirtschaftskooperation. Kulturelle Überschneidungssituationen, in denen unterschiedliche Sprechhandlungen, Erwartungen, Interpretationen einander begegnen, können eine »eigene Dynamik« entfalten, sie erzeugen »etwas qualitativ Neues« und führen zu einer neuen »Variablen« des von beiden Seiten Mitgebrachten. Das, was heute im internationalen Management gerne als »Synergieeffekt« bezeichnet wird, ist allerdings kein leicht erreichbares Ziel. Die Bewältigung von interkulturell geprägten Aufgaben und Situationen ist ohne eine gezielte, tief greifende und oft auch zeitaufwendige Persönlichkeitsentwicklung kaum möglich.

Schlussbemerkung: China im Wandel

Eine erfolgreiche Wirtschaftskooperation mit China stellt sich auch deshalb als besonders schwierig dar, weil das Land sich heute in einem tief greifenden gesellschaftlichen Wandel befindet und viele Wertvorstellungen und Handlungsmuster in starken Veränderungsprozessen begriffen sind (vgl. Liang 1996; Liang 2000).

Auffallend ist im gegenwärtigen China, dass es inzwischen eine neue Generation von gut ausgebildeten chinesischen Geschäftsleuten und Managern gibt, die sich in der Welt der globalen Wirtschaft erstaunlich gut zu Hause fühlt. Vor allem in den Wirtschaftsmetropolen trifft man oft hoch qualifizierte chinesische Manager, die ihre Ausbildung in den USA, in Europa oder in Japan erhalten haben und sowohl mit der chinesischen Kultur wie auch mit den westlichen Kulturen vertraut sind.

Insgesamt hat China in den zurückliegenden zwei Jahrzehnten große Leistungen vor allem in der wirtschaftlichen Entwicklung erbracht. Die chinesische Bevölkerung verfügt heute – trotz der schwierigen politischen Rahmenbedingungen – über ein bemerkenswert hohes Maß an individueller Freiheit in ihrem Privatleben. So hat die Wirtschaftsreform auch eine Pluralisierung von Lebensformen und Wertvorstellungen mit sich gebracht (vgl. Schüller 2000). Die Menschen in China sind insgesamt sehr stolz auf diese Entwicklung und auf ihr Land. Das sollte im Westen zur Kenntnis genommen und respektiert werden.

Man darf andererseits auch nicht übersehen, dass die wachsende Arbeitslosigkeit, die Ausweitung der Korruption, die zunehmenden Einkommensunterschiede und die regionalen Disparitäten etc. weiter große Herausforderungen für die chinesische Gesellschaft und die Politik bedeuten. Diese Probleme bilden ein Krisenpotenzial, das die soziale Stabilität gefährden kann. Auch mit dem WTO-Beitritt stand China vor einer neuen Herausforderung. Der Anpassungsdruck wird weiter wachsen. Erhebliche strukturelle Veränderungen der Gesamtwirtschaft sind zu erwarten. Zur Bewältigung dieser Aufgaben ist die Fortsetzung und Erweiterung der ökonomischen und politischen Öffnung unabdingbar.

Für das Verhältnis zwischen Krise und Chance hat man in China von alters her ein vielleicht doch recht kulturspezifisches Verständnis: Das Wort für »Krise« *wei ji* besteht im Chinesischen aus zwei Schriftzeichen. Das eine weist auf »Gefahr« *(wei)* hin, das andere auf »Chance« *(ji)*. Die Einheit von Gegensätzen ist nicht nur Teil des klassischen Yin-Yang-Prinzips. Sie hat nicht allein eine jahrtausendealte Tradition, sondern gilt bis heute.

Literatur

Bolten, J.: Können internationale *mergers* eine eigene Identität ausbilden? In: *A. Wierlacher (Hrsg.):* Kulturthema Kommunikation. Möhnesee 2000, S. 114–119.

Boesch, E. E.: Das Fremde und das Eigene. In: *A. Thomas (Hrsg.):* Psychologie interkulturellen Handelns. Göttingen 1996, S. 87–105.

Chen, M.: Asian Management Systems: Chinese, Japanese and Korean Styles of Business. London, New York 1995.

Dülfer, E.: Internationales Management in unterschiedlichen Kulturbereichen. 2. Aufl., München, Wien 1992.

Knapp, K.; Knapp-Potthoff, A.: Interkulturelle Kommunikation. In: Zeitschrift für Fremdsprachenforschung. Bd. 1. 1990, S. 62–93.

Liang, Y.: Interkulturelle Kommunikation und wissenschaftliche Weiterbildung. Zum Kommunikationsverhalten zwischen Deutschen und Chinesen. In: Jahrbuch Deutsch als Fremdsprache. Bd. 22, 1996, S. 141–169.

Liang, Y.: Sprachroutinen und Vermeidungsrituale im Chinesischen. In: *A. Thomas (Hrsg.):* Psychologie interkulturellen Handelns. Göttingen u. a. 1996, S. 247–268.

Liang, Y.: Höflichkeit im Chinesischen. Geschichte, Konzepte, Handlungsmuster. München 1998.

Liang, Y.: Werte-Management in deutsch-chinesischen Kooperationen. In: *J. Wieland (Hrsg.):* Dezentralisierung und weltweite Kooperationen. Die moralische Herausforderung der Unternehmen. Marburg 2000, S. 87–122.

Mohr, N.: Kommunikation und organisatorischer Wandel. Wiesbaden 1997.

Müller, B.-D.: Die Bedeutung der interkulturellen Kommunikation für die Wirtschaft. In: *ders. (Hrsg.):* Interkulturelle Wirtschaftskommunikation. München 1991, S. 27–51.

Pohl, K.-H.: Zwischen Universalismus und Relativismus – Gedanken zu einem interkulturellen Dialog mit China. In: ASIEN. 1999, S. 16–39.

Reinhold, G.: Wirtschaftsmanagement und Kultur in Ostasien. Sozial-kulturelle Determinanten wirtschaftlichen Handelns in China und Japan. München 1992.

Schüller, M.: Der Einfluss der wirtschaftlichen Transformation auf die gesellschaftliche und politische Entwicklung im China der 90er Jahre. In: *M. Th. Albert/ E. Schiller (Hrsg.):* Deutsch-Chinesische Joint-ventures zwischen Erfolgsdruck und den Mühen der Ebene. Frankfurt/M. 2000, S. 29–39.

Stucken, B.-U.: Verhandeln mit Chinesen. In: Harvard Business manager. Bd. 2. 1996, S. 115–120.

Thomas, A.: Psychologie interkulturellen Lernens und Handelns. In: *A. Thomas (Hrsg.):* Kulturvergleichende Psychologie. Göttingen 1993, S. 377–424.

Thomas, A.; Hagemann, K.: Training interkultureller Kompetenz. In: *N. Bergemann und A. L. J. Sourisseaux (Hrsg.):* Interkulturelles Management. Heidelberg 1992, S. 173–199.

Trommsdorff, V.; Wilpert, B.: Deutsch-Chinesische Joint Ventures. 2. Aufl., Wiesbaden: Gabler 1994.

Watzlawick, P. u. a.: Menschliche Kommunikation. 8. Aufl., Bern 1990.

Weinrich, H.: Wege der Sprachkultur. Stuttgart 1985.

Wierlacher, A. ; Wiedenmann, U.: Blickwinkel der Interkulturalität. In: *A. Wierlacher & G. Stötzel (Hrsg.):* Blickwinkel. Kulturelle Optik und interkulturelle Gegenstandskonstitution. München 1996, S. 23–64.

Genderkompetenz lernen – Managerinnen im südafrikanischen Busch

Prof. Dr. Ingelore Welpe

Alle Veränderungen beginnen mit der Beschäftigung sowohl mit Mythen als auch mit Fakten. Das Konzept Genderkompetenz ist das Ergebnis von langen und emotionalen Auseinandersetzungen um den Mythos Mann und den Mythos Frau und mit der Frage, wie die Beziehungen zwischen Männern und Frauen tatsächlich sind.

Männer und Frauen sind und leben sehr verschieden. Wesentliche Gründe dafür sind die Rollen, die ihnen geschlechterspezifisch zugewiesen werden. Gender ist definiert als die geschlechtsspezifische soziale Rolle für Mann und Frau.

Die Auswirkungen der Rollen sind weitreichend: Sie bestimmen die Identität, die Lebensläufe, die Berufswahl und den Karriereverlauf. Die unterschiedlichen Rollen erzeugen Geschlechtsunterschiede. So haben Frauen und Männer sehr verschiedene Zielsetzungen im Beruf und für das Privatleben, handeln aus unterschiedlichen Motiven und Überzeugungen, kommunizieren, informieren und lösen Konflikte geschlechtsspezifisch und benutzen unterschiedliche Strategien zur Durchsetzung ihrer Ziele.

Wenn Frauen und Männer in ihrer Berufskarriere aufeinander treffen, wenn Manager Frauen führen und Managerinnen Männer, wenn eine Frau mit einem Mann um eine Führungsposition konkurriert, dann reicht Sozialkompetenz für die Regulation von Zusammenarbeit und Führung nicht mehr aus.

Genderkompetenz wird stattdessen benötigt, um den täglichen Dialog, Konfliktsituationen und Führungsaufgaben gendersensitiv und genderfair zu bewältigen.

Um Genderkompetenz zu lernen, muss man ungewöhnliche Wege gehen. Genderknowledge haben bisher nur Spezialisten, die in Gendertrainings Genderkompetenz vermitteln.

Gender ist eine Hauptströmung in Wissenschaft, Politik und Kultur. Die Wirtschaft, insoweit sie eine Männerwirtschaft ist, ist nicht im Gendermainstream. Solange in Unternehmen von den führenden Männern Frauen bewusst oder unbewusst ignoriert werden und unbekannt ist, dass das Geschlecht sowohl die Karriere, die Beurteilung, die Akzeptanz als auch den Zugang zu Ressourcen und Entscheidungspositionen mitbestimmt, wofür die Fakten sprechen, so lange sind Personalmanagement und Personalführung nicht innovativ. Ein Human-Resources-Management ohne Genderkompetenz ist nicht »state of the art«.« Das will heißen, dass so ein Unternehmen nicht auf der Höhe der Zeit ist.

Unsichere Manager werden sich erst mit Genderkompetenz befassen, wenn viele andere diese bereits erworben haben und es altmodisch sein wird, von Sozialkompetenz zu sprechen.

Neue Ideen, neues Wissen und neues Verhalten entstehen durch neugierige Menschen, die neue Fragen stellen und Antworten suchen. Wie ersetzt man die undifferenzierte Sozialkompetenz durch spezifische Genderkompetenz in der Zusammenarbeit und Führung? Wie entwickelt man im Unternehmen eine Führungs- und Organisationskultur, in der Chancengleichheit für alle, Qualität durch alle und das spezifische Potenzial von Frauen und Männern genutzt wird? Antworten auf diese Fragen gibt ein spezielles Wilderness-Experience-Training zur Genderkompetenz.

Mabula Lodge liegt in einem Wildreservat etwa drei Stunden nordwestlich von Johannesburg in Südafrika. Das 12.000 Quadratkilometer große Reservat ist ökologisch unversehrt. Die großen afrikanischen Wildtiere leben hier und dem Buschwalker begegnen Elefanten- und Giraffenherden ebenso zuverlässig wie Löwenrudel in der Dämmerung und das schwarze Flusspferd in der Nacht. Die Speikobra gehört zu dieser afrikanischen Savannenlandschaft ebenso wie die Marulabäume, die Symbole für Fruchtbarkeit. Mitten im Busch auf den schwarzen Bergen leben Leoparden und in dem ausgetrockneten Savannenboden sitzen zuhauf Skorpione, große und kleine, weiße und schwarze.

Hier in diesem südafrikanischen Busch stehen 18 Frauen und sollen entscheiden, ob sie die drei toten Hühner, ihr Abendessen, die die Ranger für sie mitgenommen haben, rupfen wollen. Schwarzafrikanische und deutsche ausgewählte Managerinnen finden am ersten Abend schnell Konsens darüber, dass sie auf ein derartiges Abendessen verzichten können.

Es ist November und Sommer in Südafrika, in 15 Minuten wird es dunkel. Keine der Frauen kann sich vorstellen, wie sie hier draußen schlafen soll. Es gibt weder Schlafsack noch Matte, auch kein Zelt. Der weiträumige Lagerplatz ist mit Seilen abgespannt. Innerhalb dieses so markierten Raumes kann man sich einen Schlafplatz suchen. Die Ranger mit den Jacken liegen in ihren Zelten außerhalb. Laut wird Englisch gesprochen, das verstehen alle, und leise dazwischen Deutsch, Zulu und Tswana. Keine der schwarzen und weißen Managerinnen war je zuvor im südafrikanischen Busch. Jetzt ist es dunkel, das Feuer lodert ein wenig. Außerhalb des Lagerplatzes hört man Tiere, und wenn man sich umschaut, glaubt man, dass von den Bäumen herab viele grün schimmernde Augen auf den Lagerplatz schauen.

Hier sind schwarze Managerinnen, die Spitzenpositionen in ihrem Beruf und in ihren Unternehmen haben. Sie kommen aus Investment- und Entwicklungsbanken. Sie sind Direktorinnen, Präsidentinnen, Human-Ressources-Finanzmanagerinnen in staatlichen Energiebehörden und halbstaatlichen Transportorganisationen und Telekommunikationsunternehmen.

Auch die weißen deutschen Frauen haben erfolgreiche Berufskarrieren in Wissenschaft und Wirtschaft vorzuweisen als Medizinerin, Entwicklungsleiterin und Genderforscherin.

Die First Ladies der Republik Südafrika und der Bundesrepublik Deutschland haben die Schirmherrschaft für dieses interkulturelle Genderkompetenztraining in der Wildnis übernommen und in ihren sehr persönlichen Schreiben die Managerinnen ermuntert, mit diesem ungewöhnlichen Training ihre eigene Genderkompetenz so gut zu nutzen und zu entwickeln, damit sie maßgeblichen Einfluss in der Männerwelt der Wirtschaft, Wissenschaft und Politik nehmen können. Das erfordert von den Managerinnen mehr, als nur ein Studium mit Auszeichnung zu absolvieren oder fachliche Spitzenleistungen im Beruf zu erbringen und sich als Frau in der Männerwelt persönlich zu behaupten. Das haben alle, die hier in der afrikanischen Nacht anfangen, über Sinn und Unsinn dieses Buschabenteuers zu debattieren, schon geleistet.

Die Motive der Managerinnen, sich den Busch anzutun, sind eindeutig. Sie wollen endlich die Kompetenz, die übliche Managementtrainings nicht kennen, erwerben: Genderkompetenz. Die neue Kompetenz, die die alte Sozialkompetenz verdrängt, weil dieses Konzept so vage ist, dass niemand davon etwas wirklich hält. Die Managerinnen sind in den Busch gegangen, um sich zuerst persönlich intensiv auseinander zu setzen mit der Verträglichkeit oder Unverträglichkeit ihrer weiblichen Identität und den Selbstkonzepten der männlichen Manager, die, umgeben von ihren bewährten und undurchschaubaren Männernetzwerken, die Unternehmen führen.

Nach dieser Selbstanalyse werden die Managerinnen ganz unpersönlich und sehr analytisch die Bedeutung der Geschlechtsunterschiede und der klassischen Geschlechterrollen klären und solides Wissen darüber gewinnen, in welcher Weise die Geschlechtszugehörigkeit entscheidet über den Zugang und die Kontrolle von Ressourcen in Unternehmen und Organisationen, und erkennen, dass es nicht das rationale Kriterium Fachkompetenz ist, von dem die männlichen Entscheider überzeugt sind.

Ihre persönlichen Lernziele und die Ziele der Unternehmen, die sie in das Training entsendet haben, sind deckungsgleich. Das Konzept Genderkompetenz soll verstanden werden und die Managerinnen sollen mit ihrer Genderexpertise Changeagents werden, die die genderkompetente Organisation realisieren helfen.

Das verlangt von den Managerinnen sowohl den Mut, ihre eigene Identität von anderen überprüfen zu lassen und zu verändern, als auch den Entschluss, später entgegen der gängigen Norm und Praxis in ihren Unternehmen die erworbene Genderkompetenz strategisch und rational für die Veränderung des Unternehmens zu nutzen.

Im Wilderness-Experience-Training und später im Unternehmen müssen persönliche und fremde Grenzen neu definiert und verhandelt werden. Das erfordert die ganze Frau und fähige Männer als Sparringspartner, die zur Entwicklung eines genderkompetenten Unternehmens motiviert sind.

Im Wilderness-Experience-Training in Mabula sind daher ausgewählte Männer als Lernpartner dabei. Der Survivalexperte aus Mosambik unterrichtet die Managerinnen, dass Angst und Furcht auch das Ergebnis mangelnder Erfahrung und die Folgen von persönlichem Kleinmut, Selbstzweifeln und Vermeidungsverhalten sind. Er weiß, wovon er redet hier im Busch, und er weiß, dass er authentisch und glaubwürdig ist für die Managerinnen.

Als Junge hat er einige Jahre unfreiwillig bei den südafrikanischen Buschleuten gelebt. Was er dort erlebte und wie er als weißer Junge von den Buschleuten, deren Sprache und Gedanken er nicht verstand, dennoch durch Nachahmen und Ausprobieren schnell und nachhaltig lernte, zeigt er den Managerinnen direkt. Er gibt ihnen Aufgaben, die nicht verhandelbar sind. Frau muss sie annehmen und erledigen, wenn sie lernen will.

Auch wenn die Managerinnen am ersten Abend nicht einmal tote Hühner rupfen wollen, am Ende des Trainings werden alle den Lehrplan wie selbstverständlich erfüllt haben. Alle haben Skorpione selbst ausgegraben, gefangen, am Feuer jeweils für die anderen geröstet und als Starter beim Buschdinner gegessen. In der Buschhitze und im Gewitter hat jede allein und selbstorganisiert den Busch im weiteren Umfeld des Lagers exploriert und nach gefährlichen und ungefährlichen Pflanzen und Kleintieren gesucht und diese zu unterscheiden gelernt.

Das selbst erworbene Wissen wird geteilt und die Erkenntnisse werden transferiert auf dem Unternehmensdschungel. Die Gruppe lernt Wissensmanagement im Busch und die Bedeutung soliden Wissens für das Überleben im Beruf. Sie haben in der Abenddämmerung ein Löwenrudel unter dem Geschlechteraspekt beobachtet und eine Affengruppe bei Sonnenaufgang unter dem Blickwinkel Organisation und Kooperation und dabei erstmals begriffen, was der Profit der Teamarbeit und der Nutzen situationsbedingter Hierarchie und Führung einer Gruppe sind. Managementschlagwörter wie Wettbewerb, Überleben, Konkurrenz, Leadership oder Powerteam werden durch gemeinsame präzise Wahrnehmung und gezielte Beobachtung erstmalig verstanden und verlieren damit ihre verunsichernde Unschärfe. Die Managerinnen behalten nachhaltig, dass tragfähiges Wissen durch Beobachtung und Konfrontation mit der Realität entsteht und Diskussionen die Realität nicht beschreiben, sondern Vorurteile erzeugen. Diese Erfahrung gibt Sicherheit für spätere Diskussionen im Unternehmen über die Realität der Geschlechter im Beruf und privaten Leben. Beobachtung immunisiert gegenüber Vorurteilen. Wenn die Managerinnen Genderkompetenz erwerben und weitergeben wollen, müssen sie standhaft bleiben gegenüber den Irrtümern und Drohungen, die in einem genderblinden Unternehmen die Regel sind.

Was bisher für die Managerinnen Männersache war, schwitzend Bäume fällen, die Erdtoilette herstellen, das Haumesser benutzen, allein Verantwortung zu übernehmen für Sicherheit und Ordnung bei der Nachtwache und am Abend, ohne Dusche in voller Kleidung auf dem nackten Boden zu schlafen und sich dabei ohne Make-up akzeptabel finden, ist ab jetzt nicht mehr Männersache. Jede Frau kann das. Damit sind einige der falschen Kompetenzzuweisungen an Männer durch eigene Erfahrung erledigt und neues Terrain gewonnen. Die Auswertung dieser Erfahrungen führt ohne Anstrengung zu den Kernpunkten des Genderkompetenztrainings: Wie werden gleiche Chancen für Managerinnen und Manager im Beruf und persönlichen Leben erzielt?

Wie die meisten Manager sind auch Managerinnen unpolitisch und kennen die gesellschaftspolitischen Hauptströmungen nicht, die weit mehr, als sie selbst glauben, den Markt und den Erfolg des Unternehmens bestimmen. Gender, die Geschlechterfrage in der Gesellschaft, ist ein globaler Mainstream in Deutschland, in Afrika und überall.

Um die Ideen des Gendermainstreaming in Deutschland zu erklären, ist ein Politiker in diesem Genderkompetenztraining dabei. Dieser Mann hat die Gesetzesinitiativen zur Gleichstellungspolitik für Frauen entscheidend mitbestimmt und politisch beharrlich durchgesetzt und so Deutschland in das europäische Gendermainstreaming gebracht.

Genderkompetenz muss man im Beruf und Privatleben argumentieren und kommunizieren können. Diese politische Lektion muss für die Managerinnen sitzen, damit sie die Gendergaps, die Ungleichheiten im Unternehmen für Frauen und Männer, identifizieren können und als Führungskräfte gendersensitive Entscheidungen fordern, fördern und beurteilen und durchsetzen können: Anstelle der vagen Sozialkompetenz werden sie zukünftig mit Genderkompetenz ihre Teams und ihre Abteilungen führen und mit Genderaudits und Gendertrainingsprogrammen die Flexibilität und Verhaltensinnovationen bei ihren männlichen und weiblichen Mitarbeitern erzeugen, die der Wettbewerb erfordert.

Das wichtigste Ergebnis nach dem politischen Dialog ist für die Managerinnen die sehr persönliche Betroffenheit, die entsteht, wenn sie akzeptiert haben, dass das private Leben nicht getrennt werden kann von seinen gesellschaftspolitischen und unternehmensökonomischen Aspekten. Diese Erkenntnis ist die Voraussetzung für Genderkompetenz im Alltag.

Von den afrikanischen Managerinnen wird im Training immer wieder mit allem Nachdruck die Frage an die deutschen Managerinnen gestellt, ob wir die Frauen ändern müssen oder die Organisationen. Zur Beantwortung dieser Frage bilden die Managerinnen deutsch-südafrikanische Diskussionspaare. Diese vergleichen Strukturen und Prozesse, die Managerinnen in den deutschen und südafrikanischen Unternehmen vorfinden. Die Ergebnisse sind wie erwartet sehr ähnlich, allerdings gibt es in Südafrika neben dem Geschlecht noch eine weitere, benachteiligende Kategorie, die Rassenzugehörigkeit.

Schwarze Managerinnen finden noch mehr Hindernisse vor als weiße Managerinnen. Deutsche Managerinnen haben sich mittlerweile emotional damit arrangiert, dass offener Sexismus und dünne gläserne Decken in den Unternehmen nach wie vor existieren. Sie suchen stattdessen zielstrebig und mit Überlegung nach den richtigen Strategien für den Aufstieg in das Topmanagement. In Südafrika ist dies erst den Politikerinnen gelungen, in den Wirtschaftsunternehmen sind alle Managementebenen Ziele für schwarze Frauen.

Genderkompetenz auf dem Weg nach oben ins Unternehmen lernen die Managerinnen durch Benchmarking. Ein international erfahrener südafrikanischer Generalmanager eines Weltkonzerns lässt sich von den schwarzen und weißen Managerinnen ins Kreuzverhör nehmen. Er weiß, wovon er sprechen muss. Er hat in seinem Unternehmen den Gender-Equity-Act der südafrikanischen Regierung umgesetzt. Das erforderte von ihm in Südafrika die Auseinandersetzung mit den Geschlechtern und den Rassen. Das war für das Unternehmen Diversitymanagement pur und lässt im Vergleich dazu die Anforderungen an deutsche Unternehmen, die Chancengleichheit von Frauen und Männern ohne weitere Aspekte zu bedenken, minimal erscheinen.

Die Managerinnen werden nachdenklich und motiviert zugleich, weil dieser Generalmanager ihre eindeutigen Fragen nach Machtstrategien beantwortet. Er empfiehlt oder verwirft Aktionen zur Entwicklung ihrer Genderkompetenz im Umgang mit den schwarzen oder weißen Männern, die die Konkurrenten der Managerinnen um Einfluss, Ressourcen und Positionen sind. Ehrlich schildert er seine Kämpfe und den persönlichen Preis für den Weg nach oben. Klarheit erleichtert Entscheidungen und erzeugt Motivation. Dieses Fazit ziehen die Managerinnen übereinstimmend für ihr eigenes zukünftiges Handeln.

Das Buschleben wird inzwischen routinierter gemanagt von den Frauen, die fremde Umgebung jetzt vertrauter, die Zuversicht in das eigene Potenzial und das interkulturelle und geschlechtergemischte Team ist gewachsen. Genderkompetenz ist kein Fremdwort mehr. Der Busch hat seinen Teil dazu beigetragen, sagen die Managerinnen bei ihrer Auswertung des Wilderness-Experience-Seminars. Es waren die Einsichten im Busch, das Erlebnis von gegenseitiger Abhängigkeit und die Beobachtung, wie Bindung aneinander durch gemeinsame Erfahrungen und deren Austausch entstand. Die Erkenntnis, dass die Zugehörigkeit zum Geschlecht für südafrikanische Frauen und deutsche Frauen gleiche Probleme schafft, hat die Bedeutung der Genderkompetenz verstärkt. Der Busch hat jenseits von Kulturzugehörigkeit für die Managerinnen die richtige Art von Kooperation, und Wettbewerb erzeugt und war ein exzellentes persönliches Stressmanagementtraining für jede.

Hinter dem Konzept Genderkompetenz steht ein Wert, der seit der Französischen Revolution und nun seit mehr als 200 Jahren auf der Agenda der Wirtschaft und Politik in aller Welt steht.

»All men are equal – all women too.«

Dieses Konzept werden die Managerinnen in Südafrika und in Deutschland umsetzen in den Handlungsfeldern des Personalmanagements und der Personalführung. Genderkompetenz treibt die Weiterentwicklung der Unternehmen voran, indem sie die Talente von Frauen und Männern strategisch nutzt.

Für die jungen Frauen und die jungen Männer, die die zukünftigen Unternehmen schaffen und führen werden, wird das genderkompetente Unternehmen Normalität sein.

Literatur

Institut für praxisorientierte Sozialforschung (IPOS): Die Gleichberechtigung von Frauen und Männern – Wirklichkeit und Einstellungen in der Bevölkerung. Stuttgart 1992.

Wissen erleben – Wilderness Experience als Instrument der Wissensorganisation

Dr. Heiko Roehl

Wissen als Gestaltungsfeld

Wissen ist die wichtigste Grundlage zukünftiger Wertschöpfung. In den vergangenen Jahren ist es immer deutlicher zu einer Abwertung des produktiven Sektors und zu einer Aufwertung des tertiären (Dienstleistungs-)Sektors gekommen. Materielle Produktion wird zunehmend von Maschinen erledigt oder in Länder mit geringeren Lohnkosten verlagert. In einer Zeit, in der Produkte kaum mehr anderes sein werden als die physische Hülle eingeflossener geistiger Dienstleistungen, wird ein sinnvoller Umgang mit Wissen zur zentralen Herausforderung für die Organisation.

Es gehört zu den eigentümlichsten Merkmalen von Wissen, gleichzeitig Produkt und Steuerungsmedium von Organisationen zu sein. Vor dem Hintergrund des unweigerlichen Wandels in Richtung Wissenswirtschaft stellt sich die Frage, ob die internen Steuerungsmechanismen organisationaler Wertschöpfung der zentralen Rolle des Wissens eigentlich gerecht werden. Wie ist den Herausforderungen der Wissensgesellschaft zu begegnen? Die reflexhafte Antwort auf diese Frage lautet immer häufiger: mit Wissensmanagement. Trotz der mannigfaltigen Kritiken von theoretischer und praktischer Seite scheint sich die Auffassung durchzusetzen, dass Wissen in Organisationen ein eigenes Gestaltungsfeld sei. Mehr noch: dass es gemanagt werden muss. Das ist gleichzeitig falsch und richtig. Unsinnig ist es, im Hinblick auf die Schneise gescheiterer Gestaltungsvorhaben, die das Wissensmanagement in den vergangenen Jahren hinter sich ließ, behaupten zu wollen, der Umgang mit Wissen lasse sich – infolge technologisch-infrastruktureller Lösungen – sozusagen per Knopfdruck erledigen. Falsch ist auch die Annahme, dass Wissen überhaupt einfach zu gestalten ist. Was dagegen stimmt, ist die Feststellung eines immensen Handlungsdrucks, unter dem die Gestaltung von Wissen gegenwärtig steht. Noch nie wurde so verzweifelt verkündet, dass die Organisationen nicht wissen, was sie wissen. Wissensmangement stellt also die richtigen Fragen, gibt aber die falschen Antworten.

Die Gestaltbarkeit des Wissens ist von den Eigenschaften des Wissens geprägt. Im Gegensatz zu Information ist Wissen bedeutungsvolles Handlungsvermögen, es ist stets an Erfahrung gebunden und kann nur in Kommunikationen mitgeteilt werden. Wer professionell mit Wissen in Organisationen umzugehen hat, dem sind die Widrigkeiten einer Ressource vertraut, von der vieles abhängt, was letztlich über den Erfolg von Organisationen entscheidet. Ingenieure ärgern sich über ungepflegte und ungenutzte Intranets, so wie sich Trainer über Teilnehmer von Seminaren wundern, die am Montagmorgen nach dem Seminar arbeiten, als hätte dieses nie stattgefunden. Die Wissensbasis der Organisation ist ein Land der begrenzten Möglichkeiten, in dem wünschenswerte Zustände aus Interessen geboren werden, die nur in seltenen Fällen mit den Interessen eines Trainers, Ingenieurs, Organisationsberaters oder anderer Akteure zusammenfallen.

Wissensbezogene Kritik des Trainings

Die Mittel, mit denen Wissensorganisationen gestaltet werden kann, sind vielfältig, die Liste der Möglichkeiten, Wissen zu koordinieren und zu organisieren, ist endlos: Intranets, Planspiele, Szenariotechnik, Dialoge oder Methoden der Arbeitsplatzgestaltung sind nur einige wenige Beispiele. Je nach Zielstellung und Qualitäten des zu organisierenden Wissens wird man das eine oder andere Instrument auswählen. Dass diese Auswahl (die ja häufig mit erheblichen Investitionen einhergeht) meist weniger unter Rationaliäts- als unter Praktikabilitätsgesichtspunkten vonstatten geht, wird spätestens dann deutlich, wenn wir die Instrumente der Personalabteilungen einmal aus der Perspektive des Wissens unter die Lupe nehmen.

Personenorientiertes Wissen zu gestalten ist traditionelles Betätigungsfeld von Personalbereichen – Trainings, Seminare und Workshops stehen im Mittelpunkt der präferierten Mittel. Die Standardantwort auf die Frage, wie Personen in Organisationen dazu gebracht werden können, ihr Wissen zu entwickeln, lautet im Sinne der Aus- und Weiterbildung: Training, Training und nochmals Training. Trainings können auf die praktische Veränderung aller Aspekte des menschlichen Wissensinventars und Handlungsrepertoires zielen, die in Organisationen gefragt sind: Fachwissen (Lerntrainings), Verhalten (Kommunikations- oder Verhaltenstrainings), soziale Interaktion (Trainings zur sozialen Kompetenz) und vieles andere. Trainings bei, während und außerhalb der Arbeit, die sensomotorische, kognitive und soziale Kompetenz fördern sollen, sind der interventionsmäßige Prototyp der Personalentwicklung. Meist als Veranstaltung in Seminarform angeboten und als Mix aus Informations- und Übungsteil angelegt, sind sie die Klassiker im organisationalen Bildungsangebot.

Trainings können dazu dienen, personenbezogene Qualifikation und Kompetenz bei der Aktualisierung der organisationalen Wissensbasis aufzubauen. Die konzeptionelle Basis der meisten Trainingsprogramme ist offenkundig: Man versucht, im Sinne der Organisation erwünschtes Wissen oder Verhalten durch eine Intervention zu erreichen. Wenn das Training funktioniert, wird dies dann operantem Konditionieren (wiederholte Übung, die mit positiver Rückkopplung ausgestattet wird, erhöht die Auftretenswahrscheinlichkeit eines bestimmten Verhaltens) oder der Einsicht (Einsicht in die eigene Strukturiertheit ist der Veränderungsmotor auf individueller und Gruppenebene) zugeschrieben.

Die Liste der wissensspezifischen Kritikpunkte an Trainings ist lang. Bedarfs-, Lehr- und Lern- sowie Transfermanagement sind nach Aussage vieler Bildungsexperten äußerst mangelhaft. Für Trainings gilt, was für die Personalentwicklung als Ganzes zu gelten scheint: Ihre Effekte bleiben lokal eng begrenzt und es gelingt mit ihnen selten, die in der Organisation geltenden Regeln zu verändern. Helmut Willke kommt in seinen Studien zur Rolle des Wissens für Organisation zu dem Schluss, dass auf diese Weise der größte Teil der Anstrengungen bei der Personalentwicklung verpufft. So wird das vertraute Ergebnis konstanter Frustration auf allen Seiten erklärbar. Zurückzuführen ist dies vor allem auf das Transferproblem von Wissen, das bei der Übertragung des neuen, personenbezogenen Wissens aus der meist artifiziellen Situation des Trainings in eine gegenüber diesem Wissen inkongruente Arbeitswelt entsteht. Zwischen der Lernsituation im Training und der Umgebung entsteht im Laufe der Intervention ein vieldimensionales Spannungsfeld auf mehreren Ebenen, wie zum Beispiel Gesellschaft (passt die Lernerfahrung zu den Erfahrungen des gesellschaftlichen, etwa familiären Umfelds?), Sozialisation (passt die Lernerfahrung zu dem, was in der westlichen [Schul-]Ausbildung – die die Lernfähigkeit eher zerstört – gelernt wurde?) oder Zeitlogiken (passt die Dauer des Trainings zu den zeitlichen Vorgaben für die Umsetzung des Gelernten?). Obwohl man Maßnahmen jeglicher Personalentwicklung gemeinhin erst dann als erfolgreich betrachtet, wenn sie (auch) außerhalb des Trainingskontextes Wirkung zeigen, findet langfristige Evaluation in den seltensten Fällen Eingang in die Konzeption von Trainings. Was das Training langfristig gebracht hat, interessiert hinterher meist niemanden mehr.

Trainings produzieren ein Veränderungsversprechen, das in den wenigsten Fällen langfristig eingelöst wird. Personalentwicklungsziele im Allgemeinen und Trainingsziele im Speziellen entsprechen häufig nicht den Realitäten von Personalentwicklung und Training. Wenn als Attribute von Lernfähigkeit – Zielvorstellung von Training par excellence – immer wieder Neugier, Offenheit gegenüber Neuem, Experimentierverhalten und die Einstellung bezeichnet werden, die Suche nach Antworten sei wichtiger als die Antwort selbst, dann trägt klassische Aus- und Weiterbildung in Trainings mit ihrem Fokus auf Reproduktion, ihrer Intoleranz gegenüber Fehlern und ihrer starken Regelsteuerung nur bedingt zu einer so verstandenen Lernfähigkeit bei. Allein die meist unidirektionale Wissensvermittlung in Trainings erteilt Auskunft über ein Steuerungsmodell, in dem Wissen als Ware behandelt wird. Trainieren ist sinnvoll, wenn man weiß, was einen erwartet. Der Fluss des Wissens ist aber kaum berechenbar.

Handlungsorientierung von Trainings als Ausweg?

Zu den verschiedenen Möglichkeiten, das Transferproblem zu lösen, gehört es, einen deutlicheren Handlungsbezug des Trainings herzustellen. Handlungsorientierte Trainings sind personenorientierte Instrumente der Wissensorganisation, mit denen der Alltags- und Handlungsbezug organisierter

Lernvorgänge verbessert werden soll. Reg Revans experimentierte bereits Anfang der 80er-Jahre des vergangenen Jahrhunderts mit neuen Formen von handlungsorientierten Trainings als Grundlage für die Praxis der »Lernenden Organisation«. Er konzipierte sie als verbindendes Instrument von Organisations- und Personalentwicklung, bei dem etwa sechs bis acht Personen in einer Lerngruppe zusammengefasst werden, die sich innerhalb eines bestimmten Zeitraums mit einem aktuellen Problem der Organisation befassen. Das Problem wird hier in einzelne Bestandteile zerlegt und von kleinen Subteams selbstverantwortlich unter Hinzunahme eines Mentors aus der Organisation, der über Ressourcen verfügt, bearbeitet. Als arbeits-, gruppen-, und handlungsorientierte Interventionsformen, in denen der Output (als problemlösender Handlungsanteil) mehr zählen soll als der Input (Bildungs-/Lehranteil) der Veranstaltung, sollen die so genannten »action trainings« den Beweis an Ort und Stelle erbringen, dass die von ihnen vermittelten Erkenntnisse praktisch verwendbar sind.

Während sich herkömmliche Trainings meist durch eine simulierte Umfeldsituation, einseitiges Lernen vom Trainer und konsequenzenlosen Schlusspunkt auszeichnen, ist diese Form von handlungsorientierten Trainings an einem expliziten Bedarf orientiert; sie finden am Arbeitsplatz statt, vermeiden Laborsituationen und geben vor, Schlüsselleistungen vor und nach dem Training zu evaluieren. Je weniger standardisierbar der Ausbildungsinhalt ist, desto weniger gelingt es klassischen (multiplikativen) Trainingsformen, die entsprechende Fähigkeit zu vermitteln und den speziellen Nutzungskontext ins Kalkül zu ziehen. Wenn man spezifische Aufgaben und Personenkonstellationen im »action training« berücksichtigt, kann man neben der fachlichen Schulung auch die Nutzungswahrscheinlichkeit vor Ort beeinflussen. Dies kann eine langfristige Kollektivierung der zu vermittelnden Fähigkeit begünstigen, die als ungenutzte Fähigkeiten sonst schnell wieder verlernt würden. Auf diese Weise besteht eine erhöhte Wahrscheinlichkeit, dass die Beteiligten auch implizites, verkörperlichtes Wissen in den Lernprozess einbringen.

Die vielseitigen Transferprobleme von Trainings sind jedoch durch den Handlungsbezug nur bedingt in den Griff zu bekommen. Auch handlungsorientierte Trainings setzen voraus, dass es eine Motivation zum Lernen gibt, bei der die Beteiligten selbst bestrebt sind, ihr Wissen zu erweitern, und mittels dessen Hilfe die Einsicht, dass das eigene Wissen verbesserungswürdig ist, in Handlung umgesetzt werden kann. Handlungsorientierung ist zwar ein notwendiger Aspekt von Trainings, sofern sie zum Aufbau von handlungsrelevantem Wissen einen Beitrag leisten wollen, hinreichend ist Handlungsorientierung jedoch nicht.

Organisierte Erfahrung mit allen Sinnen

Jeglicher Aufbau von Wissen ist an ein wahrnehmendes Sensorium gebunden. Man weiß nicht nur das, was man gesehen hat, sondern auch (und vor allem) das, was man hört, schmeckt oder fühlt. Unsere Sinne sind die Schnittstelle, an der sich Wahrnehmung entscheidet, was wiederum Voraussetzung für einen wissensmäßigen Niederschlag von Beobachtung ist. Deshalb ist das menschliche Sensorium für die Organisation von Wissen von zentraler Bedeutung. Für die in Prozessen der Wissensorganisation involvierten Individuen stellt sich analog die Frage, welche ihrer Sinnesmodalitäten von einem Interventionsvorhaben eigentlich angesprochen werden. Jeder, der die üblichen Tagungsmodalitäten von Organisationen kennt, weiß, dass hiermit auch Aspekte der Lebensqualität angesprochen werden. Klimatisierte Räume, die ganztags mit Kunstlicht beleuchtet werden, Schreibtische mit Bildschirmen und Tastaturen, Papiere, Berichte und andere Rahmenbedingungen des Lernens sprechen nur einen kleinen Teil möglicher Sinneskanäle an. Dabei ist es schon lange bekannt, dass mit einer ganzheitlichen Beanspruchung von Sinneskanälen Erinnerbarkeit und Handlungsorientierung von Wissen steigt (Konfuzius soll einmal gesagt haben: Ich höre und ich vergesse, ich sehe und ich erinnere, ich handele und ich verstehe).

Das ist besonders wichtig, wenn es auch um die Organisation von implizitem Wissen gehen soll. Tor Norretranders hat in seinem 1997 in deutscher Sprache erschienenen Werk »Spüre die Welt« darauf hingewiesen, dass der Körper um eine Verbundenheit mit der Welt weiß, die das Bewusstsein nicht spüren kann. Zahlreiche Aktivitäten der Wissensorganisation erfordern aus diesem Grund den Umgang mit verkörpertem Wissen, das heißt mit Wissen, das von Interventionen kaum erreicht werden kann, sofern ihnen nicht die Einbeziehung von Sinnesmodalitäten gelingt, denen dieses Wissen seinen Ursprung verdankt.

Dies führt uns zu einem Verständnis praktischer Wissensorganisation als sensoriell integriertem Erfahrungsraum, in dem aus Handlungen gelernt werden kann. Im Zuge organisationsrelevanter Handlung wird es notwendig sein, eine größere Vielfalt sensorieller Kanäle anzusprechen. Dies führt eher dazu, handlungsrelevantes Wissen zu erreichen, als dieses in einem Setting der Fall ist, in dem etwa lediglich zugehört wird.

Weniger körperbezogene Instrumente der Wissensorganisation wie elektronische Infrastrukturen, Handbücher oder klassische, unidirektionale Trainings sind grundsätzlich weniger sensoriell integrativ. Selbst wenn es sich explizit um multimediale Formen handelt, bleiben kinästhetische Modalitäten außer Acht. Alle Instrumente, die menschliche Begegnung implizieren, sind hier schon bedeutend sinnvoller. Wirklich körperbezogene Instrumente wie die handlungsorientierten Trainingsformen sind allerdings unübertroffen in der Integration menschlicher Sinnesmodalitäten. Hier wird mit dem ganzen Körper gelernt.

Wilderness Experiences als integrierte Erfahrungsräume

Wie lassen sich sensoriell integrierte Erfahrungsräume praktisch organisieren? Zweifelsohne sind Wilderness Experiences, also speziell strukturierte Lernsituationen in freier Natur, hier ein geeigneter Weg. Sie können dazu beitragen, einzigartiges Erfahrungswissen aufzubauen, das auch noch lange nach dem Ende der eigentlichen Intervention handlungsleitende Wirkung zeigt. Sie weisen ein Maximum an sensorieller Dichte auf. Besonders wertvoll sind die Erfahrungsräume in freier Natur im Hinblick auf die Prädominanz entsinnlichter Erfahrungsräume in der Praxis der Wissensorganisation. Mit ihrem ganzheitlichen Lernansatz stehen sie relativ allein in einer Trainingslandschaft, die eine immer stärkere Tendenz zur Verlagerung des Lernortes in Richtung Arbeitsplatz hat.

Wilderness Experiences funktionieren genau andersherum. Je weiter weg, so die Annahme, desto außergewöhnlicher und fundamentaler der Wandel in den mentalen Modellen der Teilnehmer. Die thematische Spannweite möglicher Lerninhalte von Wilderness Experiences lässt die Konstruktion von Kontexten zu, in denen fast Beliebiges gelernt werden kann. Um allerdings zu einem Instrument der Wissensorganisation mit festem Platz im

Interventionsrepertoire der Organisation zu werden, sollten aus der Wissensperspektive folgende Bedingungen eingelöst sein:

Intelligenter Aufbau und hinreichend spezifische Dramaturgie

Das Programm muss eine hinreichend spezifische Dramaturgie haben, die bestimmte Lernerfahrungen »triggert«. Das bedeutet letztlich, dass die Übungen, Aufgaben, Experimente und Situationen des Programms eine Lernerfahrung quasi als simulativen Rahmen nahe legen, ohne sie vorzuschreiben. Wenn etwa eine Brücke über einen Fluss gebaut werden muss, dann reicht es nicht, das ganze lernbezogen allgemein als Erfahrung im Teambuilding abzubuchen. Der Wissensaufbau aus gemeinsamem Gruppenhandeln in Gruppen sollte spezifisch angelegt sein (also etwa Wissen über die eigene Rolle in Konfliktsituationen in Gruppen unter Zeitknappheit).

Balance zwischen Reflexion und Handlung: Reflexionsschleifen

Entscheidend für die Generierung neuen Wissens ist eine ausgewogene Balance zwischen Erlebnis und Reflexion. Unreflektiertes Abenteuertum in der Wildnis bringt ebenso wenig einen dauerhaften Lerneffekt wie das Überreflektieren von bedeutungslosen Ereignissen. Erst wenn bisheriges Wissen aufgrund von bedeutungsvollem Erleben auf seine Gültigkeit hinterfragt werden kann, kommt neues Wissen in Spiel.

Einbettung in die Wissensprozesse der Organisation

Die größte Hürde für den Wissenstransfer in die Alltagssituation liegt in der Überwindung der Grenze zwischen der Lernerfahrung in der Situation der Wilderness Experience und der routinierten – dem dortigen Freiheitsempfinden oft diametral gegenübergestellten – betrieblichen Alltagswelt. Um, einmal ins Unternehmen zurückgekehrt, die Lernerfahrung nicht als geheimes, privates Wissen zu etikettieren, braucht es Mechanismen, die helfen, die Erfahrungen in den Alltag hinüberzuretten. Einerseits gelingt das durch eine hinreichend betriebsbezogene Dramaturgie, andererseits durch systematische Rekurse auf die Lernerfahrung im Nachgang zur Wilderness Experience.

Schlussbemerkung

Wie die in diesem Band dargestellten Fallbeispiele und Erfahrungsberichte zeigen, leistet kaum ein Instrument der Wissensorganisation eine so umfassende und integrative Generierung von neuem Wissen wie die Wilderness Experience. Richtig eingesetzt und eingebettet in den Fluss des Wissens, der die Wertschöpfung der Zukunft bestimmt, können sie im im Instrumentportfolio der Organisationen des Wissens zu zentraler Bedeutung kommen.

Allerdings: Wer einen Hammer in der Hand hält, macht jedes Problem zum Nagel. Vorsicht geboten ist immer dann, wenn einzelne Instrumente sich den Nimbus eines »general problem solvers« geben. Je mehr Expertise mit der Nutzung eines Instruments aufgebaut wird, desto schwerer fällt es den jeweiligen Experten, Problemkonstellationen wahrzunehmen, die nicht durch ihr Instrument bearbeitbar sind. Wilderness Experiences brauchen eine klare, problembezogene Indikation und ein deutliches Ziel. Erst dann können sie ihr nachhaltiges Veränderungspotenzial entfalten, erst dann werden sie zu einem Instrument, mit dem Wissen tatächlich erlebbar wird.

Literatur

Grant, R. M.: Toward a Knowledge-based Theory of the Firm. In: Strategic Management Journal, Bd. 17 (winter special issue), 1996, S. 109–122.

Norretranders, T.: Spüre die Welt. Die Wissenschaft des Bewusstseins. Reinbek, 1997.

Revans, R. W. (1985): The Origin and Growth of Action Learning. Chartwell.

Roehl H.: Instrumente der Wissensorganisation. Perspektiven für eine differenzierende Interventionspraxis. Wiesbaden, New York, 2000.

Roehl, H.: Organisationen des Wissens. Anleitung zur Gestaltung. Stuttgart, 2002.

Roehl, H./Romhardt, K.: Wissensmanagement – Ein Dialog über Totes und Lebendiges. Zeitschrift für Organisationsentwicklung, Bd. 19 (4), Stuttgart, 2002, S. 50–59.

Willke, H.: Systemisches Wissensmanagement. Mit Fallstudien von D. Gnewekow, T. Hermsen, J. Köhler, C. Krück, S. Mingers, K. Piel, T. Strulik, O. Vopel. Stuttgart u. a., 1998.

Willke, H. : Systemtheorie II: Interventionstheorie, 3., neu bearb. Aufl., Stuttgart u. a., 1999.

Nutzen und Effekte

Ein erster Ansatz zur Evaluation von Outdoortrainings – dargestellt am Beispiel der Projektleiterausbildung bei DrägerForum

Prof. Dr. Sabine Remdisch
Sonja Grevenitz

Rafting, Segeln, Klettern – erlebnisintensive Gruppenübungen in der Natur erfreuen sich zunehmend größerer Beliebtheit. Für einige Personalentwickler scheint die Lernsituation in gewohnter Umgebung, sprich: in Schulungsräumen, zunehmend ausgereizt, sie sehen in dem Lernfeld Natur neue Lern- und Erlebnismöglichkeiten und berichten über positive Auswirkungen von Outdoortrainings auf die Gruppeneffektivität und die Persönlichkeitsentwicklung. Kritischen Stimmen steht hierbei der Abenteueraspekt zu sehr im Vordergrund, sie kritisieren den fehlenden Bezug zu den alltäglichen Arbeitsanforderungen der betrieblichen Praxis.

In diesem Beitrag sollen die Transfermöglichkeiten von Outdoortrainings untersucht werden und mögliche Evaluationskriterien für den Lernerfolg abgeleitet werden.

Kriterien für die Evaluation von Outdoortrainings

Wissenschaftlich ist die Wirksamkeit von Outdoortrainings bislang kaum belegt. Es ist generell wenig bekannt über die Wirkweise des »Lernfelds Natur« und über die Auswirkungen von Outdoortrainings auf Verhaltens- und Persönlichkeitsmerkmale. Es gibt nur vereinzelt wissenschaftliche Untersuchungen, die Transfereffekte untersucht haben, generell ist ein Nachweis von Transfereffekten bei Outdoortrainings methodisch schwierig.

Was man allerdings in der Praxis erlebt, sind durchgängig und nachhaltig positive Teilnehmerreaktionen. Die erlebnisintensiven Übungen prägen die Teilnehmer persönlich insgesamt sehr stark. Allerdings bleibt die kritische Frage, wie gut die Teilnehmer die Erfahrungen, die sie in einem Outdoorumfeld, das sich deutlich von ihrem Arbeitsalltag unterscheidet, gemacht haben, in ihren Arbeitsalltag transferieren können. Marsh, Richards und Barnes (1987) konnten nachweisen, dass ein Outdoortraining zu erhöhten Selbstkonzeptwerten bei den Teilnehmern führte. Eine nachhaltige Verbesserung der sozialen Beziehungen berichten Fischer und Ziegenspeck (2000). Positive Auswirkungen auf die Gruppeneffektivität und auf die individuelle Problemlösekompetenz berichten Baldwin und Padgett (1993).

Für die Evaluation von Outdoortrainings müssen dieselben Prinzipien gelten wie für die Evaluation von Indoortrainingsprogrammen. Outdoortrainings müssen in die betriebliche Personalentwicklung bedarfs-, ziel- und transferorientiert eingepasst werden. Zentral ist die Evaluation auf mehreren Ebenen, also nicht nur abschließend die Zufriedenheit mit der Trainingsmaßnahme zu messen, sondern eine transferorientierte Erfolgskontrolle durchzuführen.

Kirkpatrick (1959, 1960) unterscheidet in diesem Zusammenhang insgesamt vier Ebenen bei der Messung des Qualifizierungserfolgs:

Der *Zufriedenheitserfolg* bezieht sich auf die unmittelbare Reaktion der Teilnehmer auf die Trainingsmaßnahme. Direkt im Anschluss an die Maßnahme wird die Zufriedenheit der Teilnehmer mit dem Trainingsinhalt und den Trainingsmethoden sowie das allgemeine Lernklima evaluiert.

Der *Lernerfolg* gibt darüber Auskunft, in welchem Ausmaß die Teilnehmer die im Training vermittelten Inhalte gelernt haben. Um den individuellen Lernerfolg zu messen, werden Wissenstests direkt im Anschluss an das Training durchgeführt.

Inwieweit das im Training Gelernte am Arbeitsplatz angewandt werden kann, wird mit der *Transfererfolgs*-Messung überprüft. Der kritischste Punkt bei der Evaluation von Outdoortrainings ist sicherlich der Nachweis der Transfereffekten, also die Anwendung und Generalisierung des im Outdoorumfeld (Lernfeld) erworbenen Wissens und Verhaltens auf die Aufgabenerfüllung am Arbeitsplatz (in das Funktionsfeld). Zur Sicherung des Transfererfolgs sollte im Training bereits eine Ideensammlung für konkrete spätere Anwendungsaufgaben im Arbeitsfeld erfolgen und ein konkreter

Aktionsplan erarbeitet werden. Als Transfererfolg wird dann gemessen, inwieweit der aufgestellte Aktionsplan in der Praxis tatsächlich abgearbeitet wird.

Um optimal transferwirksam zu sein, muss das Training auf das jeweilige Unternehmen, seine Mitarbeiter und die Unternehmenskultur individuell zugeschnitten werden. Maßgeschneiderte Lösungen erfordern im Vorfeld einen intensiven Dialog über Lernziele, Methoden und Transferkriterien sowie eine Nachbereitungsphase, in der die konkrete Umsetzung des Gelernten vor Ort begleitet wird (vgl. Abb. 1).

Welche Auswirkungen die Trainingsmaßnahme schließlich auf das Unternehmen hat, wird durch Messung auf der *Unternehmenserfolgs*-Ebene geprüft. Es geht hier um eine abschließende Kosten-Nutzen-Evaluation.

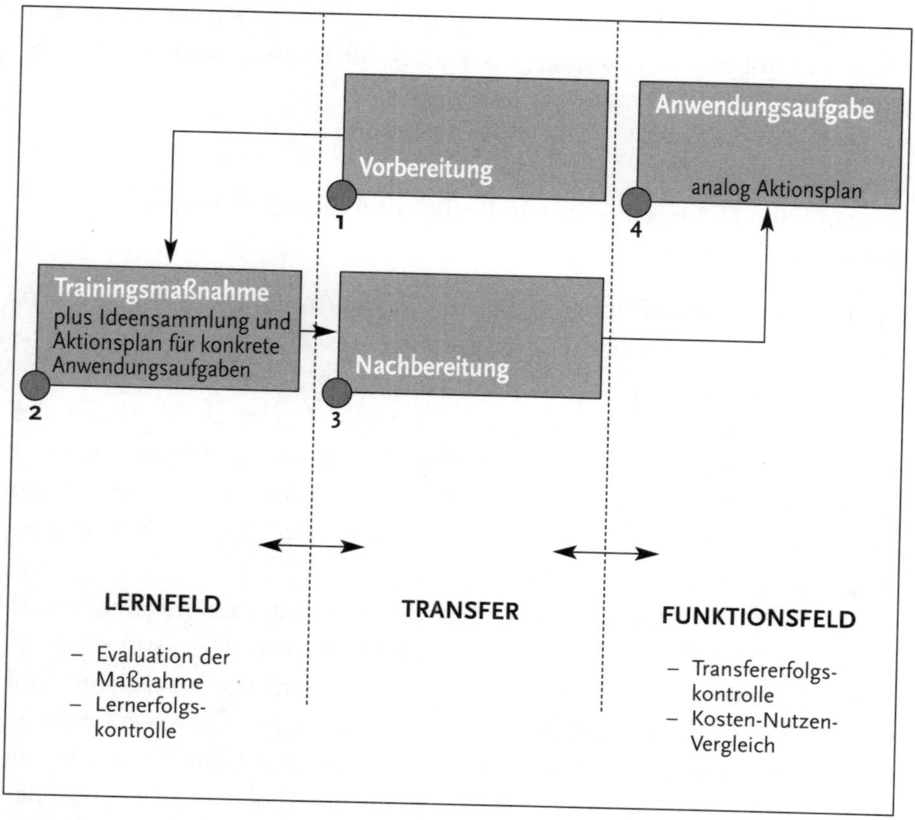

Abbildung 1: Transferorientierte Evaluation von Trainingsmaßnahmen

Spezifische Merkmale von Outdoortrainings

Als zentrale Wirkfaktoren von Trainingsmaßnahmen allgemein sind Aktivität, Handlungs- und Erfahrungsorientierung, Ganzheitlichkeit, Aufgaben- und Transferorientierung sowie Feedback und Reflexion zu nennen.

Aktives Lernen mit einer starken Handlungsorientierung fördert die intensive Auseinandersetzung mit dem Trainingsinhalt und den Trainingsaufgaben (wer in einem Auto lediglich mitfährt, lernt immer weniger als der, der am Steuer sitzt). Ganzheitliches Lernen bedeutet die Verankerung der Lernerfahrungen auf mehreren verschiedenen Ebenen, um einen nachhaltigen Lernerfolg zu sichern. Aufgabenorientierung meint den Bezug der Trainingsaufgabe auf das direkte Arbeitsgebiet vor Ort. Wichtig für den Transfererfolg ist eine hohe Übereinstimmung der Trainings- und der realen Praxisaufgaben. Als weiterer Punkt ist im Training direktes Feedback zentral, die Teilnehmer müssen unmittelbar erleben, ob das eigene Handeln erfolgreich ist, und gegebenenfalls alternative Handlungsmuster ableiten.

Wie sind nun Outdoortrainings in Bezug auf diese Wirkfaktoren zu bewerten?

Die klassischen Zielsetzungen, die mit Outdoortrainings verfolgt werden, bestehen in der Team- und Führungskräfteentwicklung, zum Beispiel Verbesserung des Führungsverhaltens, Förderung der Teamfähigkeit und Konfliktbearbeitung. Die Persönlichkeitsentwicklung, wie die Stärkung des Selbstvertrauens, des Selbstwertgefühls und die Auseinandersetzung mit den eigenen Wertvorstellungen, steht im Vordergrund. Seltener geht es um das Training von Methoden- oder Fachkompetenzen, die reine Wissensvermittlung steht weniger im Fokus.

Aktives Involviertsein in den Lernprozess und Erlebnisorientierung werden bei Outdoortrainings stark hervorgehoben. Die Aufgaben im Lernfeld Natur sind real, die Teilnehmer müssen direkt reagieren und werden so aktiv in den Lernprozess einbezogen. Die Aufgaben konzentrieren sich in der Regel auf Gruppeninteraktionen. Die Teilnehmer arbeiten an Aufgaben, die die gegenseitige Abhängigkeit erhöhen und wachsendes Vertrauen der Gruppenmitglieder untereinander erfordern. Weil diese

Lernsituationen authentisch sind mit realen Problemen und Aufgaben, haben die erlebnisorientierten Aufgaben in der Regel einen Motivationsvorteil.

Ganzheitliches Lernen findet man bei Outdoortrainings realisiert, es bedeutet ein Lernen auf der kognitiven, affektiven, sozialen und der motorischen Ebene.

Ein ganz zentraler Punkt bei Outdoortrainings ist das differenzierte, situationsbezogene Feedback über das eigene Verhalten und die Gruppeninteraktionen. Selbstevaluationsprozesse werden stark gefördert und die Teilnehmer bei dem Aufbau eines differenzierten Selbstbildes unterstützt. Eine intensive Erfahrung in der Gruppe hilft dem Teilnehmer, das eigene Verhalten besser zu verstehen, die Wirkung des eigenen Verhaltens auf andere und auch besser Gruppenprozesse und das Verhalten der anderen einzuordnen.

Bezüglich des Lerntransfers zeigt sich, dass die Transfereffekte bei Outdoortrainings durch die Trennung von Lern- und Arbeitsfeld als auch durch die mangelnde Ähnlichkeit von Trainings- und Arbeitsfeld erschwert sind. Um im Outdoortraining den Transfer von erlernten Fähigkeiten in den Arbeitsalltag zu intensivieren, sollten flankierende Maßnahmen, wie das Erstellen von Transfervereinbarungen und Aktionsplänen, vorbereitende und Follow-up-Veranstaltungen sowie der Aufbau von Lernpartnerschaften oder Lernzirkeln, durchgeführt werden.

Maßnahmen zur Transferförderung bei Outdoortrainings

Förderlich auf den Trainingstransfer wirkt sich generell eine differenzierte Trainingsplanung und -vorbereitung aus – vorbereitende Workshops, in denen die Trainingsziele festgelegt werden und gemeinsam formuliert wird, was sich durch das Training konkret verändern soll. Im Zuge vorbereitender Workshops können sich Trainer außerdem über den gesundheitlichen Zustand und die Motivation der Teilnehmer informieren und die Outdoorübungen entsprechend abstimmen.

Um einen nachhaltigen Trainingseffekt zu erzielen, sollten Outdoortrainings generell als Kombination aus Indoor- und Outdoormodulen konzipiert werden. Ein dem Outdoormodul vorgeschaltetes Indoormodul zur Vermittlung von Fachinhalten und Methodenwissen ist zielführend. Vor dem

Übungsteil in der Natur sollten sich die Teilnehmer kognitiv mit den einzelnen Themengebieten auseinander setzen. Des Weiteren sollten die Teilnehmer im Vorfeld des Outdoormoduls für Gruppenprozesse sensibilisiert werden. Um die zentralen Aspekte des Feedbacks und der Reflexion bei den Outdoorübungen optimal anwenden zu können, ist ein vorbereitendes Trainingsmodul zu den Themen Verhaltensbeobachtung und -rückmeldung elementar. Des Weiteren sollten im Vorfeld Spielregeln und Normen, die von der Gruppe für die eigene Teamarbeit als wichtig erachtet werden, formuliert werden.

Während des Outdoormoduls sollten kontinuierlich die Parallelen zwischen den Übungen und dem Berufsalltag aufgezeigt werden, um die Transfereffekte in die Praxis zu sichern. Die Trainingsinhalte und -methoden sollten zielgerichtet auf eine Verbindung von Lern- und Arbeitssituation hin gestaltet werden.

Feedback ist einer der zentralen Wirkfaktoren und sollte insbesondere im Outdoormodul eine große Rolle spielen. In regelmäßigen Feedbackrunden sollten die Teilnehmer das eigene Verhalten reflektieren, hinterfragen und analysieren. Besonders wichtig ist multidimensionales Feedback: Selbstevaluation, Feedback aus Sicht der Gruppe und Trainerfeedback werden kombiniert. Reflexions- und Feedbackrunden bieten Raum, um Transfermöglichkeiten des Gelernten in die Praxis zu diskutieren, die Teilnehmer sollen nach dem Sinn der Aktivitäten fragen, Bezüge zur realen Arbeitssituation herstellen, Erfahrungen und Gelerntes versuchen zu generalisieren.

Am Ende des Outdoormoduls sollten sie persönliche Ziele erarbeiten, die sie am Arbeitsplatz umsetzen wollen, und einen konkreten Aktionsplan aufstellen.

Follow-up-Treffen, um die Trainingserfahrungen mit Anstand zu reflektieren und um Tansfererfahrungen auszutauschen, sind hilfreich. Konkrete Unterstützung des Vorgesetzten vor Ort ist bei der Abarbeitung des Transferplans notwendig.

Evaluation eines Outdoortrainings – das Praxisbeispiel Projektleiterausbildung bei DrägerForum

Ein wichtiger Produktbereich von Wilderness Experience bei DrägerForum ist seit mehreren Jahren die Ausbildung von Projektleitern. Das Training besteht aus vier Modulen, von denen drei indoor stattfinden und eines outdoor. Die theoretischen Grundlagen und Methoden des Projektmanagements werden in Form eines dreitägigen Indoorseminarteils (Modul I) vermittelt. Modul II umfasst zwei Tage zur Vermittlung von Aspekten der sozialen Kompetenz im Hinblick auf Verhaltensbeobachtung, -beurteilung und Feedback bei der Projektarbeit. Modul III ist dann ein fünftägiges Outdoor-Training in der Natur Norwegens. Etwas zeitversetzt schließt sich dann zur Transfersicherung ein weiteres Indoormodul (IV) an.

Exemplarisch werden im Folgenden an einem Trainingskurs, der im Juni 2001 mit insgesamt 18 Teilnehmern stattgefunden hat, Evaluationskriterien und -ergebnisse dargestellt.

Wie es dem Prinzip des Wilderness-Experience-Trainings entspricht, wurden die Teilnehmer während des Outdoormoduls sowohl von zwei norwegischen Spezialisten für die praktische Durchführung der Projekte als auch von zwei Prozesstrainern begleitet.

Der Tagesablauf bestand aus Projekten, die in das übergeordnete theoretische und didaktische Gesamtkonzept eingebunden und auf die Inhalte der Module I und II kleinschrittig abgestimmt waren. Dazu gehörten neben den Orientierungstouren per pedes oder Kanu zur nächsten Lagerstätte, dem Biwakbau und der Regelung des Materialtransports Übungen wie der Bau einer Seilbrücke oder das Abseilen. Die Projekte wurden von abendlichen Reflexionsphasen, multidimensionalem Feedback und kleinen Theorieeinheiten begleitet, die ebenfalls im Outdoorsetting stattfanden.

Diese Phasen waren zu einem Teil bereits ein notwendiger Abschnitt der stattfindenden Evaluation, da über Reflexion und Feedback eine erste Kontrolle von Zufriedenheit, Verständnis und Lerneffekten bei den Teilnehmern möglich war. Eine Woche nach der Rückkehr, also nach Beendigung des Outdoorteils (Modul III), wurden die Variablen subjektiver Lernerfolg, Zufriedenheit, Relevanz und Nützlichkeit sowie Lernklima über einen Kurzfragebogen von den Teilnehmern nochmals schriftlich erhoben. Die Ergebnisse und Beobachtungen werden im Folgenden tabellarisch dargestellt.

Ergebnisse und Beobachtungen zur Evaluation des Outdoormoduls	
Methode	Das Lernfeld Natur bot eine insgesamt anregende und unterstützende Wirkung bei der Vermittlung von verhaltens- und auch von wissensbezogenen Lerninhalten. Ein breites Themenspektrum konnte in adäquate Outdoorübungen transformiert werden.
	Die unterschiedlichen Projektaufgaben waren von hohem diagnostischem Wert. Die Teilnehmer mussten reale Problemstellungen mit realen Konsequenzen bewältigen.
	Es handelte sich um eine sehr intensive Arbeitsform. Die Teilnehmer berichteten von persönlichen Grenzerfahrungen (psychologisch und physisch).
	Die Teilnehmer erlebten ein geschütztes Lernfeld. In den Outdoorübungen konnten sie in spielerischen Projekten ihre künftige Rolle als Projektleiter erproben. Die Teilnehmer berichteten, dass sie durch die Übungen zunehmend mehr Sicherheit in der Leiterrolle erlangten und sich die Aufgaben jetzt auch in realen Projekten zutrauten
	Als sehr hilfreich empfanden die Teilnehmer die regelmäßigen Feedbackphasen und die kontinuierliche Prozessevaluation.
Wirkfaktoren	Die allgemeine Organisation und Koordination des Trainings in Norwegen wurden als gut durchdacht und strukturiert durchgeführt empfunden. Dadurch entstand ein Gefühl von umfassender Sicherheit, was eine Offenheit für die unterschiedlichen Trainingsaufgaben ermöglichte.
	Die Teilnehmer wurden als stark motiviert bei der Bearbeitung der Aufgaben erlebt. Es zeigte sich eine starke Öffnung der Teilnehmer gegenüber dem Team und den eigenen Verhaltensweisen. Ausgedehnte Teamerfahrungen und nachhaltige Netzwerkbildung fanden statt.
	Durch das ungewohnte und erlebnisorientierte Trainingssetting baute sich eine intensive Trainer-Trainee-Beziehung auf.
	Ausgeprägte Feedbackschleifen förderten die arbeitsbezogene Selbstreflexion, die im Trainingsverlauf zu einer großen Veränderungsdynamik führte.
	Insgesamt hätten sich die Teilnehmer noch mehr Zeit für die Reflexion der Übungen gewünscht. Außerdem hätten sie gerne mehr Raum für die Verarbeitung persönlicher Eindrücke in Bezug auf das für viele ungewöhnliche Leben in der Natur gehabt.
	Negativ fanden die Teilnehmer, dass die körperliche Belastung in Norwegen teilweise zu ausgeprägt war und das eigentliche Lernziel der Outdoorübungen teilweise in den Hintergrund trat.

Transfereffekte	Die Passung von theoretischen Seminarinhalten, Outdoorübungen und beruflicher Tätigkeit wurde hoch bewertet. Die Verknüpfung der theoretischen Seminarmodule mit dem Outdoormodul war den Teilnehmern deutlich, ebenso der Bezug zum eigenen Arbeitsfeld.
	Die Teilnehmer nahmen konkrete Arbeitsvorhaben an ihren Arbeitsplatz mit. Als Anregungen für die Praxis formulierten sie beispielsweise, dass sie vor Ort die sozialen Faktoren bei der Projektarbeit (Stimmung im Team und Rollenstruktur im Team) stärker beachten oder dass sie die Projektplanung stärker strukturieren und Informationsaustausch und Kommunikation während der Projektarbeit wichtiger nehmen wollen.
	Alle Teilnehmer gaben an, dass sie das Training weiterempfehlen würden. Als die drei Hauptgründe für den Erfolg des Trainings wurden die *gute Passung* zwischen Outdoorübungen und der eigenen realen Arbeitswelt und damit der hohe Transfer, das *geschützte Lernfeld* »zum Ausprobieren« der Projektleiterrolle und das ausgedehnte *Verhaltensfeedback* genannt.

Zur weiteren Sicherung der Transfereffekte und als Teil des gesamten Evaluationsprozesses fand sechs Wochen nach der Outdoorphase noch ein Follow-up-Trainingstag indoor statt (Modul IV) – eine gemeinsame Reflexions- und Transferarbeit. Ergänzend bekamen die Teilnehmer von den Trainern ein persönliches Verhaltensfeedback basierend auf den Einzelbeobachtungen in Norwegen, inklusive eines Stärken-Schwächen-Profils und spezifischen Lernhinweisen.

Zusammenfassend lässt sich sagen, dass mit dem Trainingsprogramm zur Projektleiterausbildung offensichtlich eine fruchtbare Kombination aus Indoor- und Outdoortrainingselementen gelungen ist, die von den Teilnehmern als aufeinander abgestimmtes, ganzheitliches Programm empfunden wird. Für den eigenen Lern- und Entwicklungsprozess förderlich wurde insbesondere das ausführliche Feedback während und nach den Outdoorübungen sowie die Reflexion der Umsetzung der ersten eigenen Projekte vor Ort im Rahmen des Transferworkshops eingestuft. Inhaltlich handelt es sich bei »Projektmanagement« um ein Gebiet, das sehr gut in Outdoorübungen simuliert werden kann und wo eine Ähnlichkeit der Übungs- und der späteren realen Anwendungsaufgabe gegeben ist, was den Lerntransfer stark begünstigt. Das in der Regel bei Outdoortrainings kritische Thema des Trainingstransfers scheint also im vorliegenden Fall zufrieden stellen gelöst, wenngleich an dieser Stelle darauf hingewiesen werden muss, dass die langfristigen Transfereffekte (noch) nicht erhoben wurden.

Wilderness Experience – Auswirkungen auf ein Team

Andreas Hestermeyer
Oliver Spielvogel

Da waren wir nun. Beide hatten wir neue berufliche Verantwortung übernommen. Je ein Team aus Mutter- und Tochtergesellschaft zur Realisierung kritischer Steuerungssysteme in den weltweiten Produktionsstandorten eines Konzerns mit mehr als 300.000 Mitarbeiter/-innen. Nicht immer herrschte Einigkeit zwischen unseren Bereichen, die klassischen Herausforderungen des Mutter-Tochter-Verhältnisses waren in der Zusammenarbeit häufig spürbar. Wir beide fanden uns, diskutierten, dachten nach, fanden eine neue Strategie für ein partnerschaftliches Verhältnis.

Unsere neue Basis: abgestimmte Partnerrollen, faire Risikoteilung im wirtschaftlichen Ergebnis gemeinsamer Projekte, gemischte Teams, einheitliches und gemeinsames Projektcontrolling und eine weiterentwickelte inhaltliche Gesamtstrategie. Es war uns klar, dass eine mehrere Jahre andauernde Führungsaufgabe vor uns liegen würde.

Ein Jahr verging. Im Kleinen wirkte sich die gemeinsame Aufstellung schon in Projekten aus. Zwischen den verantwortlichen Führungskräften auf beiden Seiten war jedoch ein Teamverständnis notwendig, um zukünftig größere Schritte zu gehen. Unser Ziel war, zunächst unseren direkten Mitarbeitern und ausgewählten Projektleitern Teameffekte möglichst realitätsnah zu vermitteln. Dabei sollten sie die Chance haben, aufeinander zuzugehen, zusammenzuwachsen, Mutter-Tochter-Vorbehalte zu überwinden und die Strategie unserer Zusammenarbeit zu vermitteln.

Das war der Zündfunke zum Einsatz von Wilderness Experience – einer von uns hatte früher bereits kurze Erfahrung mit diesem Modell gesammelt.

Unser erster Schritt war ein Schritt der Abstimmung – in Richtung unserer Vorgesetzten und in Richtung der konzerneigenen Personalmanagementgesellschaft. Dieser Schritt war wichtig, um die Durchführung des – für uns – völlig neuen Programms zur internen Akzeptanz zu bringen.

Es war ein Experiment – keiner von uns war sich des Effekts sicher. Auch aufgrund der nicht extraorbitanten Kosten und nicht zuletzt aufgrund der professionellen Präsentation der Ziele durch unsere Berater fanden wir abwartende Zustimmung auf allen Seiten.

Wir luden unsere Mitarbeiter ein: positive, häufig freudige Resonanz. Ein Incentive – so dachten wohl die meisten. Eine gute organisatorische Vorbereitung und die möglichst persönliche Vermittlung unserer Ziele waren die nächsten wichtigen Schritte. Wir wollten vermitteln, dass es hier nicht einfach um ein spaßiges Incentive ging.

So starteten wir. Uns waren die Einzelheiten der Durchführung nicht bekannt. Überraschungseffekte. Die ersten Hürden wurden leicht gemeistert – die Auswahl der begrenzten Ausrüstung und Nahrung (später wünschten wir uns manchmal, wir hätten uns anders entschieden). Unsere Aufgabe: »qualifiziert überleben«. Trocken, warm und satt nach fünf Tagen am Ziel ankommen. Und dabei »das Richtige richtig und aufrichtig tun«. Tolle Sprüche.

Bei der Ankunft am Startpunkt regnet es. Die Last wird verteilt. Es sind nicht viele dabei, die »Pfadfindererfahrung« haben. Es ist dunkel, etwa 22 Uhr. Ein Tagesziel auf der Karte wird vorgegeben. Wir suchen und wir finden einen Pfad. Aber nicht das Ziel. Es ist weit nach Mitternacht, als wir im Regen und bei nur mäßigem Schutz unser Lager aufschlagen. Frust kommt hoch – und Zweifel.

Das Frühstück – Müsli in warmem Wasser mit Honig – am nächsten Morgen bessert die Laune nicht wirklich. Alle sind nass, durchgefroren. Warum haben wir unser Ziel nicht erreicht? *Wollten wir* das Ziel überhaupt erreichen? Die Frage des »Commitments« steht nun im Mittelpunkt. Jeder sagt nun: Er will. Heute werden wir ankommen. Die Lektion scheint klar.

Ein Hindernis auf dem Weg – ein breiter Wassergraben, einen Meter tief. Uns waren Ressourcen zur Überquerung versprochen. Aber wir sind zu spät. Wir umgehen das Hindernis – es ist Mitte Oktober, das Wasser bitterkalt. Am Abend – wir haben gerade einmal unser Mittagsziel für diesen Tag erschöpft erreicht – lernen wir in der gemeinsamen Reflexion: auch hier fehlendes Commitment. Den unmöglich erscheinenden Weg direkt zu gehen – wir haben es nicht geschafft.

Die Lektion sitzt diesmal. Es ist bei jedem zu spüren: Das ist kein Spiel. Jeder will jetzt. Die ersten Blasen an den Füßen, nicht jeder kann das Gewicht seines Gepäcks bewältigen. Kaum Klagen. Alle versuchen es. Das spartanische Frühstück bleibt gleich – und schmeckt. Jetzt organisieren wir uns. Einer »macht« den Tagesmanager – wir beide haben uns wohl bewusst nicht gemeldet. Schwierige, nie eindeutige Wege. Wir erleben die Notwendigkeit von Führung hautnah. Viel Diskussion kostet viel Zeit. Vertrauen in die Führung hilft. Information durch die Führenden hilft, dieses Vertrauen zu erhalten.

Wir teilen die Gruppe in zwei kleinere. Die Ersten gehen voran, die Zweiten folgen auf ähnlichem Weg mit zeitlichem Abstand. Zwischendurch ein gemeinsamer Meilenstein – wir treffen uns, sagen »Hallo« und versichern uns gegenseitig des richtigen Weges. Getrennt geht es weiter. Die Erfahrung: parallel ein Ziel gemeinsam erreichen. Die Effizienz und Effektivität von Entscheidungsprozessen im kleinen und im großen Team in ihrer Verschiedenheit zu erleben. Es funktioniert – den großen Weg im großen Team abstimmen, die Details an die kleinen Gruppen delegieren. Dazwischen die Synchronisation.

Dann die Meuterei. Der »Tagesmanager« führt nicht, kann sich nicht entscheiden, das Team ist nicht über die Ziele informiert. Die Mannschaft rebelliert. Wir diskutieren viel und verlieren Zeit. Dann rafft sich die Führung auf. Fordert Vertrauen – und erhält es. Jeder wünscht sich Führung.

Jetzt werden Stärken Einzelner deutlich. Einer kann mehr tragen, einer kann schnell laufen, ein Nächster navigiert perfekt nach Karte. Nach und nach akzeptiert jeder seine eigenen Stärken und Schwächen – und lernt, die der anderen vertrauensvoll für das Team zu nutzen. Sich zurückhalten, wo andere stärker sind – eine starke Erfahrung. Aktiv wird Hilfe angeboten, wo sie nötig scheint. Wir gehen ehrlicher mit unseren Nöten um – sprechen darüber, lassen uns helfen.

Wir sind da, haben es mit großer gemeinsamer Anstrengung pünktlich geschafft. Jetzt eine Outdoorübung mitten in der Wildnis. Jeder kann sich frei zum Abseilen entscheiden. Jeder will – und jedem ist unwohl. Nichts wird passieren. Freies Abseilen über 40 Meter – für die meisten eine neue

Erfahrung. Vertrauen in den Trainer zählt. Vertrauen in sich selbst – Selbstvertrauen. Die Erfahrung stärkt.

Ein Kollege fällt aus. Die Rückenschmerzen wurden zu groß. Ein betroffener, dennoch herzlicher Abschied, Freude auf das Wiedersehen, aufmunternde Worte und Gesten. Auch das wird ein wichtiges Erlebnis. Für den Betroffenen und für das Team. Nicht jeder kann den ganzen Weg mitgehen, aber am Schluss werden wieder alle zusammen sein. Die Einsicht, zurückzubleiben, damit das Team das Ziel erreicht. Das schmerzt und regt uns zum Nachdenken an.

In kleinen Gruppen erreichen wir in strengem Marsch unser Tagesziel. Das Commitment jedes Einzelnen ist greifbar – jeder will. Ein schöner Rastplatz ist uns versprochen – am See und mit Feuerstelle. Und – es ist unglaublich – wirklich jeder springt nach dem Marsch zur Abkühlung freiwillig in das kalte Wasser, das gestern noch zu durchwaten unmöglich erschien.

Erholungphase. Die Beine und die Seele baumeln lassen. Wichtig für das Projekt »Qualifiziertes Überleben« – wichtig sicher auch im Berufsalltag. Es geht nicht ohne Erholung und ohne die Freude am schon Erreichten. Wir waschen uns mit Genuss, bauen gekonnt unsere Lager auf, reden, reflektieren, krabbeln müde in unsere Schlafsäcke.

Am nächsten Morgen passiert Unvorhergesehenes. Die Zeitplanung für den Tag ist nicht haltbar, wir müssen früh um fünf Uhr raus. Kein Frühstück. Ab in die Stiefel und los. Wir meistern die Herausforderung – das Streben zum Ziel treibt uns gemeinsam. Einige werden mitgezogen, andere treiben an. Was steckt drin für den Alltag? Ungeplante, nicht vorhersehbare Schwierigkeiten sind meisterbar – wenn das Ziel bekannt ist und genügend viele auch in diesem Moment den festen Willen haben, das Ziel zu erreichen.

Wir sind stark – nahezu selbstverständlich packen wir es. Trotz Umwegen aufgrund eines Navigationsfehlers. Da wird die Geschwindigkeit einfach noch einmal erhöht. Wir steigen um auf Kanus. Es gilt, in Zweierteams ein Boot zu steuern und vorwärts zu bewegen. Wir dürfen nicht sprechen – ein wichtiges Kommunikationsmittel fehlt uns. Es kann zur Verzweiflung treiben – einer wird richtig sauer dabei. Er spürt aber später: Es war eher sein eigener Fehler denn der seines Partners. Es wird möglich, darüber zu reden, jeder lernt am Feedback.

Für die Nacht ist ein »Solo« geplant. Jeder wählt entlang eines Seeufers einen persönlichen Lagerplatz – der wird aus Sicherheitsgründen auf einer Karte vermerkt. Wir erreichen die Lagerplätze per Kanu – dann ist jeder allein. Wirklich allein. Stille – sonst nichts. Man hört sein Blut in den Adern rauschen. Jeder von uns erlebt diese zwölf Stunden sehr individuell.

Als wir uns morgens mit den Kanus auf dem See treffen, hat jeder eine starke Erfahrung hinter sich, hat nachgedacht über sich und seine Welt, hat Vorsätze in sich. Aus der Stärke jedes Einzelnen über die Gruppe zum Team – ja, der Einzelne ist die Basis.

Der letzte Abend. Der verletzte Freund stößt wieder zu uns – freudiges Wiedersehen. Zusammensitzen, das Erlebte verarbeiten. Dies ist auch die Zeit, nach vorn zu schauen. Wir beide schildern dem Team unsere Ideen von unserer gemeinsamen Zukunft. Wir diskutieren, erhalten Feedback, erläutern. Es entsteht ein plastisches Modell unserer Zusammenarbeit aus Plastiknäpfen und übergebliebenen Essenspackungen. Ein motivierender und schöner Start in die Zukunft.

Sechs Monate später

Wir sind seit langem wieder im »Tagesgeschäft«. Wir gründeten ein gemeinsames Führungsteam, die Zusammenarbeit wurde gestaltet. Nichts läuft optimal, aber wir erleben Vertrautheit zwischen denen, die »dabei« waren. Das macht eine Menge wett. Wie geplant, starten wir mit unseren Trainern ein dreitägiges Seminar zur Nachbereitung.

Den ersten Tag verbringen wir gemeinsam »draußen« – Erinnerung an das Erlebte wird in uns wach. Am nächsten Tag das gemeinsame Feedback –was hat's gebracht? Das Gespräch zeigt: Sehr stark sind die persönlichen Eindrücke geblieben, die mehrere von uns als Veränderung an sich selbst erleben. Sehr viele haben eine deutliche Vereinfachung in der Zusammenarbeit erlebt. Und die Freude, wieder »im Team« zu sein, ist offensichtlich groß.

So nutzen wir den nächsten Tag zur Lösung einiger Fragen, die wir in den vergangenen Monaten nicht lösen konnten. Wesentliche und drängende Fragen unserer Organisation und konkreter Projektanliegen werden nach engagierter Diskussion tatsächlich beantwortet.

»Wir beide« dürfen uns mit dem gesamten Team freuen. Wilderness Experience war ein erfolgreicher, Mut machender Schritt. Wenn es der einzige bleibt, war er vergebens. Wenn weitere folgen, ist dieses Erlebnis vermutlich eine der stabilsten Plattformen, auf der eine teambasierte Strategie gegründet werden kann.

Teilnehmer- und Pressestimmen

»Das gesamte Gruppenerlebnis in der Natur hat mich sehr beeindruckt! Man verliert schnell die hierarchische Distanz und durchlebt gemeinsam Stresssituationen.«

»Keine Führungskraft sollte davor Angst haben, dort Schwächen zu zeigen, sondern vielmehr eine große Chance nutzen, sich durch die Erfahrungen in der Natur wieder besser für den Alltag gewappnet zu fühlen und auf echte Stärken zu stoßen.«

»Ganz besonders ist mir im Gedächtnis geblieben, dass ich in der streng vorgegebenen Ausrüstungsliste auf eine Isomatte verzichtete und dafür einen Löffel aussuchte. Später aßen wir dann mit zwölf Leuten von diesem einzigen Löffel, ohne dass jemand hygienische oder andere Bedenken gehabt hätte. Wir waren ein Team und versorgten und ergänzten uns untereinander mit allen Dingen wie selbstverständlich.«

»Wir mussten uns stets zu helfen wissen und im Ernstfall hat nach einem alten Dräger-Spruch immer nur das Einfache Erfolg! Ein Feuer kann viel wirksamer sein als die beste Zentralheizung, da es große Temperaturschwankungen für den Körper vermeidet und trotzdem warm hält und zugleich warmes Essen bescheren kann.«

»Wenn man etwas so unmöglich Erscheinendes lernt, wie auch bei starkem Regen ein Feuer zu entzünden, dann traut man sich auch ganz andere Dinge zu!«

Gerhard Höschele, Drägerwerk AG, Geschäftsbereichsleiter Fertigung i. R.
Teilnehmer Wilderness Experience
Schweden 1988

»Noch heute merke ich im Alltag, dass ich in manchen Situationen ohne die Erfahrung der Wilderness Experience anders gehandelt hätte. Die positiven Effekte sind nach wie vor spürbar.«

»Das Zutrauen in meine Fähigkeiten wurde gestärkt.«

»In der schwedischen Wildnis hatte ich mich während des Trainings entschlossen, später alleine und mit einfachsten Mitteln große Wanderungen zu bewältigen. Diesen Entschluss habe ich in die Tat umgesetzt.«

»Neue Aufgaben auf unbekanntem Terrain haben mich niemals geschreckt. Im Gegenteil, denn stellt sich der Erfolg ein, ist die Freude doppelt groß. Aufgrund meiner Erfahrungen ist die Bereitschaft noch gewachsen, neue Aufgaben anzugehen, von denen ich im ersten Moment nicht weiß, ob ich sie bewältigen kann.«

»Insgesamt sind während des Wilderness Experience viele Aspekte meiner inneren Einstellung bestätigt oder verstärkt worden. Grund genug, diese intensive Selbsterfahrung unter anderem in mein Buch ›Glück ist machbar‹ einfließen zu lassen.«

»Negativ war für mich eigentlich nur, dass zunächst eine starke Tendenz in der Gruppe bestand, wiederstandslos den selbst ernannten Wortführern zu folgen, anstatt eigene Ideen einzubringen. Erst als sich das selbst gebastelte Floß mitten im Fluss langsam in seine Einzelteile auflöste, fragte sich mancher, ob es nicht besser gewesen wäre, für die Konstruktion auch die Meinungen der eher zurückhaltenden Teammitglieder einzuholen.«

Klaus J. Groth, Autor
Teilnehmer Wilderness Experience 1986 als Journalist

»Insgesamt habe ich die Teilnehmer auch in den Theorieteilen wacher und diskussionsfreudiger erlebt als in anderen Seminaren.«

»Die gemeinsame Lösung der unterschiedlichsten Aufgaben verlangt von den Einzelnen manchmal enorme Überwindung.«

»Die beiden Trainings, an denen ich teilgenommen habe, lassen sich nicht direkt vergleichen, da es in Schweden um Selbstmanagement, Teamarbeit und Unternehmenskultur ging und in China um kulturellen Austausch. Gemeinsam ist beiden jedoch die Herausforderung, die großartige Selbsterfahrung, das beeindruckende Naturerlebnis und das tolle Gruppengefühl durch intensive gemeinsame Aktivitäten.«

»Teilweise mussten sehr unangenehme Aufgaben gemeistert werden, wie zum Beispiel das Schwimmen durch kaltes, dunkles Wasser, um das andere Ufer zu erreichen, oder der durch Seile gesicherte Sprung über eine tiefe Felsspalte. Danach stellte sich aber immer das gute Gefühl ein, es geschafft zu haben.

Jede gemeinsame Aktivität steigerte das Zutrauen zu sich selbst, den anderen Teilnehmern und den Trainern.«

»Ein Problem von Trainings in der Wildnis kann Gruppenzwang werden. Ohne Frage kann man, auch durch die Motivation durch die Gruppe, sehr vieles tun, was man eigentlich nicht machen möchte. Trotzdem gibt es immer mal wieder eine Situation, in der sich ein Teilnehmer weigert, eine bestimmte Aufgabe zu übernehmen. Vor allem dann, wenn die Beweggründe für die Verweigerung nicht richtig ›rübergebracht‹ werden, wird ein solcher Teilnehmer von der Gruppe schnell ausgegrenzt. [...]«

Petra Pissulla
Direktorin Dräger Stiftung
Teilnehmerin Wilderness Experience Schweden 1996
und China (Wüste Gobi) 1997

»Durch die vielen Übungen ... habe ich erkannt, dass nicht immer nur die physische Stärke entscheidend ist, sondern dass man durch psychische Stärken oder andere Fähigkeiten vieles ausgleichen kann.«

»Durch das Zusammensein in der Natur und das gemeinsame Lösen von Aufgaben ist es schneller möglich, eine andere Beziehung zu Kollegen aufzubauen als im Arbeitsalltag. So habe ich einige Kollegen durch das Gruppenerlebnis auf eine ganz andere Art kennen gelernt, was sich positiv auf die alltägliche Zusammenarbeit im Betrieb auswirkte.«

»Als einzige weibliche Teilnehmerin hatte ich zuerst etwas Bedenken, ob ich den körperlichen Anforderungen während des Trainings gewachsen bin. Aber in der Natur wird sehr schnell deutlich, dass jeder Stärken und Schwächen hat. Wenn es in der Gruppe stimmt, dann ergänzen sich Stärken und Schwächen jedoch optimal, und die Gruppenteilnehmer zeigen Respekt vor den Fähigkeiten anderer.«

»Durch die praktischen Übungen und die Auswahl der einzelnen Projekte in der Natur ... lernt man nachhaltiger und effektiver und erinnert sich auch länger an das Seminar als bei einem normalen Hotelseminar.«

»Während des Trainings wurde mir auch deutlich, dass Teamarbeit nicht immer in allen Situationen funktionieren kann. Während einiger Tagesprojekte konnten wir sehr gut sehen, ... dass in Stresssituationen oft nicht mehr im Team zusammengearbeitet wird.«

Sehr wichtig sind natürlich auch die abendlichen Reflexionsrunden, wodurch das Tagesgeschehen analysiert wird. Ohne diese Reflexionen würden sicher einige wichtige Tagesereignisse verloren gehen und verpuffen. [...]«

Melinda Stratton
Product Management Paediatric
Teilnehmerin Wilderness Experience Schweden 1996

»Ich war fasziniert, wie schnell man dort wirklich ein Team ist.«

»Wilderness Experience war für mich eine gute Verbindung von Praxis und Theorie, die meinen Managementstil nachhaltig positiv verändert hat.«

»Wilderness Experience war für mich die Chance, die Zusammenarbeit mit einer wichtigen Abteilung aufzunehmen, mit der bis dahin leider kaum Berührungspunkte bestanden. In Finnland war es einsam, die Gruppe war auf sich gestellt ... Wenn man bei minus 30 Grad etwas zusammen macht, kann man nicht auf Distanz bleiben. Wenn man zum Beispiel jemandem 20 Minuten lang Feedback geben muss, wobei der andere nichts antworten darf, dann geht man automatisch tiefer und tiefer, um beklemmende Stille und aufkommende Kälte zu vermeiden.«

»Ich suche nach einer Möglichkeit, Wilderness Experience noch mal einzusetzen, und würde ohne weiteres das Geld für ein solches Training ausgeben, da die Annäherung mehrerer Teams, die auf Distanz arbeiten, stark beschleunigt wird. Man kauft sozusagen kostbare Zeit, die das Teambuilding sonst in Anspruch nehmen würde.«

Dr. Thijs Teeling
Dräger Home Care, Best/Niederlande
Managing Director Pre- and Post-Hospitalmanagement
Teilnehmer Wilderness Experience Finnland im Frühjahr 2000

»Ich wurde 1953 in der ehemaligen DDR geboren. Mein Lebensweg war sicher typisch für viele DDR-Bürger: Schule, Abitur, Studium, Beruf, Gründung einer Familie, Promotion, tägliche Arbeit. Mit der Wiedervereinigung entstand auch für mich zwangsläufig die Notwendigkeit, mein Leben völlig neu zu ordnen. Althergebrachte Auffassungen, Denk- und Lebensweisen, persönliche Ziele und der weitere, bis vor kurzem scheinbar bis zur Rente vorgezeichnete Weg waren plötzlich infrage gestellt.

Ich habe mich dann 1990 entschlossen, nochmals eine Veränderung in meinem Leben vorzunehmen und den relativ sicheren Arbeitsplatz im öffentlichen Dienst gegen eine Aufgabe in der ›freien‹ Wirtschaft einzutauschen. Wie in jedem Leben gibt es da natürlich Höhen und Tiefen. Persönliche Ansprüche und Wünsche stehen nicht immer im Einklang mit den Realitäten und dem Realisierbaren. Schnell kommen bei einem mit 37 Jahren in das kalte Wasser der Marktwirtschaft Geworfenen Frust, Enttäuschung und Unzufriedenheit auf. Irgendwann muss aber jeder eine Entscheidung treffen: Was will ich für mich und mein Leben? Welche Werte haben für mich persönlich Bedeutung? Welchen Weg soll ich beschreiten?

Seit Januar 1991 bin ich bei Dräger tätig und habe 1994 an einem Seminar ›Wilderness Experience‹ in den schwedischen Wäldern teilgenommen. Dieses ›Überlebenstraining‹ sollte, was ich damals noch nicht ahnte, gravierende Veränderungen in meinem Leben bewirken. Gleich vorweg: Ich bin kein ›Aussteiger‹ geworden, aber doch, wie es meine Familie – durchaus liebevoll – manchmal ausdrückt: ›ein ziemlich durchgeknallter Typ‹, der sich unter Bären, Elchen und Wölfen sicherer und geborgener fühlt als in der Gesellschaft mancher Menschen.

Ich habe viele Erinnerungen an dieses Seminar.

Eine scheint die größte Bedeutung zu haben: Betreut hat uns seinerzeit Henning Henschel. Ich erinnere mich an ein Gespräch ganz deutlich. Wir transportierten unsere Kanus über eine Landstrecke. Irgendwann fragte mich Henning mitten in der Wildnis: ›Was siehst du?‹ Wir standen gerade vor einem umgestürzten Baum, aus dessen Stamm neues Leben, eine kleine Birke, wuchs. Ich kann mich noch genau an meine spontane Antwort erinnern: ›Ich sehe die Kraft der Natur.‹ Plötzlich wurde mir klar, wie unbedeutend hier draußen materielle Reichtümer oder eine einflussreiche Position sind. Was zählt, ist gesund zu sein und die Sprache der Natur zu verstehen.

Seither habe ich gelernt, mich an kleinen, scheinbar unwesentlichen Dingen zu erfreuen: den ersten Blüten des Mooses im Frühjahr, einem Spatz, der sich auf meiner Hand niederlässt, um die Brotkrümel besser erhaschen zu können, oder wenn mich abends nach der Arbeit meine Katzen und natürlich meine treue Dobermannhündin Jessy an der Gartentür erwarten. Diese ›kleinen‹ Freuden haben mir die Kraft gegeben, eine leider schon sehr früh notwendige Hüftoperation zu überstehen und trotz Hüftendoprothese stärker als zuvor ins normale Leben und vor allem in die Wälder und Berge zurückzukehren.

Wer die Fähigkeit besitzt, zu hören und zu sehen, ist selbst in der Wildnis nie allein. Der Wald weiß tausend Geschichten zu erzählen. Will man allerdings die Sprache der Natur verstehen, muss man das Recht aller Lebewesen auf ein Leben in Würde respektieren. Eine Spinne etwa wird bei uns, falls sie denn stören sollte, nicht getötet, sondern vorsichtig in den Garten getragen. Auch meine Kinder legen Wert darauf, dass zum Beispiel Mausefallen verwendet werden, die die Maus nicht töten. Lebend wird sie irgendwo im Wald wieder freigelassen. Zirkusveranstaltungen besuche ich schon lange nicht mehr: Ich glaube, dass kein Zirkus Tiere artgerecht halten kann und die wesensfremde Vermenschlichung wie ein ›Rad fahrender‹ Bär oder ein ›tanzender‹ Elefant die Würde der Tiere verletzt.

Menschen töten Tiere oft zum Vergnügen, etwa wegen der Trophäe oder aus reiner Freude am Töten. Würden wir uns an das ungeschriebene Gesetz der Wildnis halten: ›Töte nur, um zu fressen oder um nicht gefressen zu werden‹, könnten wir verantwortungsvoller mit der Natur umgehen.

Ein bekannter Jäger sagte zu mir unlängst in einem Gespräch: ›Ich möchte gern mal einen Dachs schießen.‹ Kein Wort über eventuelle Schäden durch den Dachs oder die wirtschaftliche Notwendigkeit – nur der Wunsch. Genau so ist es mit den ›Jagdtouristen‹, die in armen Ländern der Dritten Welt für wenig Geld Lizenzen erwerben, um einen der immer seltener werdenden Bären oder Wölfe zu erschießen. Was soll ich aber von Menschen halten, deren Streben einzig auf den ›Kick‹ des Tötens gerichtet ist? Heute ein Dachs oder ein Bär – und morgen vielleicht ein Mensch?

Ich bin kein Vegetarier, aber ich glaube, wir haben ausreichend Tiere und Pflanzen für unsere Versorgung kultiviert und sollten aufhören, exotischen Genüssen nachzujagen und dabei mehr und mehr der unwiederbringlichen Vielfalt der Natur zu zerstören.

Irgendwann bin ich ›auf den Wolf‹ gekommen. Seither faszinieren mich diese einzigartigen Tiere, die übrigens, was die sozialen Strukturen ihrer Gemeinschaft anbetrifft, dem Menschen nach Meinung vieler Wissenschaftler am nächsten stehen. Für mich ist der Wolf ein Symbol für unbezähmbaren Freiheits- und Lebenswillen sowie eine intakte Natur, aber auch für die der menschlichen Zivilisation drohende Gefahr: Wenn wir es nicht schaffen, dem Wolf einen Platz neben uns zu gewähren, wenn wir die Umwelt in unserer grenzenlosen Anmaßung und Gier weiter zerstören, werden wir uns zuletzt selbst vernichten. Aber meine Liebe zu den Wölfen würde wahrscheinlich Stoff für ein ganzes Buch geben. Nur noch so viel: Seit ich mich mit Wölfen und deren Verhaltensweisen beschäftige, habe ich meine Dobermannhündin und überhaupt alle Hunde besser verstehen gelernt. Ich bin der festen Überzeugung: Würden sich mehr Menschen mit Wölfen beschäftigen, würde es deutlich weniger Zwischenfälle und Unfälle mit Hunden geben. All diese unsinnigen, weil falschen Diskussionen über und Gesetze gegen ›Kampfhunde‹ wären dann überflüssig.

Was veranlasst mich nun, jedes Jahr zwei- bis dreimal Familie und Heim zu verlassen und nur mit dem Nötigsten ausgerüstet die Einsamkeit in der Wildnis zu suchen? Ganz einfach: das Gefühl, in völligem Einklang mit der Natur, mit ›Mother Earth‹, zu sein.

Was meine Familie dazu sagt?

Meine Frau leidet natürlich tausend Ängste, wenn ich durch die Wälder und Gebirge ziehe. Sie weiß, dass ich manchmal bis ›an die Grenzen‹ gehe. Aber sie akzeptiert, dass ich von Zeit zu Zeit dem ›Ruf der Wildnis‹ folgen muss. Meine Töchter haben das so ausgedrückt: Wenn du glücklich bist, bist du ein besserer Mensch.

Die Beziehungen zu meinen Kindern haben sich in den letzten Jahren völlig verändert. Während wir früher durchaus unseren ›Generationskonflikt‹ ausfechten mussten, sind meine Töchter inzwischen von meinem Leben in und mit der Natur begeistert. Meine ältere Tochter (geb. 1976) sammelt aus eigenem Antrieb für mich Zeitungsartikel, Videos und Reisetipps mit Vorschlägen für die nächste Expedition in die Wildnis. Für meine jüngere Tochter (geb. 1980) gibt es inzwischen nichts Schöneres, als mich zu begleiten. Sie trainiert über das Jahr, um vor dem strengen Auge des Vaters und ›Expeditionsleiters‹ zu bestehen und wieder in die engere Auswahl für die nächste Tour zu kommen.

Ich habe meinen Weg gefunden.

Der Weg ist das Ziel.«

Dr. Peter Schmiedtchen,
Dräger-Mitarbeiter und Vertriebsingenieur in der
Dräger Sicherheitstechnik

Kompetenzerweiterung durch Wilderness Experience – Umfrageergebnisse

Antje Seedorf

Einleitung

Das Konzept Wilderness Experience ist gezielt auf die Entwicklung und Förderung einer Reihe von Qualifikationen und Einstellungen ausgerichtet, die für ein erfolgreiches Unternehmens- und Marktverhalten wichtig sind.

Um über tatsächliche Wirkungen, die durch eine Teilnahme am Training erzeugt werden, reflektieren zu können, war es für die DrägerForum GmbH notwendig, eine Evaluation der Kompetenzentwicklungen der Teilnehmer durchzuführen.

Diese wissenschaftliche Untersuchung wurde im Rahmen einer Diplomarbeit an der Universität Rostock im Studiengang Erziehungswissenschaft mit dem Studienschwerpunkt Erwachsenenbildung durchgeführt.

Fragestellung der Untersuchung und Entwicklung des Fragebogens

(Fragebogen vgl. S. 285)

Die Fragestellung dieser Analyse lautete demnach: Welche Wirkungen werden durch Wilderness Experience erzeugt? Welche Effekte hat eine Teilnahme auf den beruflichen und privaten Bereich der Teilnehmer?

Bei der Auswertung der gewonnenen Ergebnisse konzentrierte man sich im Wesentlichen auf die Analyse von Kompetenz- und Einstellungsänderungen beziehungsweise Erweiterungen der Dräger-Mitarbeiter.

Die in dieser Forschungsarbeit untersuchten Entwicklungen von Kompetenzen durch das Outdoortraining beziehen sich im Wesentlichen auf Kernkriterien, die für die Auswahl und Entwicklung von Führungskräften in der Dräger-Gruppe bedeutsam sind. Dazu zählen unter anderem persönliche und soziale Kompetenzen sowie unternehmerisches Denken und Handeln.

Da in der Fachliteratur eine Vielzahl von Definitionen und demnach verschiedenen Auffassungen von Kernkompetenzen existieren, soll an dieser Stelle eine kurze Definition des Kompetenzbegriffs mit einfachen Worten dargestellt werden. Generell kann man demnach unter Kernkompetenzen relativ lange verwertbare Kenntnisse, Fähigkeiten, Fertigkeiten, Einstellungen und Werthaltungen zum Lösen persönlicher und beruflicher Probleme beziehungsweise Aufgaben verstehen.

Die Sozialkompetenz ist die Fähigkeit, in sozialen Situationen konstruktiv mit anderen Menschen zusammenzuarbeiten und umzugehen. Die persönliche Kompetenz hingegen kennzeichnet die Begabung, die eigene Persönlichkeit wahrzunehmen und in einer Art Selbstmanagement systematisch an ihrer Entwicklung zu arbeiten.

Innerhalb der Untersuchung wurde von folgendem Verständnis von unternehmerischem Denken und Handeln ausgegangen: Sämtliche Aufgaben, die ein Mitarbeiter übertragen bekommt, müssen im Interesse des Unternehmens ausgeführt werden. Dabei ist eine konsequente Orientierung an den Unternehmenszielen zu berücksichtigen.

Zusätzlich zu den für das Unternehmen Dräger wesentlichen Kernkompetenzen wurde der Fragebogen durch weitere Kriterien ergänzt, um möglichst viele verschiedene Veränderungen bei den Teilnehmern untersuchen zu können.

Um zu verdeutlichen, welches Verständnis sich hinter den jeweiligen folgenden Kompetenzen verbirgt, wird versucht, durch jeweils kurze Erläuterungen Klarheit zu schaffen.

Der standardisierte Fragebogen richtetet sich an ehemalige Teilnehmer verschiedener Wilderness-Experience-Trainings der Jahre 1995 bis 2001. Der Fragebogen wurde gemeinsam mit einem Anschreiben per Hauspost der Drägerwerk AG an 70 Personen verschickt. Insgesamt wurden 37 Fragebögen ausgefüllt zurückgesandt, was einer Rücklaufquote von etwa 53 Prozent entspricht. Alle der eingegangenen Bögen konnten ausgewertet werden.

Darstellung und Auswertung der Ergebnisse

An der Untersuchung beteiligten sich demnach insgesamt 37 Personen (5 Frauen, das entspricht 13,5 Prozent, und 32 Männer, das entspricht 86,5 Prozent). Diesbezüglich sei angemerkt, dass insgesamt nur zehn Frauen angeschrieben werden konnten.

Die befragten Personen lassen sich laut Umfrageergebnisse in folgende Altersgruppen einteilen. Zu der Kategorie der 21- bis 30-Jährigen wird eine Frau, aber kein Mann gezählt; in die der 31- bis 40-Jährigen gehören eine Frau und 18 Männer; in die der 41- bis 50-Jährigen drei Frauen und zwölf Männer; in die der 51- bis 60-Jährigen zwei Männer, jedoch keine Frau.

Bezüglich der Angaben zu den verschiedenen Verantwortungsebenen soll an dieser Stelle kurz erläutert werden, welche Positionen sich generell welcher Ebene zuordnen lassen.

Da die Führungsstruktur innerhalb des Unternehmens Dräger so flach wie möglich gehalten wird, existieren nur vier Verantwortungsebenen. Die Anzahl der verschiedenen Ebenen richtet sich nach der Größe der Gesellschaften. Es lassen sich folgende Positionen den spezifischen Verantwortungsebenen zuordnen. Demnach gehören Geschäftsführer der Verantwortungsebene 1, Hauptabteilungsleiter der Ebene 2, Kostenstellenleiter der Ebene 3 und Gruppenleiter der Ebene 4 an.

Eine Auswertung hinsichtlich der Zugehörigkeit zu den verschiedenen Verantwortungsebenen lieferte folgendes Ergebnis: So sind in der Verantwortungsebene 1 drei Personen (8,1 Prozent) beschäftigt. Der Verantwortungsebene 2 gehören sieben Personen (18,9 Prozent) an, in der Verantwortungsebene 3 sind dreizehn Personen (35,1 Prozent) und in der Verantwortungsebene 4 sind zehn Personen (27,0 Prozent) beschäftigt (vgl. Abb. 1). Nicht alle befragten Personen lieferten diesbezüglich eine gültige Aussage.

Im folgenden Abschnitt werden Ergebnisse der Fragen 10 *(Welche der folgenden Kompetenzen haben sich durch die Teilnahme an Wilderness Experience bei Ihnen erweitert?)* sowie 12 *(Hat sich in Ihrem unternehmerischen Denken und Handeln der Umgang mit folgenden Kriterien verbessert?)* dargestellt. Wenn im Folgenden davon die Rede ist, dass für eine bestimmte Anzahl von Personen keine Erweiterung der Kompetenzen eingetreten ist, impliziert dies

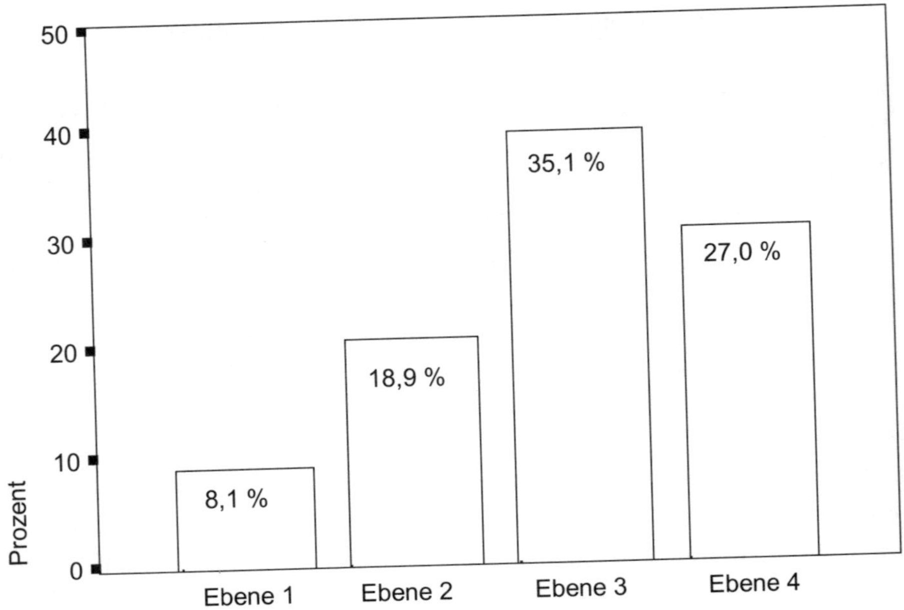

Abbildung 1: Verteilung der Verantwortungsebenen *Quelle:* Antje Seedorf

kein negatives Ergebnis, sondern soll lediglich ausdrücken, dass eine Entwicklung der jeweiligen Kompetenz durch Wilderness Experience nicht eingetreten beziehungsweise gleich geblieben ist.

Problemlösefähigkeit

Problemlösefähigkeit ist die Sensibilität für Probleme, das Einbringen von Vorschlägen zur Problemlösung sowie Einfallsreichtum und Kreativität bei der Lösungssuche. Auch offensives Vertreten der eigenen Ideen und Einfälle gehört dazu.

Bezüglich der Problemlösefähigkeit gaben insgesamt 27 Personen (72,9 Prozent) an, dass sich diese Kompetenz verbessert habe. Für weitere zehn Befragte (27 Prozent) stellte sich keine wesentliche Verbesserung dieser Kompetenz ein.

Das Ergebnis lässt demzufolge darauf schließen, dass während der Outdoortrainings ein effektiver Beitrag dazu geleistet wird, dass sich Mitarbeiter ideenreich, produktiv und konstruktiv mit der Lösung von Problemlagen auseinander setzen.

Offenheit/Klarheit

Offenheit und Klarheit wird als das freie und ungezwungene Einbringen der eigenen Person und Haltung sowie Mut zur Klarheit und Integrität verstanden.

Für 81 Prozent der Befragten konnten sich Offenheit und Klarheit durch die Teilnahme am Wilderness Experience verbessern. Weitere sieben Personen (18,9 Prozent) empfanden eine Kompetenzentwicklung als nicht wesentlich.

Während der Durchführung des Outdoortrainings wird absoluter Wert auf klare Informationen während der Projekte und Offenheit beispielsweise während der Reflexionsphasen gelegt. Das Ergebnis zeigt, dass die Teilnehmer während des Trainings positive Erfahrungen mit einer aufrichtigen und ehrlichen Umgangsweise untereinander sammeln konnten und sich auch in ihrem beruflichen und privaten Umgang danach richten.

Kontaktfähigkeit

Kontaktfähigkeit bezeichnet die Fähigkeit, auf andere Menschen zugehen zu können, und die Beteiligung an Gruppenaktivitäten. Kontaktfähige Personen integrieren andere und werden auch von anderen angesprochen.

Hinsichtlich der Veränderung von Kontaktfähigkeit haben sich insgesamt 24 Personen (64,8 Prozent) positiv zu einer Verbesserung dieser Fähigkeit geäußert. Für weitere 13 Personen (35,1 Prozent) konnte sich keine Verbesserung dieser Kompetenz einstellen.

Werteorientierte Führung

Werteorientierte Führung bezeichnet die eigene Motivation und die Fähigkeit, andere zu motivieren, zu leiten und zu steuern sowie Beispiel zu geben. Sie wird gekennzeichnet durch die Verwirklichung von Beschlüssen beziehungsweise Entscheidungen und der Orientierung aller Handlungen an Unternehmensgrundsätzen.

Bezüglich einer werteorientierten Führung gaben insgesamt 22 Personen (59,4 Prozent) an, eine Erweiterung der werteorientierten Führung habe sich verbessert, 15 Personen (40,5 Prozent) sind der Meinung, dass sich diese Kompetenz nicht wesentlich verändert habe.

Entscheidungskraft

Entscheidungskraft bezeichnet das Beziehen einer klaren Position, das Treffen und Vertreten von Entscheidungen auch in schwierigen Situationen. Kennzeichnend für Entscheidungskraft ist die Risikobereitschaft.

Bei der Betrachtung des Ergebnisses bezüglich der Verbesserung der Entscheidungskraft stellte sich folgendes Resultat heraus: für insgesamt 26 Personen (70,2 Prozent) hat sich diese Kompetenz verbessert. Bei elf weiteren ehemaligen Teilnehmern (29,7 Prozent) konnte keine positive Erweiterung dieser Fähigkeit verzeichnet werden.

Strategisches Denken und Handeln

Strategisches Denken und Handeln wird verstanden als Beachtung von Zusammenhängen, Vernetzungen und Abhängigkeiten sowie die Berücksichtigung übergeordneter Aspekte. Strategisches Denken und Handeln beinhaltet das langfristige Festlegen von Zielen und Maßnahmen sowie die Verfolgung von Zielen und Ergebnissen.

Hinsichtlich einer Verbesserung des strategischen Denkens und Handelns gaben insgesamt 24 Personen (64,8 Prozent) an, dass sich diese Kompetenz durch Wilderness Experience verbessert hat. Für 13 Personen (35,1 Prozent) lag keine Verbesserung diesbezüglich vor.

Es ist anzunehmen, dass besonders die Projektaufgaben während des Wilderness Experience einen positiven Beitrag hinsichtlich dieser Kompetenzerweiterung geleistet haben.

Aufmerksamkeit

Aufmerksamkeit ist die Fähigkeit, konzentriert und interessiert einer bestimmten Sache Beachtung zu schenken.

Für die Kompetenzentwicklung von Aufmerksamkeit lässt sich folgendes

Ergebnis verdeutlichen: Insgesamt gaben 23 Personen (62,1 Prozent) an, dass sich ihre Aufmerksamkeit durch das Training verbessert habe. Weitere zwölf Personen (32,4 Prozent) empfanden eine Verbesserung dieser Kompetenz als nicht zutreffend.

Wahrnehmungsfähigkeit

Wahrnehmungsfähigkeit bezeichnet die Sensibilität, bestimmte Dinge intensiver zu empfinden und zu erkennen.

Deutlich mehr als die Hälfte der Befragten (28), das entspricht 75,6 Prozent, gab an, dass sich eine Verbesserung der Wahrnehmungsfähigkeit durch das Outdoortraining ergeben habe. Für neun weitere Personen (24,3 Prozent) lag keine Veränderung dieser Kompetenz vor.

Team- und Gruppenfähigkeit

Team- und Gruppenfähigkeit ist die Fähigkeit, sich in ein Team oder eine Gruppe zu integrieren und sich durch seine persönlichen Kenntnisse und Fähigkeiten gewinnbringend für alle Beteiligten einzubringen.

Bei insgesamt 32 Personen (86,4 Prozent) konnte sich die Team- und Gruppenfähigkeit durch eine Teilnahme am Wilderness Experience verbessern. Lediglich bei vier weiteren Teilnehmern (10,8 Prozent) stellte sich keine Verbesserung dieser Kompetenz ein. Dieses positive Resultat ist möglicherweise darauf zurückzuführen, dass während des Outdoortrainings absolute Team- und Gruppenfähigkeit zum »Überleben« gefordert wird. Die Teilnehmer konnten erfahren, was es heißt, im Team zu arbeiten, voneinander zu lernen und sich gegenseitig zu vertrauen. Dieses sehr gute Ergebnis lässt darauf schließen, dass die Fähigkeit, sich in Teams und Gruppen zu integrieren, nach wie vor sehr wichtig ist und eine grundlegende Bedeutung im beruflichen Alltag von ehemaligen Teilnehmern des Wilderness Experience spielt.

Feedback geben/erhalten

Feedback zu geben beziehungsweise zu erhalten wird durch das Wissen allgemeiner Feedbackregeln sowie die Fähigkeit, diese angemessen anwenden zu können, gekennzeichnet.

Nahezu alle Befragten, 34 Personen (91,9 Prozent), gaben an, die Fähigkeit, Feedback zu geben beziehungsweise zu erhalten, habe sich durch das Wilderness Experience verbessert. Für die übrigen drei ehemaligen Teilnehmer (8,1 Prozent) stellte sich keine Verbesserung dieser Kompetenz ein.

Netzwerkbildung

Unter Netzwerkbildung wird die Fähigkeit verstanden, Netzwerke, das heißt Verbindungen beziehungsweise Kontakte, zu Personen anderer Unternehmen zu knüpfen, um nicht nur Know-how, Erfahrungen und Informationen auszutauschen, sondern besonders in fachspezifischen Bereichen innovative Problemlösungen zu erarbeiten.

Für 29 Personen (78,3 Prozent) der befragten Personen ergab sich eine Verbesserung der Netzwerkbildung. Weitere acht Befragte (21,6 Prozent) empfanden eine Verbesserung dieser Kompetenz als nicht relevant.

Durch die neuen Kontakte, die zwischen den Teilnehmern während des Outdoortrainings entstanden sind, haben sich scheinbar intensive und nachhaltige Netzwerke aufgebaut.

Gruppeneffektivität

Gruppeneffektivität ist das Vermögen, innerhalb einer Gruppe absolut wirksam und effektiv zu arbeiten.

Laut des Umfrageergebnisses konnte sich für 28 Personen (75,6 Prozent) durch Wilderness Experience die Gruppenfähigkeit verbessern. Für weitere neun Befragte (24,3 Prozent) ergaben sich diesbezüglich keine positiven Kompetenzentwicklungen.

Organisationales Verhalten

Organisationales Verhalten bezeichnet die Verhaltensweise von Mitarbeitern innerhalb der Organisation, in der sie tätig sind. Dabei orientiert man sich an allgemeinen Unternehmensregeln. Organisationales Verhalten wird gekennzeichnet durch professionelles unternehmerisches Handeln.

Das Organisationale Verhalten der Teilnehmer konnte sich bei 24 ehemaligen Teilnehmern (64,8 Prozent) verbessern. Für zwölf andere Personen (32,4 Prozent) ergab sich hingegen durch das Training keine Verbesserung dieser Fähigkeit.

Stressresistenz

Als Stressresistenz kann die Belastbarkeit und Leistungsfähigkeit und das Umgehen mit Anspannung bezeichnet werden. Stressresistenz beinhaltet das Beibehalten der Leistungen auch bei Belastungen sowie die Fähigkeit zum Umgang mit offenen Zuständen.

Für 20 Personen (54 Prozent) konnte sich der Faktor Stressresistenz verbessern, hingegen konnten weitere 17 Befragte (45,9 Prozent) keine merkliche Verbesserung diesbezüglich verzeichnen.

Optimismus

Als Optimismus wird die Fähigkeit der Ausstrahlung von Freude, Vertrauen und Hoffnung sowie einer ansteckenden Begeisterung bezeichnet. Optimismus wird gekennzeichnet durch zuversichtliches Agieren besonders in schwierigen Situationen.

Hinsichtlich der Kompetenzentwicklung von Optimismus konnte sich für 21 Personen (56,7 Prozent) eine Verbesserung einstellen. Bei weiteren 16 Befragten (43,2 Prozent) lag laut Umfrageergebnis keine Erweiterung dieser Kompetenz vor.

Einfühlungsvermögen

Einfühlungsvermögen ist die Fähigkeit, die Stimmung und Situation anderer intuitiv zu erfassen. Es beinhaltet die Bereitschaft, Befindlichkeiten, Gefühle, Stimmungen und Atmosphäre im eigenen Verhalten zu berücksichtigen.

Von den befragten Personen gaben 24 (64,8 Prozent) an, dass sich das Einfühlungsvermögen durch die Teilnahme an Wilderness Experience verbessert habe. Für 13 weitere konnte sich eine Verbesserung der Kompetenz nicht einstellen.

Das Ergebnis bestätigt, dass während des Outdoortrainings durchaus viel Wert darauf gelegt wird, die Teilnehmer in die Lage zu versetzen, die Stimmlagen anderer Menschen zu erfassen sowie angemessen auf deren Befindlichkeiten einzugehen.

Veränderungsbereitschaft

Veränderungsbereitschaft ist die Bereitschaft zur Offenheit für Veränderung und Weiterentwicklung von Bestehendem, das Einführen von Neuerungen und das Einlassen auf neue Ideen. Auch ein aktives Vorantreiben von Veränderungs- oder Verbesserungsvorschlägen und der Einsatz für deren Realisierung ist gemeint.

Bei 21 ehemaligen Teilnehmern (56 Prozent) konnte sich eine positive Erweiterung der Veränderungsbereitschaft einstellen. Bei den übrigen 16 Personen (43,2 Prozent) stellten sich keine wesentlichen Verbesserungen bezüglich dieser Fähigkeit ein.

Konfliktfähigkeit

Konfliktfähigkeit ist das Verhalten in Auseinandersetzungen und die Fähigkeit zur konstruktiven Diskussion sowie das Vermitteln und Konfrontieren.

Im Hinblick auf die Konfliktfähigkeit haben 27 Personen (72,9 Prozent) eine Verbesserung als zutreffend bezeichnet. Weitere zehn Befragte gaben an, dass durch die Teilnahme am Wilderness Experience diesbezüglich keine Verbesserung eingetreten sei.

Strukturierungsvermögen

Das Strukturierungsvermögen beschreibt die Herangehensweise an gestellte Aufgaben und das planvolle und zielorientierte Vorgehen. Der Begriff ist gekennzeichnet durch Selbstorganisation auch bei komplexen und langfristigen Aufgaben.

Für 22 der befragten Personen (59,4 Prozent) ergab sich durch die Teilnahme am Outdoortraining eine Verbesserung des Strukturierungsvermögens. 15 Personen (40,5 Prozent) waren der Meinung, dass sich diese Kompetenz nicht verbessert hat.

Zucker als Kraftstoff zum Überleben – Schilfwurzel zu Mittag

Statusreport und Aufbruch am Morgen – Neue Motivation durchKonfrontation mit Fehlern und Schwächen

Abstieg in die Höhle – Selbstmanagement bei Urängsten (Schweden)

Wir können nicht kommunizieren – Tauschhandel in der Mongolei

Informationen als Ressource – Erfolgsfaktor auch in der Natur

Zusammenarbeit ohne Hierarchie – alle sitzen in einem Boot (Rio Diabolo, Patagonien)

Die Zertifikate bezeugen – Genderkompetenz ist gelernt und alle haben im Busch überlebt (Südafrika)

Wir können nicht kommunizieren – Tauschhandel in der Mongolei

nformationen als Ressource – Erfolgsfaktor auch in der Natur

Zusammenarbeit ohne Hierarchie – alle sitzen in einem Boot (Rio Diabolo, Patagonien)

Die Zertifikate bezeugen – Genderkompetenz ist gelernt und alle haben im Busch überlebt (Südafrika)

Erfolgsorientierung

Erfolgsorientierung bezeichnet sowohl unternehmerischen als persönlichen Erfolg sowie den Zusammenhang zwischen persönlichen Erfolgszielen und Unternehmenszielen. Erfolgsorientierung wird durch die Einschätzung unternehmerischer Erfolgsfaktoren, Märkte und Kunden gekennzeichnet. Ein erfolgsorientierter Mitarbeiter arbeitet daran, Erfolg zu haben, und treibt andere zum Erfolg an.

Bezüglich der Erfolgsorientierung haben 26 Teilnehmer (70,2 Prozent) eine positive Verbesserung durch das Outdoortraining erfahren. Für weitere elf Personen (29,7 Prozent) war die Verbesserung ihrer Erfolgsorientierung unbedeutend.

Kundenorientierung

Kundenorientierung bezeichnet die Fähigkeit, den Kunden und seine Bedeutung beim eigenen Handeln einzuschätzen, sowie das Abwägen von Kunden- und Unternehmensnutzen.

Entsprechend des Umfragergebnisses hat sich die Kompetenz Kundenorientierung für 17 Personen (45,9 Prozent) verbessert. Für den größeren Teil der Befragten, nämlich für 20 Personen (54 Prozent), hingegen lag keine Verbesserung vor.

Selbstbewusstsein

Selbstbewusstsein ist die Fähigkeit, gegenüber anderen selbstsicher aufzutreten oder sich durchzusetzen. Selbstbewusstsein ist der Glaube einer Person an sich selbst und wird geprägt durch Selbstachtung, Stolz und Vertrauen in sich selbst.

Die Kompetenz Selbstbewusstsein hat sich für 28 Personen (75,6 Prozent) verbessert. Für weitere neun Personen (24,3 Prozent) erbrachte die Teilnahme am Outdoortraining keine wesentliche Verbesserung.

Frustrationstoleranz

Als Frustrationstoleranz kann die Fähigkeit bezeichnet werden, in schwierigen und aussichtslos erscheinenden Situationen nicht zu verzagen, sondern zu versuchen, die Lösung von Aufgaben oder ein Ziel trotzdem erfolgreich zu erreichen.

Bezüglich der Frustrationstoleranz gaben 22 Teilnehmer (60,3 Prozent) an, dass sich diese Kompetenz verbessert habe. Für weitere 15 Personen (40,5 Prozent) ergaben sich in dieser Hinsicht keine Veränderungen.

Selbstorganisation

Selbstorganisation ist die Fähigkeit eines Menschen, sein Leben und seine berufliche Tätigkeit zu managen und seine Handlungen durchdacht und strukturiert durchzuführen.

Eine Verbesserung der persönlichen Selbstorganisation wurde von 25 Personen (67,5 Prozent) als zutreffend bezeichnet. Weitere elf Befragte (29,7 Prozent) gaben an, dass eine Veränderung dieser Kompetenz durch Wilderness Experience nicht eingetreten sei.

Führen

Führen kennzeichnet die Fähigkeit, andere Mitarbeiter zu leiten und zu steuern.

Für bedeutend mehr als die Hälfte der Teilnehmer entstand durch die Teilnahme am Outdoortraining eine Verbesserung der Führungskompetenz. Für 28 Personen (75,2 Prozent) trifft diese Aussage zu. Insgesamt neun Personen (24,3 Prozent) empfanden eine Erweiterung dieser Kompetenz als nicht zutreffend.

Orientieren

Orientieren bezeichnet das Zurechtfinden innerhalb eines Unternehmens, während Wilderness Experience durch das Orientieren in der Natur veranschaulicht wird.

Das Vermögen, sich besser orientieren zu können, konnte sich entsprechend der Umfrageresultate für 28 Personen (75,6 Prozent) erweitern. Für neun weitere ehemalige Teilnehmer (24,3 Prozent) entstand keine Verbesserung dieser Fähigkeit.

Delegieren

Delegieren kennzeichnet die Fähigkeit, Aufgaben und Aufträge an Mitarbeiter zu übertragen. Wird ein Mitarbeiter mit wichtigen Projekten betraut, wird ihm Vertrauen entgegengebracht.

Hinsichtlich der Kompetenz Delegieren trat für 25 Personen (67,5 Prozent) eine positive Erweiterung ein. Die übrigen zwölf Teilnehmer (32,4 Prozent) konnten diesbezüglich keine nennenswerten Verbesserungen verzeichnen.

Organisieren

Organisieren ist die Fähigkeit, den Ablauf von Projekten zu managen.

Für 27 Personen (72,9 Prozent) konnte sich die Organisationsfähigkeit verbessern. Für die anderen zehn Befragten (27 Prozent) konnte sich keine Erweiterung dieser Kompetenz einstellen.

Planen

Planen impliziert unternehmerisches, vorausschauendes und strategisches Denken und Handeln.

Hinsichtlich der Kompetenz Planen konnte sich für 25 Personen (67,5 Prozent) durch die Teilnahme am Wilderness Experience eine Verbesserung einstellen. Für weitere zwölf befragte Personen (32,4 Prozent) trat keine Verbesserung ein.

Gruppenbildung

Gruppenbildung bezeichnet die Fähigkeit, eine Gruppe oder ein Team bilden zu können, das heißt, verschiedene Menschen unterschiedlichster Fähigkeiten als eine Gruppe zusammenzubringen.

Die Fähigkeit, Gruppen bilden zu können, hat sich für 23 Personen (62,1 Prozent) verbessert. Keine wesentliche Entwicklung dieser Fertigkeit ist für 14 Befragte (37,8 Prozent) eingetreten.

Der folgende Abschnitt bezieht sich auf die Frage 8 *(Wie war Ihre Einstellung zu Wilderness Experience im Vorfeld der Teilnahme?)*. Die Mehrheit der Befragten zeigte sich im Vorfeld der Teilnahme am Training nicht skeptisch. Von den 36 gültigen Antworten erwiesen sich zehn Personen (27 Prozent) als überhaupt nicht skeptisch. Weitere 14 Personen (37,8 Prozent) gaben an, nicht skeptisch zu sein. Lediglich ein Befragter war der »Sache« gegenüber total skeptisch eingestellt. Die weiteren Werte sind dem Diagramm zu entnehmen (vgl. Abb. 2).

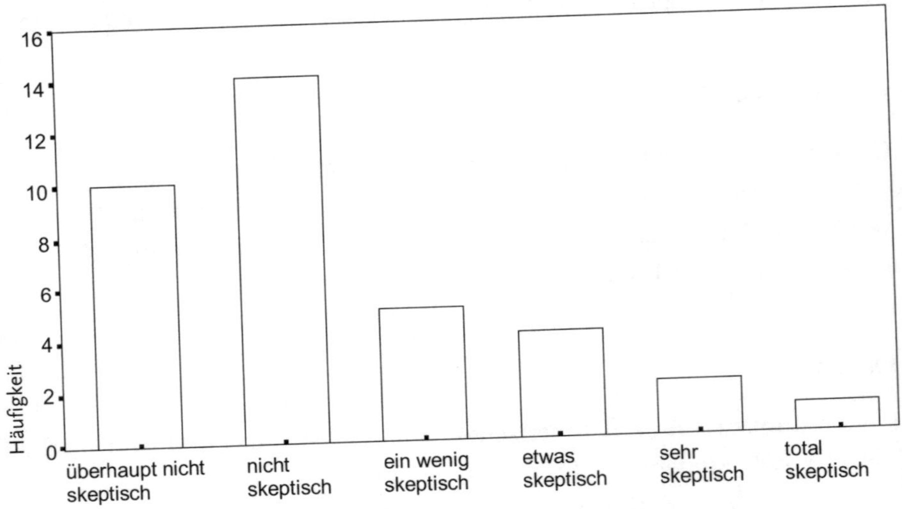

Quelle: Antje Seedorf

Abbildung 2: Wie war Ihre Einstellung zum Outdoorseminar im Vorfeld der Teilnahme?

Die Mehrheit der Personen war demnach dem Training gegenüber überhaupt nicht beziehungsweise nicht skeptisch (insgesamt 64,8 Prozent) eingestellt. Das ist mitunter darauf zurückzuführen, dass unter den ehemaligen Teilnehmern und denen, die noch teilnehmen werden, ein »reger« Austausch von Informationen herrscht. Obwohl die »Schwedenfahrer« aufgefordert werden, nichts zum Ablauf von Projekten etc. während des Trainings zu berichten, kann man eine Weiterleitung von Informationen nicht gänzlich verhindern.

Eine mögliche Hypothese bezüglich dieses positiven Ergebnisses könnte demnach sein, dass innerhalb des Unternehmens Dräger generell sehr positiv mit »Wilderness Experience« umgegangen wird und die Mehrheit der Teilnehmer dem Konzept aufgeschlossen gegenübertritt.

Im Bezug auf allgemeine Einflüsse im beruflichen Bereich gab die Mehrheit der Befragten an, eine erhöhte Erfolgs- und Zielorientierung verzeichnen zu können sowie mehr Wert auf die Meinung des Teams zu legen. Demnach werden Mitarbeiter vermehrt als Prozessbeteiligte angesehen. Die Rolle als Führungskraft und somit der Vorbildfunktion wird durch die ehemaligen Teilnehmer bewusster wahrgenommen. Des Weiteren kann als Effekt durch das Training eine klarere, offenere Kommunikation abgeleitet werden sowie eine verbesserte Stressbewältigung. So empfinden sich die Personen selbst als ruhiger und gelassener als vor der Teilnahme am Outdoortraining. Die eigene Arbeitsweise wird als effektiver bezeichnet. Des Weiteren wurde die Fähigkeit, konsequenter Entscheidungen zu treffen, sowie ein verbesserter Umgang mit der Ressource Zeit angegeben.

Ebenfalls gaben die Befragten an, dass die Faktoren Selbsterfahrung und Selbsterkenntnis als sehr intensive Erlebnisse empfunden wurden (vgl. Abb. 3).

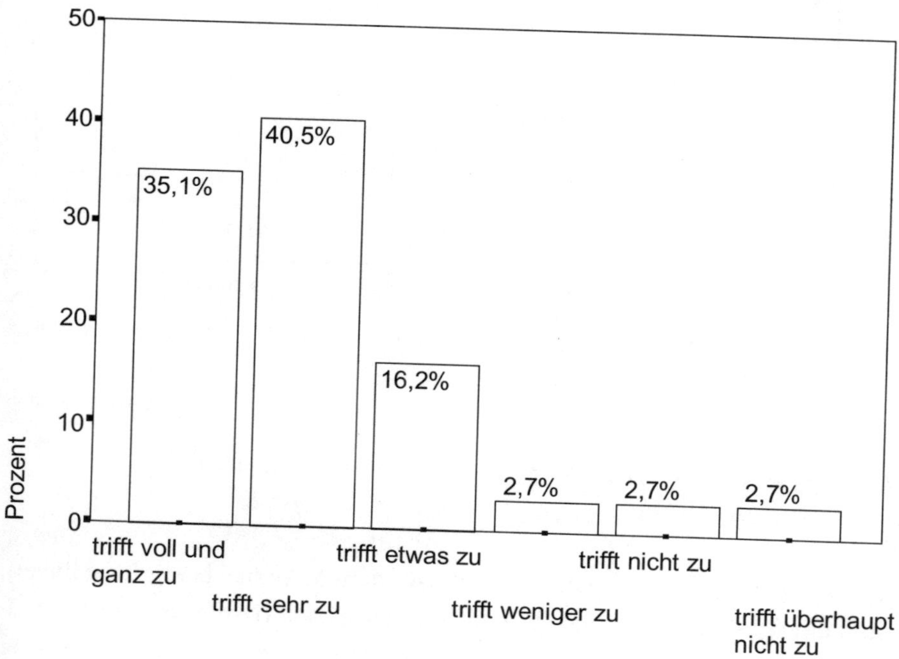

Quelle: Antje Seedorf

Abbildung 3: Selbsterfahrung/Selbsterkenntnis als intensives Erlebnis

Wenn man den beruflichen und persönlichen Bereich zusammenfasst, konnte den Antworten ohne weiteres entnommen werden, dass es einem Großteil der Teilnehmer gelungen ist, nach Wilderness Experience ein verbessertes und ausgewogeneres Gleichgewicht zwischen Familie und Beruf zu schaffen. Generell gesehen sind das Bewusstsein und die Aufmerksamkeit für die Familie gestiegen, die nach Meinung eines Teilnehmers *»durch die Wertevermittlung in Schweden«* geprägt wurde. Das folgende Diagramm spiegelt die Dauer des Faktors Bewusstsein für die Familie wider (vgl. Abb. 4).

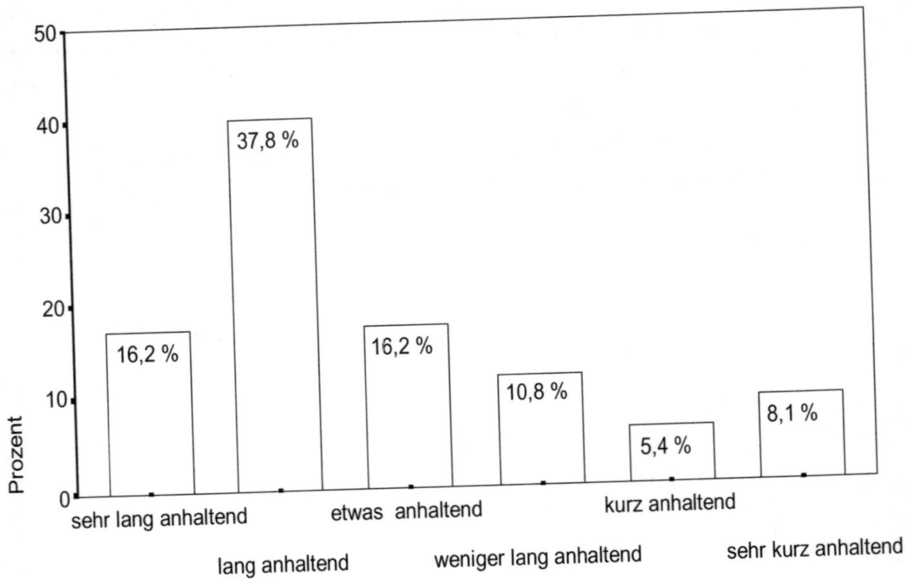

Quelle: Antje Seedorf

Abbildung 4: Wie lange anhaltend ist das Bewusstsein für die Familie?

Weitere wesentliche Effekte, die den persönlichen Bereich beeinflusst haben, sind eine gesteigerte Erfolgs- beziehungsweise Zielorientierung für familiäre Aktivitäten, das heißt, dass geplante Termine verstärkt eingehalten und nicht aufgeschoben werden sowie eine erhöhte Freizeitgestaltung in der Natur.

Außerdem wurde vermehrt angegeben, dass mehr Wert darauf gelegt würde, Konflikte innerhalb der Familie auszudiskutieren sowie mehr Prioritäten bezüglich Arbeit und Privatleben zu setzen.

Verschiedene Äußerungen gehen jedoch dadurch in eine gegenteilige Richtung, als dass die Auswirkungen durch das Outdoortraining auf die Familie und Gesundheit als nicht signifikant beschrieben werden. Die Familie genoss demnach bereits vor dem Seminar einen sehr hohen Stellenwert, ebenso wie die Gesundheit.

Trotzdem gaben die Befragten vereinzelt an, sich bewusster zu ernähren sowie mehr Sport zu treiben. Generell wird nach Wilderness Experience umsichtiger mit der eigenen allgemeinen Gesundheit sowie der der Mitarbeiter umgegangen.

Ein sehr treffendes Zitat eines ehemaligen Teilnehmers am Wilderness Experience soll an diesem Punkt die Darstellung der Auswirkungen auf den persönlichen und beruflichen Bereich zusammenfassend beenden.

> *»Die Liebe hat sich erhöht, die Liebe zur Natur, die Liebe zu den Menschen, die Liebe zu mir selbst und die Liebe zum Leben!«*

Bei der Konzipierung der Untersuchung konnte davon ausgegangen werden, dass die zu befragenden Personen während ihrer beruflichen Laufbahn bereits an zahlreichen verschiedenen Seminaren teilgenommen haben. Daher wurden die Teilnehmer gebeten, unter Frage 20 *(Wenn Sie herkömmliche Hotelseminare und Wilderness Experience miteinander vergleichen, welche Seminarkonzeption war für Sie persönlich effektiver und warum?)* einzuschätzen, welche Seminarform, Outdoor- oder Indoorseminar, für sie persönlich effektiver gewesen ist. Ein Teil der Befragten vertritt die Auffassung, dass sich Wilderness Experience und herkömmliche Hotelseminare nicht pauschal vergleichen lassen. Beide Seminarformen seien auf ihre Weise effektiv, was nicht zuletzt von dem jeweiligen Themengebiet abhängt.

Unter den Antworten überwiegt jedoch die Meinung, dass das Outdoorkonzept der DrägerForum GmbH die effektivere Variante für ein Führungskräfteseminar ist. Die Tatsache, dass während eines Outdoortrainings Theorie direkt in die Praxis umgesetzt und angewandt werden kann, wurde diesbezüglich am häufigsten als Begründung angeführt. Die Effektivität des

Konzepts wurde weiterhin dadurch begründet, dass keine Störungen den Verlauf des Trainings beeinflussen, wie es beispielsweise durch Anrufe aus der Firma der Fall sein kann. (Die Teilnehmer des Wilderness Experience geben zu Beginn des Trainings Handy, Uhr, Schmuck etc. ab. Selbstverständlich bleibt jedoch ein Kontakt zur »Außenwelt« durch das Trainerteam bestehen.) Positiv auf eine erfolgreiche Teilnahme wirkt sich eine *»Trennung von beruflichen Zwängen und Reglements sowie die Eliminierung von hierarchischen Ebenen«* aus. Besonders vorteilhaft empfanden die befragten Personen nicht nur das alltagsunübliche Umfeld, das sich positiv auf das Verstehen der theoretischen Inhalte ausgewirkt hat (vgl. Abb. 5), sondern auch die erfahrenen Konsequenzen, die sich in unmittelbarem Anschluss an eine Handlung ereignen können.

> *»Die Natur gibt sofort Feedback. Die Organisation erst nach Monaten oder Jahren.«*

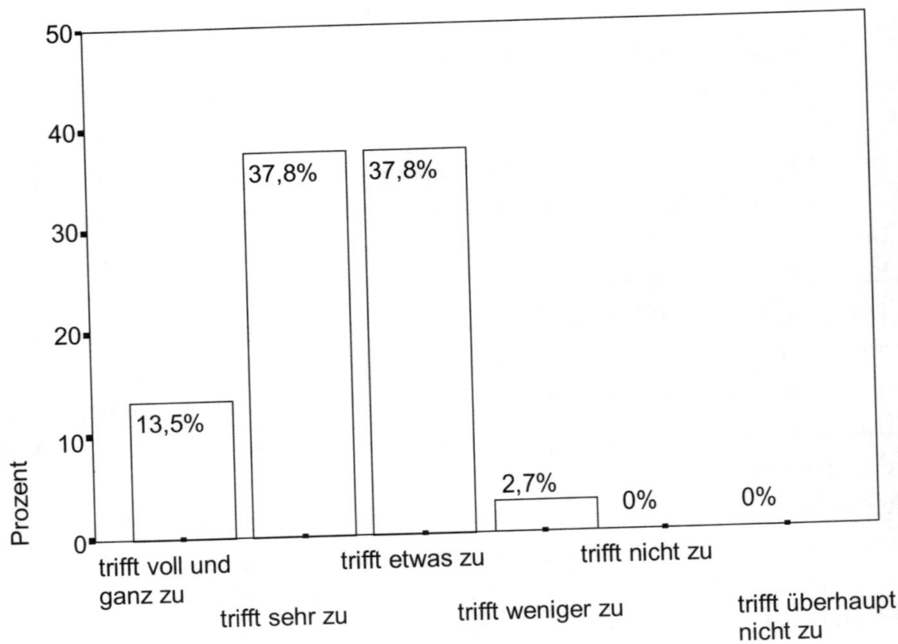

Quelle: Antje Seedorf

Abbildung 5: Wurde das Verstehen der Inhalte durch das Outdoorsetting vereinfacht?

Ein weiteres Zitat aus den analysierten Fragebögen soll die Auswertung dieser Frage beenden.

> *»Wilderness Experience ist für mich das intensivste und damit effektivste Seminar. Man war 24 Stunden rund um die Uhr bei der Sache. Keinen Moment konnte man die Aufmerksamkeit schleifen lassen. Lerneffekte durch die erlebte Praxis sind unschlagbar und am haltbarsten.«*

Die Fragestellung Nummer 21 *(Was hat das Unternehmen Dräger Ihrer Meinung nach davon, seine Mitarbeiter in die Wildnis zu schicken?)* versucht zu ergründen, welchen Nutzen nach Meinung der Teilnehmer das Unternehmen Dräger davon trägt, wenn es seine Führungskräfte in ein Outdoortraining schickt. Nach dem Verständnis der Befragten entsteht durch Wilderness Experience für die Organisation im Wesentlichen die Möglichkeit einer andauernden Netzwerkbildung unter den Führungskräften der verschiedenen Gesellschaften beziehungsweise Abteilungen des Unternehmens. Das folgende Diagramm stellt dar, wie lange der Faktor Netzwerkbildung für die beteiligten Personen angehalten hat beziehungsweise anhält. So gaben beispielsweise 16 Personen (43,2 Prozent) an, Netzwerkbildungen würden lange anhalten (vgl. Abb. 6).

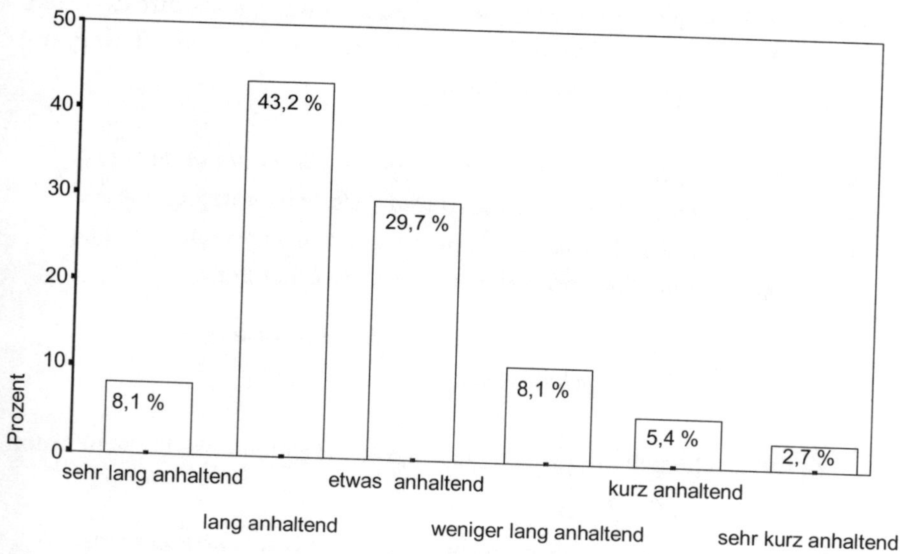

Abbildung 6: Wie lange hält der Faktor Netzwerkbildung an? *Quelle:* Antje Seedorf

Des Weiteren wird es als unternehmerischer Nutzen angesehen, wenn die am Seminar teilnehmenden Personen die Chance erhalten, ihre Stärken und Schwächen neu zu erkennen, lernen, vorhandene Schwächen zu minimieren sowie Stärken auszubauen und diese in den beruflichen Alltag zu integrieren. Wilderness Experience wird durchaus auch als ein Motivationsmittel angesehen, welches mitunter aber auch für die Identifikation der Mitarbeiter mit dem Unternehmen förderlich ist.

> *»Die Unternehmensidentifikation wächst enorm! Jeder, der nicht reinpasst, merkt es.«*

Die Frage 22 *(Beschreiben Sie bitte in einem Satz, was Wilderness Experience für Sie ist!)* stellt die Aufforderung an die Befragten, zu schildern, welche persönliche Bedeutung das Konzept für jeden Einzelnen hat. Auch diese Antworten lieferten ein nicht minder interessantes Ergebnis.

Demnach wird das Konzept umschrieben als eine Möglichkeit, sich selbst zu erfahren und zu testen hinsichtlich persönlicher, sozialer und unternehmerischer Kompetenzen. Außerdem offeriert es die Chance, die persönlichen Grenzen kennen zu lernen, daraus die Möglichkeit zu schöpfen und das neu erworbene Wissen im Unternehmen sowie im Privatleben nutzbringend anzuwenden. Außerdem werden die Trainings als direkte Erfahrung von Konsequenzen bezeichnet sowie als Auseinandersetzung mit Erfolgsorientierung und Selbsterfahrung.

> *»Wilderness Experience ist eine Seminarform, die hautnah Führungskompetenz, Organisationskompetenz und Selbsteinschätzung der Teilnehmer ausbildet und in dieser speziellen äußeren Form eine unschlagbare Hebelwirkung für Unternehmen und Mitarbeiter hat.«*

> *»Wilderness Experience ist der Spiegel, der mir meine Stärken und Schwächen deutlich vorgehalten hat.«*

Die Trainings spiegeln demnach das eigene Handeln im Unternehmen wider.

> *»Ein Seminar, welches sich hervorragend dazu eignet, unternehmerische Grundsätze und Führungseigenschaften zu vermitteln.«*

Fazit

Zusammenfassend lassen sich folgende Schlussfolgerungen aus den Untersuchungsergebnissen ziehen.

Für die befragten Personen haben sich durch die Teilnahme am Outdoortraining zahlreiche Verbesserungen der verschiedenen Kompetenzen ergeben, aus denen sie vielfältigen beruflichen und privaten Nutzen ziehen konnten.

Das Verständnis für die Rolle einer Führungskraft, ihrer Aufgaben und ihrer Verantwortung sowie für das Verständnis eines kooperativen Führungsstils nahm deutlich zu. Die Teamfähigkeit wurde verbessert. Den Teilnehmern ist nach Wilderness Experience klar, wie ein Team entsteht und geführt wird, denn Führung wird von den Teilnehmern zielgerichteter, erlebnisorientierter, sensibler und mitarbeiterorientierter wahrgenommen.

Eine persönliche Effizienzsteigerung konnte durch ein erhöhtes Selbstbewusstsein und eine verbesserte Selbstorganisation erreicht werden.

Von den Teilnehmern wurde die Selbsterfahrung als ein besonders intensives Erlebnis betrachtet. Diese wird als realistischer und persönlicher bezeichnet. Schwächen und Leistungsdefizite wurden deutlicher und werden akzeptiert. Die entdeckten Stärken konnten gezielter im beruflichen und privaten Alltag eingesetzt werden.

Besonders im persönlichen Bereich haben sich wesentliche Verhaltens- und Einstellungsänderungen ergeben. So wurde beispielsweise mehr Balance zwischen familiären und beruflichen Lebensbereichen angestrebt.

Schlussfolgernd lässt sich sagen, dass das Konzept »Wilderness Experience« für die Befragten eine positive und innovative Methode darstellt, die Einstellungs- und Verhaltensveränderungen in der eigenen Persönlichkeit, in der Mitarbeiterführung und in der Zusammenarbeit im Team bewirkt.

Auch die Mitarbeiter selbst betrachten das Konzept als eine besonders effektive und nutzbringende Möglichkeit, unternehmerische Grundsätze, wie die Human-Ressources-Strategie, verständlich zu vermitteln, sodass diese von den Mitarbeitern »gelebt« werden kann.

Eine mögliche Identifikationssteigerung der Mitarbeiter zum Unternehmen Dräger kann aufgrund der praktizierten Handlungsmaximen erzielt werden und bringt mitunter mehr Verständnis für die Ziele des Unternehmens und mehr Identifikation mit der Kultur des Drägerwerks.

Abschließend soll folgende Abbildung einen zusammenfassenden Überblick über die Intensität der Kompetenzentwicklungen durch Wilderness Experience geben (vgl. Abb. 7).

Kompetenz	**Intensität der Kompetenzentwicklung**	**Kompetenz**	**Intensität der Kompetenzentwicklung**
Problemlösefähigkeit	* * *	Einfühlungsvermögen	* *
Offenheit/Klarheit	* * *	Veränderungsbereitschaft	* *
Kontaktfähigkeit	* *	Konfliktfähigkeit	* * *
Werteorientierte Führung	* *	Strukturierungsvermögen	* *
Entscheidungskraft	* * *	Erfolgsorientierung	* * *
Strategisches Denken und Handeln	* *	Kundenorientierung	*
Aufmerksamkeit	* *	Selbstbewusstsein	* * *
Wahrnehmungsfähigkeit	* * *	Frustrationstoleranz	* *
Team- und Gruppenfähigkeit	* * *	Selbstorganisation	* *
Feedback geben/erhalten	* * *	Führen	* * *
Netzwerkbildung	* * *	Orientieren	* * *
Gruppeneffektivität	* * *	Delegieren	* *
Organisationales Verhalten	* *	Organisieren	* * *
Stressresistenz	* *	Planen	* *
Optimismus	* *	Gruppenbildung	* *

Quelle: Antje Seedorf

Abbildung 7: Intensität der Kompetenzentwicklung durch Wilderness Experience

Legende

- * Kompetenzentwicklung für weniger als 50 Prozent der befragten Personen zutreffend beziehungsweise gleich geblieben
- ** Kompetenzentwicklung für 50 bis 69 Prozent der Befragten zutreffend
- *** Kompetenzentwicklung für die deutliche Mehrheit der Befragten zutreffend (70 bis 100 Prozent)

Fragebogen

Zunächst interessieren mich einige Angaben zu Ihrer Person. Diese Daten sollen dazu dienen, bestimmte Gruppenvergleiche zu erstellen und differenzierte Aspekte zu betrachten.

1. **Geschlecht:**
   - ☐ weiblich
   - ☐ männlich

2. **Alter:**
   - ☐ 21–30 Jahre
   - ☐ 31–40 Jahre
   - ☐ 41–50 Jahre
   - ☐ 51–60 Jahre
   - ☐ 61 Jahre und älter

3. **Bei welcher Dräger-Gesellschaft sind Sie tätig?**

   ____

   ____

4. **In welcher Verantwortungsebene des Drägerwerks sind Sie beschäftigt?**

Ebene 1	Ebene 2	Ebene 3	Ebene 4
☐	☐	☐	☐

5. **Wann haben Sie bei einem Wilderness Experience teilgenommen?**

   ____

6. **Wie lange waren Sie zum Zeitpunkt Ihrer Teilnahme am Wilderness Experience bei Dräger angestellt?**

1–5 Jahre	6–10 Jahre	11–15 Jahre	16 Jahre und länger
☐	☐	☐	☐

7. **In welchem Land hat Ihr WE-Seminar stattgefunden?**

____

8. **Wie war Ihre Einstellung zum Outdoorseminar im Vorfeld der Teilnahme?**

Überhaupt nicht skeptisch	Nicht skeptisch	Ein wenig skeptisch	Etwas skeptisch	Sehr skeptisch	Total skeptisch
☐	☐	☐	☐	☐	☐
1	2	3	4	5	6

9. **Was sind Sie von Beruf?**

____

____

____

An dieser Stelle möchte ich gern etwas konkreter erfahren, inwieweit sich Ihre verschiedenen Kompetenzen verändert haben.

10. **Welche der folgenden Kompetenzen haben sich bei Ihnen erweitert?**

	Trifft voll und ganz zu	Trifft sehr zu	Trifft etwas zu	Trifft weniger zu	Trifft nicht zu	Trifft überhaupt nicht zu
Wahrnehmungsfähigkeit	☐ 1	☐ 2	☐ 3	☐ 4	☐ 5	☐ 6
Erfolgsorientierung	☐ 1	☐ 2	☐ 3	☐ 4	☐ 5	☐ 6
Selbstbewusstsein	☐ 1	☐ 2	☐ 3	☐ 4	☐ 5	☐ 6
Frustrationstoleranz	☐ 1	☐ 2	☐ 3	☐ 4	☐ 5	☐ 6
Werteorientierung	☐ 1	☐ 2	☐ 3	☐ 4	☐ 5	☐ 6

	Trifft voll und ganz zu	Trifft sehr zu	Trifft etwas zu	Trifft weniger zu	Trifft nicht zu	Trifft überhaupt nicht zu
Selbstorganisation	☐ 1	☐ 2	☐ 3	☐ 4	☐ 5	☐ 6
Aufmerksamkeit	☐ 1	☐ 2	☐ 3	☐ 4	☐ 5	☐ 6
Konzentration	☐ 1	☐ 2	☐ 3	☐ 4	☐ 5	☐ 6
Optimismus	☐ 1	☐ 2	☐ 3	☐ 4	☐ 5	☐ 6
Stressresistenz	☐ 1	☐ 2	☐ 3	☐ 4	☐ 5	☐ 6
Offenheit/Klarheit	☐ 1	☐ 2	☐ 3	☐ 4	☐ 5	☐ 6
Problemlösungsfähigkeit	☐ 1	☐ 2	☐ 3	☐ 4	☐ 5	☐ 6
Veränderungsbereitschaft	☐ 1	☐ 2	☐ 3	☐ 4	☐ 5	☐ 6
Einfühlungsvermögen	☐ 1	☐ 2	☐ 3	☐ 4	☐ 5	☐ 6
Konfliktfähigkeit	☐ 1	☐ 2	☐ 3	☐ 4	☐ 5	☐ 6
Kommunikationsfähigkeit	☐ 1	☐ 2	☐ 3	☐ 4	☐ 5	☐ 6
Team-/Gruppenfähigkeit	☐ 1	☐ 2	☐ 3	☐ 4	☐ 5	☐ 6
Feedback geben/erhalten	☐ 1	☐ 2	☐ 3	☐ 4	☐ 5	☐ 6
Kontaktfähigkeit	☐ 1	☐ 2	☐ 3	☐ 4	☐ 5	☐ 6
Führen	☐ 1	☐ 2	☐ 3	☐ 4	☐ 5	☐ 6
Planen	☐ 1	☐ 2	☐ 3	☐ 4	☐ 5	☐ 6
Organisieren	☐ 1	☐ 2	☐ 3	☐ 4	☐ 5	☐ 6
Delegieren	☐ 1	☐ 2	☐ 3	☐ 4	☐ 5	☐ 6
Orientieren	☐ 1	☐ 2	☐ 3	☐ 4	☐ 5	☐ 6

11. **Welche der hier nicht aufgeführten Kompetenzen haben sich aus Ihrer persönlichen Sichtweise außerdem und in welchem Maße erweitert?**

	Trifft voll und ganz zu	Trifft sehr zu	Trifft etwas zu	Trifft weniger zu	Trifft nicht zu	Trifft überhaupt nicht zu
____________	☐ 1	☐ 2	☐ 3	☐ 4	☐ 5	☐ 6
____________	☐ 1	☐ 2	☐ 3	☐ 4	☐ 5	☐ 6
____________	☐ 1	☐ 2	☐ 3	☐ 4	☐ 5	☐ 6

12. **Hat sich in Ihrem unternehmerischen Denken und Handeln der Umgang mit folgenden Kriterien verbessert?**

	Hat sich voll und ganz verbessert	Hat sich sehr verbessert	Hat sich etwas verbessert	Hat sich kaum verbessert	Hat sich nicht verbessert	Hat sich überhaupt nicht verbessert
Netzwerkbildung	☐ 1	☐ 2	☐ 3	☐ 4	☐ 5	☐ 6
Gruppenbildung	☐ 1	☐ 2	☐ 3	☐ 4	☐ 5	☐ 6
Gruppeneffektivität	☐ 1	☐ 2	☐ 3	☐ 4	☐ 5	☐ 6
Organisationales Verhalten	☐ 1	☐ 2	☐ 3	☐ 4	☐ 5	☐ 6
Werteorientierte Führung	☐ 1	☐ 2	☐ 3	☐ 4	☐ 5	☐ 6
Strukturierungsvermögen	☐ 1	☐ 2	☐ 3	☐ 4	☐ 5	☐ 6
Entscheidungskraft	☐ 1	☐ 2	☐ 3	☐ 4	☐ 5	☐ 6
Strategisches Denken und Handeln	☐ 1	☐ 2	☐ 3	☐ 4	☐ 5	☐ 6
Erfolgsorientierung	☐ 1	☐ 2	☐ 3	☐ 4	☐ 5	☐ 6
Kundenorientierung	☐ 1	☐ 2	☐ 3	☐ 4	☐ 5	☐ 6

13. In welchen der folgenden Projekte der WE Seminare wurden Ihrer Meinung nach welche der oben genannten Kompetenzen vermittelt?

z. B. Planen, Organisieren, Delegieren, Führen, Kommunikationsfähigkeit, Stressresistenz, Erfolgsorientierung, strategisches Denken und Handeln

Floßbau

____

____

Brückenbau

____

____

Orientierungstour

____

____

Entscheidungsbasar

____

____

Solo

____

____

Abseilen

____

____

Klettern

____

____

Saunabau

____

____

Bei der folgenden Frage geht es darum herauszufinden, wie intensiv Ihre ganz persönlichen Erfahrungen während des Wilderness Experience waren.

14. Welche der aufgezählten Erlebnisse wirkten für Sie persönlich beim Wilderness Experience am intensivsten?

	Trifft voll und ganz zu	Trifft sehr zu	Trifft etwas zu	Trifft weniger zu	Trifft nicht zu	Trifft überhaupt nicht zu
Natur als Lernort	☐ 1	☐ 2	☐ 3	☐ 4	☐ 5	☐ 6
Gruppenerfahrung	☐ 1	☐ 2	☐ 3	☐ 4	☐ 5	☐ 6
Grenzerfahrungen	☐ 1	☐ 2	☐ 3	☐ 4	☐ 5	☐ 6
Selbsterfahrung, Selbsterkenntnis	☐ 1	☐ 2	☐ 3	☐ 4	☐ 5	☐ 6
Physische und psychische Herausforderung	☐ 1	☐ 2	☐ 3	☐ 4	☐ 5	☐ 6
Entzug von Drogen (Alkohol/Zigaretten)	☐ 1	☐ 2	☐ 3	☐ 4	☐ 5	☐ 6

Ich möchte Sie nun bitten, über Ihre ganz persönlichen Erfahrungen während Ihrer Teilnahme am Wilderness Experience zu reflektieren. Es geht darum zu erfahren, wie intensiv und lang andauernd Ihre Wahrnehmungen auftraten.

15. Wie lange haben folgende Faktoren auf Ihre Person eingewirkt?

	Sehr anhaltend	Lang anhaltend	Etwas anhaltend	Weniger lang anhaltend	Kurz anhaltend	Sehr kurz anhaltend
Bewusstsein für die Familie	☐ 1	☐ 2	☐ 3	☐ 4	☐ 5	☐ 6
Verhaltensänderungen	☐ 1	☐ 2	☐ 3	☐ 4	☐ 5	☐ 6
Einstellungsänderungen	☐ 1	☐ 2	☐ 3	☐ 4	☐ 5	☐ 6
Netzwerkbildung	☐ 1	☐ 2	☐ 3	☐ 4	☐ 5	☐ 6
Verhalten in der Organisation	☐ 1	☐ 2	☐ 3	☐ 4	☐ 5	☐ 6

16. **Was hat sich unter Berücksichtigung folgender Stichworte außerdem in Ihrem persönlichen oder beruflichen Leben verändert?**
Was machen Sie anders? (Familie, Gesundheit, Beruf)
Sollte Ihnen der Platz zur Beantwortung nicht ausreichen, verwenden Sie bitte die Rückseite des Blattes!

17. Hat sich das Verstehen der theoretischen Inhalte des WE-Seminars durch das Outdoorsetting einfacher gestaltet?

Trifft voll und ganz zu	Trifft sehr zu	Trifft etwas zu	Trifft weniger zu	Trifft nicht zu	Trifft überhaupt nicht zu
☐	☐	☐	☐	☐	☐
1	2	3	4	5	6

18. Welche Art von Seminaren haben Sie bisher besucht?

☐ Dräger-Führungsseminare
☐ Fachseminare
☐ Coaching
☐ Vorträge
☐ andere

19. An wie vielen Weiterbildungsseminaren haben Sie bisher teilgenommen?

☐ 1–5
☐ 6–10
☐ 11–15
☐ 16 und mehr

An dieser Stelle wird vermutet, dass viele Dräger-Mitarbeiter bereits Erfahrungen mit verschiedenen Seminarkonzeptionen gemacht haben.

20. Wenn Sie herkömmliche Hotelseminare und Wilderness Experience miteinander vergleichen, welche Seminarkonzeption war für Sie persönlich effektiver und warum?

Verwenden Sie bitte auch hier gegebenenfalls die Rückseite!

21. **Was hat das Unternehmen Dräger Ihrer Meinung nach davon, seine Mitarbeiter in die Wildnis zu schicken?**

Sollte der Platz nicht ausreichend sein, Blatt bitte wenden!

22. **Beschreiben Sie bitte in einem Satz, was Wilderness Experience für Sie ist!**

Sollte der Platz nicht ausreichend sein, Blatt bitte wenden!

Vielen Dank für Ihre Unterstützung!

Sinnvolle Gesundheitsstrategien für Manager in einer Zeit ohne Zeit

Dr. med. Kirsten Schnack
Prof. Dr. med. Gerd Schnack

Kreativität, Flexibilität, ein kraftvolles Stehvermögen und eine unerschöpfliche Ausdauer sind die Voraussetzungen, dass Menschen im immer schneller werdenden und harten Wettbewerb der modernen Leistungsgesellschaft überhaupt bestehen können. Diese Eigenschaften sind jedoch nicht zum Nulltarif zu haben, sie sind nicht gleichzusetzen mit einer individuellen Begabung, aus der man ein Leben lang schöpfen und Nutzen ziehen kann. Ein hoher Wettbewerbsdruck und der Alterungsprozess des Menschen sorgen für einen ständigen Abrieb, und Gesundheit, als kostbarstes Gut des Menschen, ist äußerst zerbrechlich und anfällig.

In der Regel leuchten die roten Warnlampen meist erst auf, wenn es zu spät ist, das heißt im Erkrankungsfall oder mit zunehmendem Alter.

Unter Leitung der WHO und des Weltverbands für Sportmedizin richteten bereits 1994 die weltweit führenden Spezialisten aus 31 Nationen einen Appell an alle Regierungen dieser Welt, Voraussetzungen für eine mehr körperliche Aktivität zu schaffen und deren Durchführung zu unterstützen. Unter körperlicher Inaktivität leidet etwa die Hälfte der heutigen Weltbevölkerung mit zunehmender Tendenz im Kindes- und Jugendalter. Im Resümee dieser Konferenz wurde vermerkt, dass körperliche Inaktivität einen jener Risikofaktoren darstellt, der am häufigsten einen vorzeitigen Tod verursacht.

Körperlich inaktive Personen erleiden doppelt so häufig einen Herzinfarkt wie vergleichbare Personen mit einem aktiven Lebensstil.

Die Folgen der Prävention lassen sich quantifizieren, eine Verhaltensänderung weg von der Passivität und hin zur Aktivität und Kreativität ist also über die Veränderung bestimmter Parameter im Organismus messbar. Körperliche Aktivität vermindert die Gefahr, an einer koronaren Herz-Kreislauf-Erkrankung zu leiden um 45 Prozent im Vergleich mit Kontrollgruppen. Ebenso bewirkt die Senkung des Körpergewichts bei Übergewichtigen um ein Fünftel die Herabsetzung des Risikos, eine Herz-Kreislauf-Erkrankung zu erleiden, um 35 bis 55 Prozent.

In der Regel verlässt sich der Mensch in leistungsstarken Industrienationen auf die Erfolge einer ebenso hoch technisierten Medizin, aber bezugnehmend auf die Augsburger Daten des Internationalen MONICA Projekts ist ernüchternd festzustellen, dass die Überlebensrate bei Herzinfarktpatienten bis zum 64. Lebensjahr insgesamt nur bei 50 Prozent liegt, wobei von denen, die ein Krankenhaus erreichen, immerhin noch 25 Prozent sterben.

In dieser Bilanz kommt es ferner darauf an, die allgemeine Erfolgsquote zu hinterfragen, denn hinter jeder Zahlenangabe steht ein Einzelschicksal, und neueste psychologische Untersuchungen weisen aus, dass jeder zweite Patient nach einem überstandenen Herzinfarkt an quälenden Angstgefühlen leidet. Im Vordergrund bei den so genannten geheilten Infarktpatienten steht die Angst vor dem weiteren Krankheitsverlauf, vor einem erneuten Herzinfarkt, ja vor dem Tod. Soziale Probleme sind die logische Konsequenz, und Depressionen gehen nicht selten mit dem Verlust des Arbeitsplatzes, verbunden mit finanziellen Schwierigkeiten und sozialer Isolation, einher.

In gesunden Tagen wird diese Negativbilanz gerne verdrängt; solange man fit, dynamisch und erfolgsverwöhnt lebt, liegt eine mögliche körperliche Crashsituation in weiter Ferne. Ein Manager hat eben stark und kreativ zu sein, dabei weist die Realität ein grundsätzlich anderes Bild auf. Neueste Untersuchungen zeigen, dass 85 Prozent der Führungskräfte Funktionsstörungen im Herz-Kreislauf- sowie Magen-Darm-Bereich haben. Entsprechend hoch mit 70 Prozent lag die Zahl der Fettstoffwechselstörungen, die ja wesentlich an der Entwicklung der Arteriosklerose und des Bluthochdrucks beteiligt sind.

Es liegt somit ein gravierender Negativposten im Management moderner Unternehmen vor, wenn man davon ausgeht, dass Stabilität und Dynamik eines Unternehmens entscheidend auf gesunde und leistungsfähige Mitarbeiter angewiesen sind. Man kann mit Fug und Recht behaupten, dass die intensiven Anforderungen des täglichen Termin-, Zeit- und Erfolgsdrucks zu gesundheitlichen Schäden führen müssen, wenn nicht rechtzeitig Vorsorgemaßnahmen im Sinne eines wirksamen Präventionsmanagements geleistet werden.

Es kommt also dringend darauf an, dass dem permanenten Leistungsdruck unter ständiger Aufgabenvermehrung rechtzeitig Phasen des Ausgleichs und der Entspannung gegengeschaltet werden. In unserer fast vollständig vernetzten Welt sind Zwölf-Stunden-Arbeitstage keine Ausnahme und in einer Gegenwart der ständigen Verfügbarkeit zwischen Handy und Notebook ist Stress pur angesagt, dabei sprechen die Arbeitsmediziner in Silicon Valley bereits vom »Web-Jahr« als neue Zeiteinheit, wobei ein Jahr vernetzt zu arbeiten der Belastung von drei »normalen«, das heißt unvernetzten Arbeitsjahren entspricht.

Stress ist somit zum größten Risikofaktor in der industrialisierten Arbeitswelt – speziell in den Chefetagen – geworden. Stress ist grundsätzlich die Initialzündung für eine körperumfassende Aktivität: Ein beschleunigender Kampf- und Fluchtreflex sorgte schließlich dafür, dass wir unterschiedlichen Gefahrensituationen auf dieser Erde gewachsen waren. Die Errungenschaften der modernen Leistungsgesellschaft wurden schlussendlich nicht nur über eine höhere Lebenskultur erkauft, das Ergebnis ist auch ein krank machendes Ungleichgewicht zwischen Stress auf der einen und Bewegungsausgleich auf der anderen Seite. Stress als das Synonym für die Summe aller Belastungen hat sich im Laufe unserer Entwicklung qualitativ und quantitativ erheblich verändert, wir leben zum einen in einer rastlosen, lauten und hellen Welt, haben uns andererseits aber die Stress kompensierenden Fluchtkorridore verbaut. Ohne den notwendigen Bewegungsausgleich ist der moderne Manager einer hohen Verantwortung unter Zeitdruck mit langen Arbeitstagen bei zahlreichen Geschäfts- und Dienstreisen ausgesetzt. Die Warnleuchten des überforderten Organismus auf Stress sind wiederkehrende Spannungskopfschmerzen, Muskel- und Gelenkverspannungen, allgemeine Angstgefühle, verbunden mit Negativdenken, Bluthochdruck mit verminderter Belastbarkeit, Schlaflosigkeit, Verstopfung und einer erhöhten Infektanfälligkeit, wobei diese Frühwarnsysteme nicht selten in das chronische Stadium mit folgenden Erkrankungsbildern abgleiten kann:

Bluthochdruck als Folge einer allgemeinen Arterienverkalkung, wiederkehrende Angina-pectoris-Anfälle mit Infarktgefahr, Schlaganfallneigung.

Jedes moderne Verkehrsmittel mit derartigen Mängeln würde mit Sicherheit die notwendige Verkehrszulassung nicht erlangen.

Gesundheitsfürsorge zahlt sich dagegen überaus positiv für ein Unternehmen aus. Je gesünder die Mitarbeiter, desto gesünder ist auch das Unternehmen. Nur ein Mitarbeiter, der gesund ist und sich wohl fühlt, wird auch im Unternehmen die volle Leistung bringen können, und dabei geht es nicht nur um die Minimierung von Krankheitsrisiken und Krankheitskosten. Umfassende präventivmedizinische Strategien zielen auf das ganzheitliche Wohlbefinden von Körper, Seele und Geist, also mentale und körperliche Trainingsformen mit dem Abbau von Stress und seinen körperlichen Folgen.

Die Wirkung von Gesundheitsmanagement im Betrieb	
wird größer	**wird geringer**
Unzufriedenheit am Arbeitsplatz	Zunahme der allgemeinen Leistungsbereitschaft
Allgemeiner Arbeitsverlust	Freude, Motivation und Kreativität
Hohe Fehlzeiten	Produktivität
Steigende Fluktuationsrate	Attraktivität des Betriebs für das Personal
Steigende Arbeitsunfälle	Eigeninitiative der Mitarbeiter bei allgemeinem Wohlbefinden
Steigendes Risiko in der Produktion	Ansehen des Betriebs in der Öffentlichkeit

Gesundheitsvorsorge beim Gesunden, das heißt primäre Prävention mit der Maßnahme einer wirksamen Verhaltensänderung, ist nur schwer zu vermitteln. Gesundheit kann man eben nur schwer einem Gesunden verkaufen, glaubt er doch, sie schon zu besitzen. Präventivmedizinische Maßnahmen laufen daher eindeutig am Ziel vorbei, wenn sie gleichgesetzt werden mit

- Hunger und Verzicht,
- schweißtreibenden Anstrengungen unter Atemnot,
- Änderung lieb gewonnener Gewohnheiten,

- Muskel- und Gelenkschmerz bei hartem Wettbewerb,
- totaler Entsagung von Bequemlichkeit,
- gutem Essen und ein wenig Luxus.

Unter diesen Voraussetzungen stimmt ganz einfach das Preis-Leistungs-Verhältnis in der Präventivmedizin nicht, denn auch beim Verkauf von Gesundheit geht es schließlich darum, welchen Preis der Einzelne bereit ist zu zahlen.

Begeisterung und absolute Zustimmung finden dagegen in der Allgemeinheit Qualitätsbegriffe, die jeder besitzen möchte und die alle zu mehr Lebensqualität und mehr Lebensfreude führen:

- Fitness
- Kreativität
- Elastizität
- Schlankheit
- Schönheit
- Wohlbefinden
- Kraft
- Langatmigkeit

Nur unter diesen Vorzeichen ist eine moderne Präventivmedizin wirksam, verbunden mit der notwendigen Motivation für den Einzelnen, damit Gesundheitsförderung zur täglichen Praxis avancieren kann. Freude beim Training und zeitgerechte Strategien sind notwendig, damit eine nachhaltige Verhaltensänderung im Sinne der Prävention ein Leben lang umgesetzt werden kann. Ein motivationsbetontes Stressmanagement hat folgende Grundvoraussetzungen zu erfüllen, wobei stets die individuellen Begabungen des Einzelnen zu berücksichtigen sind:

- Bewegungstraining mit allen Sinnen unter enger Kontaktaufnahme zwischen Mensch und Natur
- Bewegungsinduktion durch antriebsfördernde Musik nach dem Motto »Mit Musik geht alles besser«
- unterschiedliche Entspannungsstrategien in Kombination mit meditativer Musik

- zeitgerechte Präventionsstrategien, so genanntes Training im Vorübergehen
- Bewegung in Kombination mit einer gesundheitsfördernden Ernährung

Ein modernes Stressmanagement muss im Wesentlichen drei Bereiche des menschlichen Organismus berücksichtigen, die besonders gefährdet sind:

- Allgemein ist es der Herz-Kreislauf-Sektor, der bevorzugt auf Stress reagiert. Der Herzinfarkt hängt wie ein Damoklesschwert über jedem Manager.
- Über den Bluthochdruck und die allgemeine Arteriosklerose drohen aber ebenso ein vorzeitiger Schlaganfall, periphere Durchblutungsstörungen in den Beinen und der Typ-II-Diabetes.
- Die periphere Stresswirkung erfasst bevorzugt den Stütz- und Bewegungsapparat. Hier sind es schmerzhafte Muskel- und Gelenkverspannungen, betont provoziert durch wiederkehrende Bewegungsbelastungen am Arbeitsplatz, aber auch im Sport, wobei diese Erkrankungen unter dem Begriff RSI (»repetitive strain injury«) zusammengefasst werden. Hierunter fallen Krankheitsbilder wie
  - Rücken-, Nacken- und Kopfschmerzen,
  - schmerzhafte Schulter-Arm-Syndrome wie Sehnenscheidenentzündungen, Tennis- und Golferellenbogen, Karpaltunnelsyndrom,
  - Zerrungen und Rissbildungen der Wadenmuskeln, Achillessehnenbeschwerden, Leistenzerrungen, Meniskus- und Kniebeschwerden.
- Stress wirkt ebenso zentral im mentalen Bereich: Sorgen und Ängste verbunden mit negativem Denken gehen einher mit Schlaflosigkeit und einer verminderten Leistungsbereitschaft.

Wie sehen jetzt im Einzelnen die wirksamen präventivmedizinischen Strategien aus?

Bewegung im Sinne der Prävention ist grundsätzlich zu allgemein gefasst. Um die notwendige Vorsorge vor Herz-Kreislauf-Erkrankungen treffen zu können, ist Bewegung im Ausdauerbereich gefordert. Bereits seit einiger Zeit ist die gesundheitsfördernde Schutzwirkung sportlichen Trainings bekannt, die allerdings nur von Ausdauersportarten wie Walking, Jogging, Radfahren und Schwimmen ausgehen – gemeint sind Aktivitäten mit schweißtreibender Intensität, wobei mindestens drei Trainingseinheiten pro Woche zu fordern sind. Neueste Untersuchungen weisen aber auch aus, dass alle Intensitäten, die zu einer leicht beschleunigten Atmung führen, durchaus im Sinne der Gesundheitsförderung genutzt werden können. Hierunter fallen Alltagsaktivitäten wie zügiges Gehen, Treppensteigen, Rasenmähen etc., wenn sie von nicht allzu vielen Pausen unterbrochen werden. Frauen und Männern jeden Alters kann somit eine gesundheitswirksame Bewegung von mittlerer Intensität über möglichst 30 Minuten mindestens viermal pro Woche empfohlen werden. Bei Zeitmangel bieten sich so genannte »Bewegungsepisoden« an, die über den ganzen Tag verteilt zu einer halben Stunde zusammengefasst werden, wobei jede Episode mindestens zehn Minuten betragen sollte. Ausdauertraining im Vorübergehen für zeitgeplagte Manager bedeutet:

- Nutzen Sie jedes Treppenhaus als Fitnessstudio, aber nur treppauf. Beginnen Sie mit einer Stufe pro Sekunde, und solange Sie über Nasenatmung genug Luft bekommen, sind Sie nicht überfordert. Treppab per Lift oder in Rückwärtstechnik.
- Gehen Sie im zügigen Tempo zum Einkaufen. Mit geschlossenem Mund drei Schritte über die Nase einatmen und drei Schritte über die Nase ausatmen.
- Steigen Sie im Bus eine Station früher aus.

Ausdauertraining ist die präventivmedizinische Strategie, die für ein gestresstes Management unverzichtbar ist, damit Herzinfarkt und Schlaganfall in weite Ferne rücken. Stress aktiviert das sympathische Nervensystem, unsere Kampfnerven, die über die Botenstoffe Adrenalin und Kortison gesteuert werden. Hiermit verbunden ist eine konstant hohe Pulsfrequenz schon nach geringer Belastung auch in Ruhephasen. sowie ein hoher Sauerstoffbedarf des Herzens. Ausdauertraining bewirkt das Gegenteil: Über die moderate Bewegung im sauerstoffreichen Milieu (aerob) wird nach Abschluss des Trainings erreicht, dass der Ruhepuls absinkt und damit eine verbesserte Sauerstoffversorgung des Gesamtorganismus gewährleistet ist.

Ausdauertraining richtig dosiert, umfasst ein moderates Bewegungsprogramm, mindestens viermal pro Woche über 30 Minuten.

Geeignete Sportarten sind, wie gesagt, Walking, Jogging, Radfahren, Wandern, Bergwandern, Skilanglanglauf. Schwimmen ist nur dann im Ausdauerbereich zu nutzen, wenn über mindestens 30 Minuten möglichst im kontrollierten Kraulstil geschwommen wird.

Tennis ist eine Stop-and-go-Sportart, wenn sie mit Ehrgeiz ausgeführt wird. Kontrolliertes Tennis mit langen Ballpassagen ist nicht nur verletzungsarm, sondern wirksamer im Sinne der Prävention vor Herz-Kreislauf-Erkrankungen.

Praktische Gestaltung von Ausdauertraining im Sinne einer wirksamen Prävention

- Die Landschaft ist ein optimaler Trainingspartner für den Menschen, und bei besonders enger Kontaktaufnahme (Wilderness Experience, Bergsteigen, Bergwandern etc.) ist die holistische Wirkung auf Körper, Seele und Geist nachhaltig. Die Landschaft fordert den Menschen und schult seine körperlichen und geistigen Fähigkeiten (Kreativität). Ausdauertrainiert ist der Mensch besser in der Lage, sich kurzfristig zu adaptieren, bei guter körperlicher Verfassung ist die Landschaft-Körper-Reflexion verstärkt und bei einer körperlichen Fitness wird das Verletzungsrisiko niedrig gehalten. Wilderness Experience ist hervorragend geeignet, über neue Sozial- und Landschaftskontakte intensive Vernetzungsstrukturen im Gehirn zu schaffen (so genanntes mentales Training). Besonders geschult werden Inspiration und Flexibilität, die in einem beherrschenden System der Ordnung vernachlässigt werden. Nach dem Motto »Ein bisschen Chaos braucht der Mensch«, wenn er gesund bleiben will, eignet sich dieses Training hervorragend zur Schulung von Ausdauer, Kreativität, Flexibilität und einem neuen Sozialverhalten. Ein Training mit allen Sinnen in einer natürlichen Landschaft sollte Anreiz sein, in der Zeit nach Beendigung des Programms im betrieblichen und häuslichen Rahmen das Leistungsvermögen im Ausdauerbereich weiter zu schulen. Das vorrangige Ziel dieser Seminare sollte es sein, dass die Teilnehmer daran gemessen werden, wie sie auf die Dauer in der Lage sind, ihr Ausdauerleistungsvermögen auf einem hohen Level zu halten.
- Kontrollierte Fortsetzung des Ausdauertrainings im häuslichen Bereich: Speziell an freien Wochenenden sind 30-minütige Jogging- und Walking-

einheiten im Freien zu praktizieren. Hierzu zählen aber auch länger dauernde Wanderungen, Skiwochenenden unter Berücksichtigung des Skilanglaufs.

- Häusliche Trainingsgeräte ergänzen das Ausdauerprogramm im Freien: Im Vordergrund steht das Tanzjogging auf einem Minitrampolin. Die hohe Wirksamkeit und der intensive Motivationsschub in der Kombination mit Musik begünstigen dieses Gerät, das leicht vor und nach der Arbeit zu Hause wirksam genutzt werden kann.
- Fahrradtraining im Freien oder auf einem Standgerät zu Hause ist ebenso wirksam zur Prävention vor Herz-Kreislauf-Erkrankungen zu nutzen. Zur Kniegelenksentlastung sind 60 Pedalumdrehungen pro Minute ratsam. Empfehlenswert sind Pedalschlaufen, sodass zur Knieentlastung speziell der Pedalaufzug eingesetzt wird. Achten Sie zur Halswirbelsäulenentlastung auf einen hohen Lenker!
- Ehrgeiziges Tennis ist gegen Ausdauertennis mit langen Ballpassagen auszutauschen.
- Optimal zur Prävention vor Herz-Kreislauf-Erkrankungen ist jedes Treppen- und Bergtraining zu nutzen, aber nur in der Aufstiegsphase, abwärts stets per Lift zur Rücken- und Kniegelenksentlastung. Bergabpassagen sind nicht im Sinne der Prävention vor Herz-Kreislauf-Erkrankungen wirksam. Zur Vermeidung von Überforderung ist auch beim Bergwandern im Aufstieg die 3-Schritt-Atmung per Nase ratsam: drei Schritte über die Nase einatmen und drei Schritte über die Nase ausatmen.
- Schwimmen ist nur für den Geübten im Sinne der Prävention vor Herz-Kreislauf-Erkrankungen zu nutzen. Ratsam ist die typische Kraultechnik, denn Rückenschwimmen scheidet aus Platzgründen und Brustschwimmen wegen ungünstiger Nacken- und Kniegelenksbelastung aus. Optimal geeignet ist Kraulen mit Schnorchelatmung, dieses so genannte Totraumtraining schult speziell die Atmung, hält die Wirbelsäule beim Schwimmen in optimaler Position und vermeidet zudem intensiven Chlorkontakt. Mit dem Schnorchel kann auch sehr gut Aqua-Jogging, Laufen im Wasser in senkrechter Position, umgesetzt werden.
- Empfehlenswert ist ein individuelles Triathlonprogramm im Ausdauerbereich, damit verbunden ist der häufige Wechsel der Bewegungssportart, verbunden mit einer guten Lastverteilung der Gelenke. Ein regelmäßiger Wechsel von Jogging, Walking, Radeln, Schwimmen, Treppentraining,

breiten Kreisen bekannt zu machen und in den Betrieben Voraussetzungen zu schaffen, nachhaltige Verhaltensänderungen der Mitarbeiter zu ermöglichen.

Zirka 85 Prozent der Führungskräfte in Deutschland leiden unter Befindlichkeitsstörungen, die vom Herz-Kreislauf-System ausgehen, 40 Prozent von ihnen bringen jedoch auch zu viel Gewicht auf die Waage. Bewegungsmangel, Stress und Übergewicht sind die beherrschende Trias, durch die der Mensch der Neuzeit in seiner Gesundheit und Leistungsfähigkeit am meisten gefährdet ist. Diätschemata gibt es wie Sand am Meer und jede Illustrierte versucht über neue Versprechungen, auf diesem Gebiet hierdurch ihre Auflagenzahl zu erhöhen. Jede Crashdiät führt automatisch zur Diätfrustration, denn:

- Leben ist Bewegung und Bewegung ist Leben.
- Leben ist aber auch Freude und Genuss beim Essen.

Selbstverständlich kommt es auf eine ausgewogene und nährstoffrelevante Ernährung für den Menschen an, die Nahrungszusammensetzung sollte jedoch so aussehen, dass bevorzugt unser Bewegungsapparat mit Energie versorgt wird. Auf diesem Wege wird automatisch der Stoffwechsel in die Höhe gefahren, sodass das Auffüllen der Fettdepots gar nicht erst stattfinden kann. Die Leistung der Mitarbeiter in einem Betrieb wird wesentlich vom Kopf, vom Herzen und von der Skelettmuskulatur unterhalten, und diese drei Aggregate sind nun einmal entscheidend auf komplexe Kohlenhydrate angewiesen.

Kartoffeln, Nudeln, Reis, alle Getreidearten, Obst und Gemüse sind Superkraftstoff für Gehirn, Herz und Muskulatur.

Dreimal täglich sollte der Mensch seine Tankstelle aufsuchen, damit dem gesamten Verdauungssystem in der Zwischenzeit auch wieder genügend Raum für Regeneration gelassen wird. Die vielen Zwischenmahlzeiten sind es, die den Verdauungstrakt auf die Dauer überfordern und im Alter nicht selten zum Auftreten des Typ-II-Diabetes führen.

Mit jeder Diät ist auch die Frustration vorprogrammiert, sodass langfristig eine sinnvolle Gewichtsreduktion und Gewichtskontrolle nur über die Ver-

Trampolintraining macht unser Ausdauertraining nicht nur interessant, sondern es sorgt auch für eine gleichmäßige Lastverteilung der Gelenke und für den wechselnden Trainingseinsatz unterschiedlicher Muskelgruppen.

- Stehen Sie als Manager unter extremem Zeitdruck, so bleibt nur die tägliche Sauerstoffdusche auf dem häuslichen Trampolin in Form von Tanzjogging mit Musik oder als bewegungsuntermauertes Informationsprogramm vor den Abendnachrichten. Nutzen Sie ferner zehn Minuten »Bewegungsepisoden« in kurzen Arbeitspausen im Treppenhaus treppauf und auf dem Weg zu Verkehrsmitteln.
- Folgende Bewegungsepisoden bieten sich an:
  - Treppentraining am Flughafen
  - Gehkonferenzen statt Sitzkonferenzen
- In jedem Urlaub wechselnde Ausdauertrainingseinheiten ausgiebig nutzen.

Ausdauertraining ist die präventivmedizinische Einheit, die am wirksamsten Leistungskraft und Gesundheit des Menschen beeinflussen kann. Würde man das gesamte Wirkungsspektrum von Ausdauertraining in eine Tablette packen können, so wäre es das Medikament des Jahrhunderts, gegen das alle medizinischen Leistungen weit abfallen würden.

Stress hat aber nicht nur eine allgemeine schädigende Wirkung auf den Herz-Kreislauf-Sektor, es wirkt auch peripher und lokal, besonders im Bereich des Stütz- und Bewegungsapparats. Lokale Muskel- und Gelenkverspannungen sind es, die in jüngster Zeit vermehrt auftreten, weil der Mensch durch den allgemeinen Modernisierungsprozess seiner alltäglichen Bewegung verlustig wurde. Jetzt herrschen einseitige Sitztätigkeiten vor, in denen insbesondere den Händen stereotype Bedienungsmuster abverlangt werden. Auf diese Weise gerät das muskuläre Gleichgewicht aus den Fugen, weil über die Einseitigkeit der Arbeit insbesondere muskuläre Beugeschlingen überbelastet, während dagegen ihre Gegenspieler völlig vernachlässigt werden. Regionale Stressspannungen der Gelenke sind es, die in der Peripherie des Körpers den Sauerstoff- und Energienachschub unterbrechen. In der Folge entstehen regelrechte Versorgungskrisen, wobei die Zellverbände am stärksten getroffen werden, die am weitesten vom Versorgungssystem entfernt angesiedelt sind. Von dieser extremen »Berghüttensituation« werden insbesondere alle Bindegewebszellen (Fibrozyten) betroffen. Bleibt die

»Berghüttensituation« auf die Dauer erhalten, so ist der Weg in die Degeneration in die Arthrose vorgezeichnet. 80 Prozent aller Bundesbürger leiden permanent oder periodenweise unter Rücken- und Gelenkbeschwerden. Dauer- sowie Fehlbelastungen sind dafür verantwortlich, dass 30 Prozent aller Arthrosen in der Wirbelsäule und 20 Prozent im Kniegelenk angesiedelt sind. Für die Fehlentwicklung des Stütz- und Bewegungsapparats ist vor allen Dingen der Bewegungsmangel in jüngster Zeit bereits im Kindesalter verantwortlich, denn viele Jugendliche haben das Spiel im Freien zugunsten des Computerspiels ausgetauscht. Durch den deutlich eingeschränkten Beugevorgang der Kniegelenke beim Springen und Laufen in der Kindheit ist nach neuesten Meldungen der Modulierungsvorgang der Kniescheibe im Gleitlager vermindert. Die Folge sind das gehäufte Auftreten entsprechender Funktionsstörungen, und häufig genügen schon Bagatelltraumen, um vermehrt Verrenkungen der Kniescheibe mit Heraustreten aus ihrem Gleitlager in Erscheinung treten zu lassen.

In der Leistungsbilanz jedes Betriebs stehen Erkrankungen des Stütz- und Bewegungsapparats an erster Stelle, sind es doch immer wieder die unterschiedlichen Facetten von RSI, die gehäuft zum Auftreten von Fehlzeiten in Betrieben führen, wobei nur auf ursächlichem Wege – über die Beseitigung der muskulären Dysbalance – diesen Funktionsstörungen entgegengetreten werden kann.

Über Flexibilitätstests ist man problemlos in der Lage, die regionalen Stressspannungen zu orten und danach individuell und gezielt ein wirksames Elastizitätstraining nach der Intensivstretchingmethode umsetzen zu können.

Pro Muskeleinheit genügen sieben Sekunden einer schonenden Dehnung, um einen verkürzten Muskelabschnitt wieder auszugleichen. Wird danach ein Arbeits- oder Sportvorgang kontinuierlich fortgesetzt, so ist nach ungefähr 90 Minuten mit dem Auftreten einer Verspannung zu rechnen. Hier setzt die Intensivstretchingmethode ein und empfiehlt bei hoher und langer Belastung Dehnungspausen im Zweistundenrhythmus. Diese kurzen Dehnungspausen können leicht in jeden Arbeits- und Sportvorgang eingebaut werden; dabei ist es optimal, wenn die einzelnen Dehnungspositionen an die Teilnehmer in Bildbotschaften vermittelt werden.

Bildbotschaften werden über das rechte Gehirn betont gespeichert und erreichen hierdurch einen hohen Memoryeffekt.

In der Prävention der modernen Berufskrankheit RSI haben sich folgende Strategien bewährt:

- Die »7 Hanseaten« sind wirksames regionales Stressmanagement mit hohem Memoryeffekt. Die einzelnen Dehnungspositionen sind in Bildbotschaften verpackt und es werden dabei die Gelenkabschnitte berücksichtigt, die bevorzugt auf Überbelastung mit Stressspannung reagieren (tonische Muskulatur).

Stretchingübungen

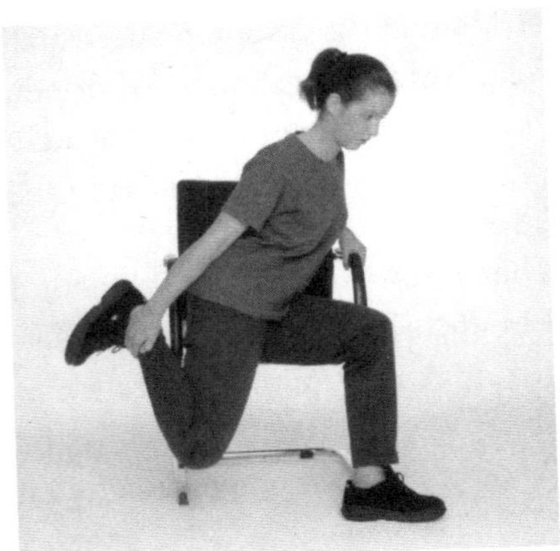

Abbildung 1: Storchenbein im Sitzen

Abbildung 2: Robbenflosse im Sitzen

- Gehen und Laufen nach Formel 1 stellt eine neue Rückenschule dar, die so ganz nebenbei über die tägliche Aktivität der Beine praktiziert werden kann. Falsche Absatzbenutzung hat den Menschen zum Spitzfußgeher gemacht, womit eine hohe Stressbeanspruchung der unteren Wirbelsäule verbunden ist. Der neue Swing-Gang nach Formel 1 ist Schrittlängentraining, wobei die betonte hintere Schwungphase dazu führt, dass bei jedem Schritt die verkürzte Hüft-Beuge-Muskulatur gedehnt wird, was zu einer hohen Druck- und Bandscheibenentlastung der Wirbelsäule führt.
- Neben einem gezielten Elastizitätstraining können muskuläre Dysbalancen auch dadurch beseitigt werden, wenn es gelingt, langfristig die Gegenspieler (Antagonisten), die vornehmlich an den Streckseiten der Extremitäten, am Rücken und im Verlauf der Muskulatur angesiedelt sind, zu

verstärken. Es gibt leicht umsetzbare Übungen, die sowohl am Arbeitsplatz wie auf Reisen praktiziert werden können:

Der »Maikäferstart« ist ein dynamisches, leichtes Krafttraining beim Sitzen und bewirkt eine Verstärkung des Beckenbodens und der unteren Rückenmuskulatur, dabei können diese Übungen so ganz nebenbei an der roten Ampel, während längerer Reisezeiten im Bus, im Zug oder im Flugzeug ihre Anwendung finden.

Das obere, untere und vordere Muskelduett sind schnell umsetzbare Trainingsformen, die unter Verwendung eines Therabandes zu Hause, im Betrieb und auf Reisen genutzt werden können.

Das Elastizitätsvermögen ist die Anpassungsleistung unseres Körpers an unterschiedliche Widerstände und Herausforderungen. Elastizität besitzt der Mensch nicht zum Nulltarif, er verbraucht sie ständig, besonders unter Betonung einseitiger Belastungsvorgänge. Nur über ein eigenständiges und gezieltes Präventionsmanagement ist er in der Lage, die verloren gegangene Flexibilität wiederzugewinnen, wenn nicht der gesamte Stütz- und Bewegungsapparat auf die Dauer nachhaltige Schäden erleiden soll.

Stress wirkt sich aber nicht nur allgemein und peripher, sondern mit zentraler Wirkung auf den Menschen aus, und das mit deutlich steigender Tendenz.

Immer mehr im Zentrum steigender Stressattacken steht unser zentrales Nervensystem, unser Denken wird mehrheitlich von negativen Tendenzen bestimmt. Sorgen und Ängste machen uns unfrei und ein noch so körperlich austrainierter Manager wird mit dieser Bürde im Kopf seine Mannschaft kaum motivieren können. Besonders Deutschland lebt in einem System der Ordnung, und so wird Perfektionismus manchmal zu einem weiteren Stressfaktor, der in vielen Firmen kreatives Denken ausbremst. Perfektionistisches Handeln ist in der Regel gekoppelt mit der Planung und Organisierung unseres Lebens bis in die weite Zukunft, wir machen uns Sorgen und Ängste über Dinge, die morgen und übermorgen, ja bis in ferner Zukunft eintreten könnten, wissen aber gegenwärtig noch nicht, ob diese Crashsituation nun auch wirklich stattfindet.

Sorget nicht – lautet die Botschaft –, *carpe diem!*

Allerdings weiß die moderne Psychologie zu berichten, dass derartige imperative Aussagen am Menschen wenig bewirken, wenn er nicht über ein handwerkliches Rüstzeug verfügt, sein negatives Denken zu realisieren, und man ihm Strategien an die Hand gibt, wie er aus seinem täglichen Schattendasein wieder herausfindet.

Repetitives Meditationstraining ist eine Lösung dieses Problems, weil hierüber eine Fokussierung des Gehirns ermöglicht wird, sodass negative Botschaften den Träger nicht mehr beschäftigen können. Er kann sie praktisch über einen Schaltknopf löschen.

Repetitives Meditationstraining ist der Schaltknopf zur Ausblendung negativen Denkens – RMT als Gehirnstretching.

Jeder kann es, jeder begreift es, denn jedem von uns wurde es praktisch mit in die Wiege gelegt. Jede Mutter beantwortet instinktiv das Schreien ihres Babys mit repetitiven Körperbewegungen, das Kind wird ruhig, wenn es auf den Armen hin und her bewegt, wenn es in der Wiege oder im Kinderwagen geschaukelt wird. RMT basiert auf dem Phänomen der Wiederholung der Wiederholung – repetitive Vorgänge sind es, die eine Fokussierung unserer Gehirnleistung bewirken; sämtliche Aufnahmeantennen werden praktisch eingefahren, es erfolgt eine Ausschaltung unseres Willens, und unser aktives Denken legt eine Ruhepause ein.

Die Technik des repetitiven Meditationstrainings ist denkbar einfach:

- Geh in die Stille und schließe die Augen.
- Setz oder lege dich entspannt hin.

Die Initialzündung beim RMT geht von der Ein- und Ausatmung aus, diesem Auf- und Abmechanismus gilt unsere ganze Aufmerksamkeit.

Die Fokussierung unserer Gedanken auf einen Punkt geschieht durch den Wiederholungseffekt eines Leitwortes, eines Leitgebets, repetitiver Musik, repetitiver Körperbewegungen oder repetitiver Stimmungsbilder einer Landschaft.

Nach 10 bis 15 Minuten beruhigt sich die Atmung von 16 auf vier bis fünf Atemzüge pro Minute, die belastende Brustatmung geht auf die entspannende Bauchatmung über. Wir erleben die Absenkung der Pulsschlagzahl und Beruhigung des Herzens mit verbesserter Sauerstoffversorgung.

Dann folgt die Entspannung der gesamten Skelettmuskulatur, beim Liegen im Bett hat man das Gefühl, tiefer in der Matratze abzusinken.

Eine neue Freiheit im Kopf macht sich Platz mit verstärktem Kreativitätsschub. Die Zeit bleibt stehen und alle hektische Betriebsamkeit fällt von einem ab.

Die Vorteile des repetitiven Meditationstrainings liegen in der Tatsache, dass jeder von uns es nach einer kurzen Anwendung umsetzen kann, es sind somit keine längeren Ausbildungsseminare notwendig.

RMT ist der Schalthebel für unser Vegetativum, das in der Regel autonom geschaltet ist. Über RMT haben wir Zugang zu unserem autonomen Nervensystem und können den Kampfnerven (Sympathikus) auf Befehl auf den Beruhigungsnerven (Parasympathikus) umschalten.

RMT ist der Schalthebel für unser Vegetativum.

RMT eröffnet jedem Einzelnen den Zugang zu neuen Ressourcen, die insbesondere in den westlichen Industrieländern vernachlässigt werden.

RMT kann nach kurzer Einübungszeit jederzeit abgerufen werden, und das ohne Anstrengung, ohne Training, ohne Schweißverlust nach dem Motto: »Den Seinen schenkt's der Herr im Schlaf.«

Mit RMT liegt dem Management eine Trainingsform vor, die mühelos in den Alltag, auf Reisen und während des Nachtschlafs praktiziert werden kann:

- RMT kann optimal während Schlafpausen nachts genutzt werden, und man beginnt neu gestärkt und mit großem Elan den Tag.
- Mittags zwischen 13 und 14 Uhr hat jeder Mensch sein biologisches Tief. Wenn er es missachtet, leidet darunter die Aktivität in der zweiten Hälfte des Tages. Megaschlaf am Arbeitsplatz eröffnet jeder Firma neue Ressourcen, kann doch hierdurch die Produktivität am späten Nachmittag deutlich gesteigert werden.

RMT als Megaschlaf zwischen 13 und 14 Uhr am Arbeitsplatz als neue Kraftquelle der Wirtschaft.

RMT lässt sich optimal auf allen Reisen, auf kurzen Reiseunterbrechungen etc. praktizieren, wodurch dem Management ganz neue Kraftquellen eröffnet werden.

40 bis 50 Prozent der Autounfälle in Deutschland sind auf Übermüdung zurückzuführen. 15 Minuten Megaschlaf auf einem Autorastplatz ist die Lösung dieses Problems.

Repetitives Meditationstraining lässt sich optimal kombinieren mit repetitiver Musik. Von dieser Musik gehen Wiederholungsstrukturen aus, die synchronisiert mit der Atmung die Fokussierung des Gehirns bewirken. Besonders Bach war es, der in seinen Werken die meditative Wirkung repetitiver Strukturen zum Ausdruck bringt. Als Beispiel gelten die »Pasageglia« von Bach oder »Kanon in D-Dur« von Pachelbel.

- Aber auch ein direkter Kontakt mit Stimmungsbildern einer natürlichen Landschaft, von der immer wieder repetitive Signale ausgehen, bewirkt die Bewusstseinsänderung in Richtung Meditation. Repetitive Stimmungsbilder der Landschaft gehen vom wellenartigen Rauschen eines Waldes, von dem Wogen eines Kornfeldes, vom beruhigenden Plätschern eines Baches oder dem wechselnden Rauschen des Meeres aus.
- Über Wilderness Experience sind es repetitive Stimmungsbilder, die durch die intensive Natur-Mensch-Bindung Fokussierung des Gehirns und somit Meditation auslösen.

Präventivmedizin pur kann man erleben, wenn man verschiedene Stressstrategien miteinander verbindet. Diese Erkenntnisse sind völlig neu und machen Mut für die Zukunft, die Herzinfarktgefahr besonders für die Menschen aus den Führungsetagen besser zu verringern. In dieser Beziehung lässt eine Studie des Zentrums für Naturmedizin und Prävention der Fairfield Universität im US-Staat Indiana aufhorchen:

Täglich zweimal 15 bis 20 Minuten meditieren schützt Herz und Gefäße.

Man untersuchte über sechs Monate die Wirkung von Meditation und stellte nach dieser Zeit fest, dass sich hierdurch die Intima-Media-Dicke der Kopfschlagader im Mittel um 0,1 Millimeter verringert hatte.

Die überaus positive Wirkung von Ausdauertraining im Sinne der Prävention von Herz-Kreislauf-Erkrankungen ist weltweit in zahlreichen Studien nachgewiesen und wissenschaftlich anerkannt. Die Schutzwirkung auf Herz und Blutgefäße lässt sich aber signifikant verbessern, wenn man nicht nur beim Ausdauertraining stehen bleibt, sondern nach dem Training ein meditatives Entspannungsprogramm anschließt.

Superprävention für Herz und Blutgefäße ist die Kombination von Ausdauertraining und repetitivem Meditationstraining (RMT).

Diese medizinische Weisheit ist nun so neu auch wieder nicht, denn seit Jahrhunderten praktizieren Mönche in ihren Klöstern die Verbindung von Askese und Meditation mit überaus positivem Erfolg. Askese im modernen Management geht vom Ausdauertraining aus, kann doch jeder Teilnehmer die entspannende Wirkung auf einfache Art auf diesem Wege erfahren:

- Schweißtreibende körperliche Aktivität über 20 bis 30 Minuten bei tiefer Atmung entspannt und schafft neue Kreativität.
- Zur Zeit der Ausdauerpraxis ist einmal der Magen-Darm-Trakt abgeschaltet.
- Allgemein bekannt ist, dass Kraft aus Stille gewonnen wird. Daher ist es in einer lauten Zeit dringend ratsam, beim Ausdauertraining einmal zu schweigen.
- 15 Minuten repetitives Meditationstraining schließen sich an die Ausdauerleistung an.

Die Kombination Ausdauertraining und repetitives Meditationstraining ergänzen einander und schalten beide die Sympathikusaktivitäten herunter, sodass die präventive Wirkung auf Herz, Gefäße und Gehirn extrem stark ausfällt.

Wilderness Experience eignet sich somit hervorragend, um diese beiden wirksamen Aktivitäten der Präventivmedizin in die Praxis umsetzen zu können. Besonders von der natürlichen Landschaft gehen ständig repetitive Stimmungsbilder aus, die im Sinne eines natürlichen Repetitionstrainings genutzt werden können. Ausdauertraining in seiner natürlichen Form liegt immer dann vor, wenn der Mensch sich direkt mit der Natur auseinander setzt. Bergwandern, Berglaufen, Landschaftswalking, also Ausdauersportarten mit moderater Belastung, sind ein hervorragendes Stimulans für Leistung und Gesundheit.

Das menschliche Immunsystem wird geschwächt, wenn wir uns nur noch in Schutzhüllen, Schutzräumen und bequemen Verkehrsmitteln aufhalten. Nur wenn der Mensch wieder lernt, den direkten Kontakt mit Wind, Regen, Schnee, Eis und Kälte aufzusuchen, so kann auf ganz natürlichem Wege unser Abwehrsystem wieder aufgebaut werden. Bei dieser direkten Konfrontation mit unterschiedlichen Landschaftsformen kommt es jedoch auf die richtige Dosierung an, notwendig ist auch eine entsprechende Vorbereitungszeit, denn mit einem schlechten Immunsystem ist der Mensch ganz einfach nicht auf die Konfrontation mit Kälte vorbereitet und Erkältungskrankheiten sind vorprogrammiert. Jeder seriöse Bergsteiger bereitet sich auf eine größere Gipfeltour durch ein spezielles Kältetraining vor, käme er direkt aus der wohligen Wärme der Zivilisation auf den Gletscher des Eiger, so wäre er mit Sicherheit einer längeren Verweildauer nicht gewachsen.

Ein bisschen Chaos braucht der Mensch, wenn er gesund und leistungsstark bleiben will – allerdings in richtiger Dosierung.

Repetitives Meditationstraining (RMT) kann auch hervorragend mit Intensivstretching (ISM) kombiniert werden, nutzt man doch auf diesem Wege die zentrale Entspannung, die auf die periphere Skelettmuskulatur ausgeht. Nach Abschluss des repetitiven Meditationstrainings – sei es in liegender oder sitzender Position – bieten sich die » 7 Hanseaten« in Form des Intensivstretchings an, wobei besonders die Muskelgruppen berücksichtigt werden, die aufgrund medizinischer Erfahrung auf die tägliche Überbelastung mit Stressspannung reagieren.

Repetitives Meditationstraining und die »7 Hanseaten« sind Superstretching für Muskeln und Gelenke und hochwirksam gegen RSI (»repetitive strain injury«).

Stress ist zu einem der größten Gesundheitsrisiken in deutschen Chefetagen geworden und es bedarf schon gezielter präventivmedizinischer Strategien, um dieses Problem in den Griff zu bekommen. Die größte Herausforderung geht von der Belastung des gesamten Herz-Kreislauf-Systems aus, sodass neue Hoffnung geschöpft werden kann, wenn es gelingt, über unterschiedliche Trainingsformen in einer natürlichen Landschaft (zum Beispiel Wilderness Experience) Ausdauertraining und repetitives Meditationstraining

bindung von Ausdauertraining und ausgewogener Ernährung erreicht werden kann. Nur wenn es gelingt, den Einstieg in ein individuelles Ausdauertraining zu finden – sei es in Form von Wandern, Laufen, Radeln, Schwimmen oder Tanzjogging auf dem häuslichen Minitrampolin – und wenn diese Bewegung mit einer ausgewogenen Ernährung kombiniert wird, gibt es auf die Dauer Chancen, Übergewicht zu reduzieren und die Körperzusammensetzung im Muskel-Fett-Verhältnis zugunsten des Ersteren zu stabilisieren.

Ein sinnvolles Gewichtsmanagement besteht nur in der Kombination von Ausdauertraining und einer ausgewogenen Ernährung.

In diesem Zusammenhang ist eine Aussage von Bedeutung, dass die Umstellung von Inaktivität in Aktivität, wobei die Betonung von Ausdauertraining gemeint ist, automatisch eine natürliche Ernährungsumstellung nach sich zieht. Ein trainierter Skelettmuskel fordert ganz einfach eine andere Nahrungszusammensetzung als sein träger und inaktiver Kollege. Nach einem 30-minütigen Bewegungsprogramm schmecken ganz einfach Nudeln, Getreideprodukte, Obst und Gemüse besser als dünnes Brot, dick belegt mit Butter und Wurst.

Die Nudelparty ist nicht nur Superkraftstoff für Marathonläufer, sondern auch ein neuer Zündstoff in den Chefetagen deutscher Betriebe.

Weitere Informationen:

Präventionszentrum
Lilienstr. 36
20095 Hamburg
Tel. 0 40/32 16 08

Allensbacher Präventionszentrum
Hirschweg 15
78476 Allensbach
Tel. 0 75 33/99 76 76

Literatur

Schnack, Gerd: Fit in 7 × 7 Sekunden, München 2000.

Total Quality

WILDERNESS EXPERIENCE

Organisation Wilderness Experience

Matthias Ruder

Logistik des Wilderness Experience

Der folgende Artikel entstand auf der Grundlage einer Diplomarbeit, die von Tim Holzapfel und Matthias Ruder an der Universität der Bundeswehr in Hamburg im Juli 2001 zum Thema »Wilderness Experience – Outdooraktivitäten der DrägerForum GmbH unter besonderer Berücksichtigung logistischer Maßnahmen und der Qualitätssicherung« verfasst wurde.

Maßgebliche Erkenntnisse, die insbesondere im Abschnitt logistische Erkenntnisse Verwendung fanden, konnten bei dem Wilderness-Experience-Seminar »Human Resources Strategies« vom Mai 2001, an dem die Verfasser teilnahmen, gewonnen werden.

Einführende Gedanken

Auf den ersten Blick scheint es zwischen den Begriffen Logistik und Weiterbildung keine Übereinstimmungen zu geben. Dies mag daraus resultieren, dass jeder Mensch dank Versandhandel, Onlineshopping oder Post-Aktie eine laienhafte Vorstellung dieses Konstrukts hat, welche sich am ehesten mit Begriffen wie Transport, Armee oder Warenlieferungen deckt. Um also richtig mit dem Terminus Logistik in diesem Kontext umzugehen, ist eine hinreichende Definition notwendig.

Eine solche kann die Logistikdefinition nach Lück sein:
»Logistik (...) umfasst (...) in Wissenschaft und Praxis die Erforschung und die ökonomische Gestaltung und Steuerung jener Flusssysteme, die der Verknüpfung der produktiven und konsumtiven Basisprozesse einer Wirtschaft dienen. Logisti-

sche Systeme sind raum-, zeit- und ordnungsüberbrückende Systeme, also insbesondere inner- und außerbetriebliche Transport- und Verkehrssysteme, Sammel-, Verteil- und Umschlagsysteme sowie die zugehörenden Steuer- und Regelungssysteme. Als Fließobjekte dieser Systeme identifizieren wir Personen, Sachgüter und Informationen.« (Lück, 1993, S. 770)

Wird diese Erklärung zugrunde gelegt und werden die einzelnen Lernvoraussetzungen, das Lehrziel und die Lehrmittel so abstrakt betrachtet, dass sich der Produktionsprozess eines Unternehmens auf den Erkenntnisgewinn übertragen lässt, ergeben sich zwischen den beiden Termini Logistik und Weiterbildung Parallelen.

In beiden Fällen handelt es sich um Wertschöpfungsprozesse, die zum einen ein reales Produkt, zum anderen eine Einstellungsänderung zum Inhalt haben. In diesem Sinne bietet die DrägerForum GmbH als Produkt keine Wilderness-Experience-Veranstaltungen an, sondern Aspekte sozialer Kompetenzen, die in jedem Teilnehmer erzeugt werden können. Das eigentliche Seminar avanciert zum Produktionsprozess, der die Entwicklung oder Steigerung beispielsweise von Teamfähigkeit realisiert. Produktionsort ist nicht die Natur, sondern vielmehr der einzelne Teilnehmer, in dem der stattfindende Erkenntnisgewinn durchaus mit dem Fertigungsprozess eines Unternehmens zu vergleichen ist.

So wie in einem Industriebetrieb müssen materielle und informative Inputs durch geeignetes Personal geleistet werden, um das Produkt herstellen zu können. Es handelt sich dabei jedoch nicht um reale Teilprodukte oder Rohstoffe, die von Zulieferern zugeführt werden, sondern um Erkenntnisse, die im Rahmen des eigenen Handelns innerhalb der Projektarbeit oder aufgrund sich aus dem Lernort Natur ergebenden Konsequenzen entstehen. Mithilfe von Materialbeschaffungs-, Transport- und Informationsprozessen, die Teil der Logistik sind, hat der Trainer – in seiner Funktion als »Produktionsmanager« – die Möglichkeit, Qualität und Quantität möglicher Erkenntnisse zu steuern, um so das Endprodukt, zum Beispiel soziale Kompetenzen, zu erzeugen.

Jedoch gibt es auch Unterschiede zum Fertigungsprozess in einem Industrieunternehmen. Im Bereich der Wilderness-Experience-Seminare ist zum Beispiel eine Kausalität im Sinne von Input »A« = Output »A« nicht gegeben. Das heißt, nach der Montage einzelner Baugruppen im Industriebetrieb resultiert daraus ein zu x Prozent fertiges Produkt. Es ist möglich, aus der Summe aller Teilprozesse auf die Position des Produkts im Fertigungsprozess zu schließen. Wenn zum Beispiel in der Autoproduktion in das Fahrzeug Räder, Motor und Türen eingebaut wurden, fehlt nur noch die Innenausstattung, und das Produkt ist verkaufsfertig.

So eine Aussage ist über den Lernfortschritt bezüglich der Entwicklung beziehungsweise der Steigerung von sozialen Kompetenzen nur sehr mühsam oder gar nicht zu erstellen. Jeder Teilnehmer hat seine individuelle Art, die gewonnenen Erkenntnisse aufzunehmen, umzusetzen und daraus etwas zu lernen. So gibt es bei jedem Teilnehmer ein anderes, den Erkenntnisgewinn auslösendes Moment. Je nach Persönlichkeit und Vorbildung kann bereits die im ersten Projekt gemachte Erfahrung ausreichen, um den Lernprozess auszulösen und das Lernziel zu erreichen. Andere benötigen länger und verarbeiten die gewonnenen Erkenntnisse erst im Anschluss an das Seminar. Bei ihnen resultiert die Verhaltensänderung aus der Gesamtreflexion der Geschehnisse in der Natur. Natürlich kann es auch Fälle geben, in denen die Erkenntnisse nicht so tief gehend waren, um einen Lernprozess auszulösen.

Wie tief greifend der Erkenntnisprozess gestaltet wird, kann durch intensive und sorgfältige Planung und durch eine aus dieser Planung hervorgehende Logistik bestimmt werden. Die Möglichkeiten der logistischen Einflussnahme erstrecken sich von der Versorgung mit Lebensmitteln über die Auswahl des Personals (zum Beispiel Trainer) bis zur Bereitstellung des richtigen Materials für die einzelnen Projekte.

Versorgung mit Lebensmitteln

Das Leben über einen bestimmten Zeitraum abseits der Zivilisation und damit in der ursprünglichen Natur charakterisiert wesentlich das Konzept »Wilderness Experience«. Im Unterschied zu Weiterbildungsmaßnahmen, die nicht im Lernort Natur stattfinden, benötigt der Körper ein Vielfaches der sonst ausreichenden Nährstoffe, um seine Leistungsfähigkeit zu erhalten. Dabei gibt es zwei Möglichkeiten der Versorgung mit Lebensmitteln: Zum einen die eigenverantwortliche Beschaffung (dabei muss in Eigenverantwortung zum Beispiel ein Speiseplan entworfen werden, aus dem abgeleitet wird, welche Nahrungsmittel eingekauft werden. Für diese Planung müssen die Teilnehmer Aspekte wie Nährstoffbedarf bei körperlicher Anstrengung, Nährstoffgehalt der einzelnen Lebensmittel, Transportfähigkeit, Haltbarkeit sowie Zubereitungsmöglichkeiten beachten. Die einzigen von den Teilnehmern zu beachtenden Auflagen sind die vom Trainer vorgegebenen Kosten für die gesamte Verpflegung der Gruppe), zum anderen die Organisation der Verpflegung durch den Seminarveranstalter (dadurch ergeben sich für den Trainer weitere Möglichkeiten, auf Grundbedürfnisse der Teilnehmer einzuwirken. Durch die Reduzierung der Nährstoffe wird das Hungergefühl hervorgerufen. Diese ursprüngliche, den meisten Mitteleuropäern fremde Erfahrung erlaubt es zum Beispiel, den eigenen Körper, die eigene Leistungsbereitschaft und -fähigkeit besser zu verstehen.

Am Beispiel der Versorgung mit Lebensmitteln lässt sich sehr gut erkennen, in welchem Maße logistische Größen wie Informationen (welches Nahrungsmittel hat welchen Nährwert?), Beschaffung (wo erhält man für die gegebenen finanziellen Mittel die qualitativ und quantitativ besten Nahrungsmittel?) oder Lagerung (welche Mahlzeit muss aus Gründen der Haltbarkeit zuerst zubereitet werden?), pädagogische Prozesse, wie dem Übernehmen von Verantwortung bei der Planung der Verpflegung oder der Kommunikationsfähigkeit bei der Berücksichtigung von Wünschen, implizieren.

Medizinische und sicherheitsrelevante Aspekte

Genau wie für die Ernährung ändern sich auch die Maßstäbe für die Bewertung »medizinischer« Aspekte. Der Körper ist hohen körperlichen, geistigen und seelischen Belastungen ausgesetzt, die ein gewisses Maß an Gesundheit erfordern. Ohne das Wissen um schlummernde Krankheiten (Stoffwechselanomalien), die erst durch die besonderen Belastungen in der Natur akut werden können, Allergien oder körperliche Schwächen sowie die Möglichkeiten, ihnen zu begegnen, setzt der »Selektionsprozess« der Natur schnell ein.

Es kann zu Ausfallerscheinungen (zum Beispiel Lustlosigkeit, geringe Motivation, das Gefühl des Aufgebenwollens) kommen, die nicht nur die Lernfähigkeit des Einzelnen negativ beeinflussen, sondern auch die Gruppe in ihrer Zusammensetzung gefährden. Wilderness Experience ist kein Auswahlverfahren nach dem Motto »Der Schwächste scheidet aus«, vielmehr soll der Teilnehmer ein Bewusstsein für seinen Körper entwickeln, um Wege und Mittel zu finden, seine Kräfte und seine Gesundheit zu erhalten, entstehende Engpässe und Defizite seiner körperlichen Verfassung zu erkennen und sich dementsprechend richtig zu verhalten. Er soll lernen, mit geringen Einbußen der körperlichen Leistungsfähigkeit umgehen zu können.

Die körperliche Unversehrtheit kann seitens des Trainers nicht garantiert werden. Das Ertragen von kleinen Blessuren, Mückenstichen, Brandblasen, Schwielen usw. gehört zum aktiven Erleben und Erfahren der Natur. Die reale Möglichkeit, sich zu verletzen, fordert den umsichtigen Umgang mit der eigenen Person und das Durchdenken jeder Handlung, um das Risiko auf ein Minimum zu beschränken.

Im Fall der medizinischen Versorgung werden pädagogische Prozesse, wie die gegenseitige Rücksichtnahme bei allen Handlungen, die ein Risiko bergen können oder die Übernahme von Verantwortung in Form des täglich eingeteilten Sicherheitsmanagers, durch das Bereitstellen von Informationen (Handlungsmöglichkeiten bei häufigen Verletzungen in der Natur) und Sanitätsmaterial logistisch unterstützt.

Materialauswahl für Wilderness Experience

Das absolute Verlassen der Zivilisation und damit der Eintritt in den Lernort Natur ist für die Dauer des Trainings fundamental. Ein Verlassen dieser Umgebung ist in den fünf bis zehn Seminartagen nicht möglich. Die Natur ist mit ihren Einflüssen und ihren Konsequenzen allgegenwärtig und bedingt ebenfalls in der »Freizeit« einen Erlebensprozess, dessen Wirkung zwar sekundär, jedoch ebenso tief gehend ist wie die in den Projekten gewonnenen Erfahrungen.

Basis des Zusammenlebens im Lernort Natur ist das Anpassen an die mit ihm gegebenen Umstände. Genauso wie es einer veränderten Ernährung bedarf, um in der Wildnis zu bestehen, ist ein Umdenken hinsichtlich alltäglicher Gebrauchsgegenstände notwendig. Statussymbole zum Beispiel verlieren ihren ideellen Wert, weil sie den funktionellen Ansprüchen der Natur nicht genügen. Weder Handy noch Internet oder Notebook helfen den Teilnehmern, ihre Aufgaben in der Wildnis zu erfüllen. Jeder Gegenstand, den der Teilnehmer benutzt, zum Beispiel das Kleidungsstück, das er trägt, hat einen funktionalen Sinn, über den er sich vor Beginn des Trainings bewusst werden muss. Die Mitnahme der »richtigen« persönlichen Ausstattungsgegenstände wird im Rahmen eines individuellen Entscheidungsprozesses geklärt.

Diese Entscheidungsfindung wird nur dahingehend unterstützt, dass über die Gegenstände und Materialien, die notwendig sind, auf einem Vorbereitungsseminar informiert wird. Dabei geht der Trainer auf Mindestanforderungen der persönlichen Ausrüstung ein, erklärt einige Eigenschaften bestimmter Gegenstände und gibt einige Empfehlungen bezüglich der Anschaffung. Die Antwort auf die Frage beispielsweise nach dem Modell des Rucksacks muss jedoch vom Teilnehmer in eigener Verantwortung gefunden werden. Es beginnt bereits im Vorfeld des Seminars ein Lernprozess, dessen Erfolg sich erst im Lernort Natur einstellt.

Materialien, die unbedingt notwendig sind, deren Anschaffung jedoch für den einzelnen Teilnehmer nicht rentabel ist, werden von der DrägerForum GmbH gestellt. Damit wird ein Grundniveau geschaffen, das den Garant für eine Basisernährung (Kocher) bildet, das für ein Höchstmaß an Schlafqualität zur nötigen Regeneration der Kräfte sorgt (Schlafsack) sowie den gemeinsamen Bau einer Unterkunft durch Verwendung gleicher kleiner Zeltbahnen sicherstellt.

In der Auswahl der persönlichen Ausrüstung hat Logistik eine Vielzahl von Ansatzmöglichkeiten, um den Entscheidungsprozess pädagogisch zu beeinflussen. Durch das Bereitstellen von Informationen in Form von Printmedien oder durch Expertenvorträge wird im Teilnehmer eine Entscheidungsbasis geschaffen, auf deren Grundlage er seinen Entschluss eigenverantwortlich fassen muss.

Bedeutung der Personalauswahl

Logistik hat im Rahmen von Wilderness Experience die Funktion, das Erreichen des Seminarziels der Teilnehmer zu garantieren. In dieser Funktion muss sie Ressourcen und Informationen für die Realisierung dieses Anspruchs zur Verfügung stellen. Dazu gehört, fasst man den Terminus Ressource sehr weit, auch die Einstellung von geeignetem Personal wie Trainer oder Wildnisexperten.

Mit der Wahl des Trainers und des ihm zuarbeitenden Mitarbeiterstabs verbindet sich entscheidend die Qualität des Seminars. Der Trainer ist der Experte für die Umsetzung der vom Kunden in der Vorphase des Seminars definierten Lehrziele und trägt somit die Verantwortung für die darauf ausgerichtete Planung, Durchführung und Kontrolle. Er weiß, welches Projekt sich fördernd auf die entsprechende soziale Kompetenz auswirkt. Er weiß, wie Lehrziele in dieser besonderen Umgebung erreicht werden, und kann dementsprechend die Teilnehmer fordern. Er weiß, wann Lehrziele erreicht beziehungsweise nicht mehr zu erreichen sind, und kennt so die Grenzen, bis zu denen er die Teilnehmer belasten kann, ohne sie zu überfordern.

Wesentlich für den Trainer ist seine Erfahrung im Umgang mit Menschen. Stets weiß er die Teilnehmer in dem für sie ungewohnten Umfeld richtig zu motivieren, damit es nicht zu Abbrüchen oder Ausfällen kommt. Seine Professionalität wird den Transfer der gewonnenen Erkenntnisse aus der Natur der Wilderness-Experience-Situation in die »zivilisierte« Umgebung des täglichen Handelns garantieren. Der Trainer schlüpft dabei in verschiedenste Rollen. Er vereint in seiner Person Projektmanager, Abenteurer, Lernortkoordinator usw. Er muss in der Lage sein, die Seminare im Geiste der DrägerForum GmbH zu realisieren.

Da Wilderness-Experience-Seminare fast ausschließlich im Ausland stattfinden, gibt es eine weitere wichtige Figur: den Wildnisexperten. Er ist für einen Teil der logistischen Planungen (Materialbeschaffung, Transportmanagement, Lernorterkundung usw.) verantwortlich.

Der Wildnisexperte kennt die natürlichen Gegebenheiten genau und weiß, an welchem Lernort sich mit welchem Aufwand welches Projekt am effektivsten durchführen lässt. Bei der räumlichen und zeitlichen Planung der Seminare wirken somit Trainer und Wildnisexperte eng zusammen, um pädagogische Zielsetzungen und örtliche Gegebenheiten im Sinne der Lehrzielerreichung ideal zu verknüpfen.

Fazit

Abschließend kann gesagt werden, dass der Einfluss von Logistik weit über die betriebswirtschaftliche Dimension hinausgeht. Auch Bereiche, die dem ersten Anschein nach nichts mit diesem Aspekt zu tun haben, können durch ihn beeinflusst sein. In pädagogischer Hinsicht unterstützt Logistik einen Lernprozess immer dort, wo ein hoher materieller Aufwand betrieben werden muss, um die gewünschten Ergebnisse zu erreichen.

Erst eine funktionierende Logistik erlaubt es Anbietern, Outdoorseminare zu veranstalten. Ohne den Transport zum Seminarort wäre der Aufenthalt in der Wildnis kaum möglich. Ohne die Bereitstellung des notwendigen Materials könnten Projekte wie Abseilen oder Klettern wegen mangelnder Sicherheit nicht durchgeführt werden. Ohne kompetentes Personal verkommt der pädagogische Anspruch zu einem teuren Incentive. Ohne zweckmäßige Ernährung werden sich die Teilnehmer nicht auf die wesentlichen Aufgaben konzentrieren können.

Merke: Logistik ist nicht alles – aber ohne Logistik ist alles nichts.

Literatur

Henschel, H.; Köblinger, M.: Wilderness Experience. In: Jahrbuch Weiterbildung. Managemententwicklung – Weiterbildungsmanagement. Düsseldorf 1991, S. 166–170.

Lück, W. (Hrsg): Lexikon der Betriebswirtschaft. 5., neu überarb. Aufl., Landsberg/Lech 1993.

Wegner, U.: Einführung in das Logistikmanagement. Strukturen, Prozesse, Anwendungen. Wiesbaden 1996.

Anforderungskriterien an einen Wilderness-Experience-Trainer

Stephanie Kessens

Der Mensch ist des Menschen erster und vorzüglichster Lehrer (Trainer)
Johann G. Herder

Ein wichtiges Kriterium, für ein effektives Wilderness-Experience-Training ist die richtige Trainerauswahl. Im Folgenden sollen die an Wilderness-Experience-Trainer gestellten Anforderungskriterien der DrägerForum GmbH kurz aufgezählt und verdeutlicht werden.

An erster Stelle steht sicherlich, dass die Wilderness-Experience-Trainer selbst mit »ganzem Herzen« hinter dem Konzept des Wilderness Experience stehen müssen.

Zum Wilderness-Experience-Konzept der DrägerForum GmbH gehört ein Trainerteam, das aus mindestens zwei Trainern besteht: der »psychologisch-inhaltliche« Trainer, der mit den Teilnehmern indoor und outdoor die Thematik des Trainings aufarbeitet, und der Outdoortrainer, der die einzelnen Projekte (Floßbau, Seilbrückenbau und Ähnliches) konzipiert, vorbereitet, den Support organisiert, für die Sicherheit der Aktivitäten verantwortlich und teilweise für die pädagogische Reflexion zuständig ist.

Deshalb muss der Outdoortrainer vor allem natursportliche Fähigkeiten und Kenntnisse besitzen, welche die Sicherheit bei den Projekten gewährleisten. Wobei er eine wesentlich höhere Leistungsfähigkeit als die Teilnehmer haben muss, da er nur dann die Verantwortung für eine Teilnehmergruppe übernehmen und zum Beispiel in Stresssituationen agieren kann. Wilderness-Experience-Trainings finden in den unterschiedlichsten Ländern beziehungsweise Landschaften der Erde statt (Wüste Gobi, Schweden, Patagonien und andere), dies setzt eine gute Ortskenntnis des Outdoortrainers voraus, ansonsten wird ein weiterer ortskundiger Trainer beziehungsweise Guide verpflichtet. Eine Erste-Hilfe-Ausbildung ist für Wilderness-Experience-Trainer eine Selbstverständlichkeit.

In der Literatur ist im Zusammenhang mit den Anforderungskriterien an Outdoortrainer immer wieder von »Honig spendenden und Eier legenden Wollmilchtieren« (vgl. Kölsch) oder einer Mischung von »Rambos Bruder und Courths-Mahlers Schwester« (Ausspruch Kurt Bendlins in einem Interview) zu lesen. Um einen Transfer aus dem Training an den Arbeitsplatz und eine Förderung bestimmter persönlicher Potenziale des Einzelnen und Ähnliches zu erzielen, kann es nicht ausreichen, dass ein Outdoor-Trainer nur natursportliche Fertigkeiten besitzt. Er muss ebenfalls unterschiedlichste pädagogisch-psychologische Kompetenzen besitzen. Um diesem Anspruch gerecht zu werden, verfolgt die DrägerForum GmbH das Trainerteamkonzept.

Obwohl für die thematische Aufbereitung der Outdoorerfahrungen der »psychologische« Trainer zuständig ist, darf es dem Outdoortrainer nicht an Sozialkompetenzen wie Kommunikationsfähigkeit, Führungsfähigkeit (flexibler Führungsstil), Beurteilungsvermögen, Entscheidungsfähigkeit und Ähnlichem fehlen, um die Projekte effektiv anleiten, moderieren und teilweise auswerten zu können.

Wie aus den vorangegangenen Buchbeiträgen deutlich wird, werden Wilderness-Experience-Trainings zu Themen wie Cross-Culture, Teamkompetenz, Leadership und Projektmanagement durchgeführt. Hierfür werden von der DrägerForum GmbH so genannte »psychologisch-inhaltliche« Trainer eingesetzt, die zum einen das nötige Fachwissen mitbringen, zum Beispiel Kommunikationstheorien, Führungstheorien, Projektmanagementmethoden usw., und zum anderen über bestimmte, für die Trainertätigkeit wichtige Sozialkompetenzen, persönliche Kompetenzen und Methodenkompetenz verfügen. Zum Bereich der Methodenkompetenz gehört unter anderem die Transferkompetenz, das heißt, mit bestimmten Techniken, wie das Sensibilisieren für Erlebnisse vor einer Aktion, Feedback geben nach einer Aktion, oder durch Moderationstechniken Projekte gemeinsam mit den Teilnehmern auszuwerten, den Teilnehmer in die Lage zu versetzen, die Lernerfahrung in den Alltag zu transportieren (vgl. Küthe/Heckmair).

Kommunikationsfähigkeit, Motivationsfähigkeit, Konfliktfähigkeit sind Grundvoraussetzungen im Bereich der sozialen Kompetenzen, die ein Wilderness-Experience-Trainer zum Umgang mit der Teilnehmergruppe benötigt. Zu den persönlichen Kompetenzen zählt für einen »guten« Wilderness-Experience-Trainer die Bereitschaft zur Selbstreflexion. Das heißt, er muss seine Wirkung und Ausstrahlung auf die Gruppe kritisch reflektieren, um seine Arbeit ständig zu verbessern, damit die Teilnehmer durch den Trainer einen größtmöglichen Nutzen erzielen.

Das Anforderungsprofil eines Wilderness-Experience-Trainers ist, wie hier gezeigt wurde, sehr vielfältig. Die folgende Abbildung soll diese Vielfältigkeit der Kompetenzen eines Wilderness-Experience-Trainerteams nochmals verdeutlichen.

Fachkompetenz

- Technische Fähigkeit (Sicherheitskenntnisse)
- Erste Hilfe
- Sportliche Fähigkeit (Natursportarten)
- Modell- und Methodikwissen aus den Bereichen der Pädagogik und Psychologie
- Wissen über Problemlösungstechniken/Moderationstechniken
- Wissen über Persönlichkeitstheorien
- Gruppendynamisches Know-How
- Kommunikationstheorien
- Didaktik (zur Konzeption, Durchführung und Auswertung), z. B. Initiativübungen, Problemlösungsaufgaben, technische Fähigkeiten (Sicherheitskenntnisse)

Soziale Kompetenz

- Führungsfähigkeit (flexibler Führungsstil)
- Konfliktfähigkeit
- Kommunikationsfähigkeit
- Urteils-, Entscheidungs- und Problemlösungsfähigkeit
- Motivationsfähigkeit
- Ausstrahlung

Das Wilderness-Experience-Trainerteam

Methodenkompetenz

- Transferkompetenz (Kenntnisse über Reflexionsmethoden und Transfersicherung)
- Organisationsfähigkeit
- Evaluationsfähigkeit

Persönliche Kompetenz

- Selbstverantwortung
- Gute Selbsteinschätzung
- Bereitschaft zur Selbstreflexion
- Selbstmanagement

Abbildung 1: Kompetenzen eines Wilderness-Experience-Trainerteams

Die Autoren

Kurt Bendlin, geboren 1943, Diplomsportlehrer. 1979 bis 1990 Leiter der Sport- und Ausbildungsförderung der Nixdorf Computer AG in Paderborn, seit 1991 selbstständig: Vortragsveranstaltungen im Managementbereich mit den Schwerpunkten Stressbewältigung, Gesundheit, Motivation, Synergie- und Motivationsseminare für Wirtschaftsunternehmen mit Zielsetzung Sport – Kreativität – Motivation – Besinnung, Veranstalter von Outdoortrainings und Incentiveveranstaltungen.

Klaus Elle, geboren 1954, hat Fotografie und Malerei studiert, arbeitet als freischaffender Künstler und visueller Berater für Unternehmen und Einzelpersonen. Ausstellungen im In- und Ausland, verschiedene Lehraufträge an Kunsthochschulen, Entwicklung von Kunstprojekten zur Verbesserung der Corporate Identity. Autor und Illustrator mehrerer Bücher im Bereich Kunst und Ästhetik sowie neue Managementtechniken. Lebt in Hamburg.

Matthias Göttenauer, geboren 1966, ist Vorsitzender des Aufsichtsrats der Neulands AddVenture AG. Outdoortrainer mit mehr als zehn Jahren Erfahrung in der Konzeption und Durchführung von Outdoortrainings, Fernreise- und Expeditionserfahrung in über 70 Ländern. Daneben Lehraufträge für Erlebnispädagogik an Fachhochschulen, Verfasser mehrerer Artikel zum Thema erlebnisorientiertes Trainieren in der Unternehmensentwicklung und Gründungsmitglied des Arbeitskreises Erlebnispädagogik e. V.

Sonja Grevenitz, geboren 1972, ist ausgebildete Bankkauffrau und Sparkassenbetriebswirtin und war mehrere Jahre in ihrem Beruf tätig. Zurzeit Studium im Diplomstudiengang (FH) Wirtschaftspsychologie in Lüneburg. Daneben tätig als Beraterin im Bereich Personalentwicklung und Training als Sicherheitstrainerin für High-Ropes-Anlagen.

Klaus J. Groth, geboren 1941, ist Publizist und Journalist. Verfasser mehrerer Bücher über Management, Politik und Soziales. Daneben Veröffentlichungen zu Kultur und Kulturgeschichte. Herausgeber historischer Periodika. Zahlreiche Beiträge in überregionalen Tageszeitungen (FAZ/Welt am Sonntag) und internationalen Zeitschriften. Lange Zeit tätig als Chefredakteur der »Lübecker Nachrichten«.

Andreas Hestermeyer, geboren 1961, ist Informatiker und Manager bei Volkswagen. Nach dem Studium ab 1987 Aufgaben als Softwareentwickler für NASA-Projekte und bei Dräger Medizintechnik GmbH. Für Dräger ab 1994 im Management tätig, seit 1996 als leitender Angestellter mit Verantwortung für den GB »Klinische Informationssysteme«. Ab 1998 Bereichsleiter bei sd & m, Hamburg und seit August 2000 im Volkswagenkonzern weltweit verantwortlich für Produktionssteuerungssysteme der Fahrzeugwerke.

Stephanie Kessens (Diplompädagogin), geboren 1973, Studium der Erwachsenenbildung in Münster und Hamburg, zurzeit wissenschaftliche Mitarbeiterin an der Professur für Erwachsenenbildung/Weiterbildung an der Universität der Bundeswehr Hamburg. Forschungsschwerpunkte: Kompetenzentwicklung, Personalentwicklung, Bildungsmanagement. Praktische Erfahrung im Bereich Training und Beratung, Durchführung von Kompetenzanalysen, unter anderem Mitarbeit im Bereich Wilderness Experience für die DrägerForum GmbH.

Prof. Dr. phil. Yong Liang, geboren 1954 in Shanghai, ist Professor für Sinologie. Hauptarbeitsgebiete: Sprachwissenschaft, Wirtschaftskommunikation, Sprach- und Kulturvergleich, Interkulturelle Kommunikation, Fachsprachenlinguistik. Publikationen unter anderem über Sprach- und Kommunikationskultur Chinas, Wertemanagement in deutsch-chinesischen Wirtschaftskooperationen, interkulturelle Kommunikation zwischen Deutschen und Chinesen.

Stefan Mühleisen, geboren 1962, Journalist, Berater und Weiterbildungsexperte, wählt für seine Lernszenarien mit Leistungsträgern und Kunden von Unternehmen wie Aral, Siemens oder Cognos aus einer breiten Palette, die von konstruktiven Lernprojekten über klassische Outdoorseminare bis hin zu Extremtrainings reichen.

Prof. Dr. Sabine Remdisch, geboren 1969, ist Professorin für Evaluation & Organisation im Fachbereich Wirtschaftspsychologie der Fachhochschule Lüneburg, seit März 2002 ist sie Dekanin des Fachbereichs. Sie leitet das wissenschaftliche Beratungsinstitut Evalue-consult GmbH. Ihre Arbeits- und Forschungsschwerpunkte sind Evaluation und Feedbacksysteme, Coaching sowie Neue Lehr- und Lernformen. Sie war zwei Jahre als Gastforscherin an der University of Amsterdam. In mehreren großen Unternehmen arbeitet sie als Consultant und Begleitforscherin, insbesondere ist sie für die Automobilindustrie tätig.

Dr. rer. soc. Heiko Roehl (Diplompsychologe), geboren 1967, hat als Forscher und Berater im Themenkreis Organisationales Lernen, Wissensorganisation und Strategiearbeit sechs Jahre in der Society and Technology Research Group der DaimlerChrysler AG in Berlin und Palo Alto gearbeitet. Heute berät er die Nelson Mandela Foundation im Auftrag der Deutschen Gesellschaft für Technische Zusammenarbeit (GTZ) in Johannesburg/Südafrika.

Matthias Ruder, geboren 1976, Heeresoffizier der deutschen Bundeswehr, studiert derzeit Pädagogik an der Universität der Bundeswehr in Hamburg. Verfasste zusammen mit Tim Holzapfel im Rahmen des Studiums eine Diplomarbeit über die Rolle von Qualitätssicherung und Logistik bei Outdooraktivitäten.

Prof. Dr. Gerd Schnack, geboren 1934, chirurgische Facharztausbildung, sportmedizinische Zusatzausbildung, chirurgische Facharztpraxis mit Schwerpunkt Handchirurgie und Prävention. Dozent an der Hochschule für Musik und Theater, Hamburg. Tätigkeit am Institut für Gesundheitsförderung und Musikmedizin in Hamburg und im Allensbacher Präventionszentrum am Bodensee. Autor zahlreicher Fachbücher.

Dr. med. Kirsten Schnack, geboren 1945, Ärztin mit Schwerpunkt Ernährungsmedizin. Leiterin des Allensbacher Präventionszentrums mit den

Arbeitsebenen Präventiv-, Musik-, Sport und Ernährungsmedizin. Berufsorientierte und präventivmedizinische Seminartätigkeit im In- und Ausland. Geschäftsführerin der Deutschen Gesellschaft für Präventivmedizin und Präventionsmanagement e. V. in Hamburg.

Robert A. Sedlák, geboren 1959, Unternehmensberater CMC/BDU (Certified Management Consultant), Einzelhandelskaufmann und Personalfachkaufmann, Studium der Betriebswirtschaft. Fünf Jahre in verantwortlicher Funktion als Personalentwickler in Handel und Dienstleistung. Seit 1987 geschäftsführender Gesellschafter der SEDLÁK & PARTNER Unternehmensberatung (BDU), Ahrensburg, mit den Beratungsschwerpunkten Generationswechsel, Unternehmensfinanzierung, Rating Advisory, Personal- und Unternehmensentwicklung.

Antje Seedorf, geboren 1976, ist Diplompädagogin mit dem Schwerpunkt Erwachsenenbildung, Studium an der Universität Rostock. Freie Mitarbeit bei der DrägerForum GmbH in Lübeck. Teilnehmerbefragung im Rahmen der Diplomarbeit zum Thema »Outdoortrainings als Mittel der Personalentwicklung mit erlebnispädagogischer Orientierung«.

Oliver Spielvogel, geboren 1962, begann seinen beruflichen Weg als Maschinenbauingenieur bei der gedas Deutschland GmbH. Nach verantwortlichen Positionen in den Bereichen Computer Aided Design und Produktdatenmanagementsysteme ist er heute bei gedas für den Fachbereich Produktions- und Testsysteme verantwortlich.

Isabell M. Welpe, geboren 1975, promoviert im Bereich High Technology Entrepreneurship an der Universität Regensburg. Studium der Betriebswirtschaftslehre an der Universität in München und am Massachusetts Institute of Technology in Boston sowie Studium der Europawissenschaften am European Institute der London School of Economics. Darüber hinaus praktische Erfahrungen in Industrie und politischen Institutionen. Erfahrung mit Wilderness Experience unter anderem im Regenwald Australiens.

Dr. rer. nat. Rainer Wilms, geboren 1960, Studium der Diplombiologie, 1992 Promotion zum Dr. rer. nat. Heutiges Betätigungsfeld: Trainings in allen Bereichen des Projektmanagements, Coaching von Projektleitern und Teams, Entwicklung individueller Trainingskonzeptionen, Moderation von Start- und Krisenworkshops, Einführung von Projektmanagement in die Unternehmenskultur.

Dr. phil. Jörg W. Ziegenspeck, geboren 1941, Sozialarbeiter (grad.), Lehrer an einer Sonderschule für Lernbehinderte, Realschullehrer a. D., Diplompädagoge, Dr. phil., PhDr. (Karls-Universität zu Prag), Habilitation in Erziehungswissenschaft, Hochschulassistent. Seit 1980 Professor für Psychologie, seit 1996 für Pädagogik an der Universität Lüneburg. Neubegründer der Erlebnispädagogik nach dem Zweiten Weltkrieg. Herausgeber der »Zeitschrift für Erlebnispädagogik« und zahlreicher Schriftenreihen im Verlag »edition erlebnispädagogik« (Lüneburg).